朗空●著

崇祯的眼泪

台海出版社

U0754457

图书在版编目（CIP）数据

崇祯的眼泪 / 朗空著 . -- 北京：台海出版社，
2020.12

ISBN 978-7-5168-2866-3

Ⅰ.①崇… Ⅱ.①朗… Ⅲ.①崇祯帝（1611–1644）
—传记②中国历史—明清时代—通俗读物 Ⅳ.
① K827=48 ② K248.09

中国版本图书馆 CIP 数据核字（2021）第 014615 号

崇祯的眼泪

著　　者：朗　空

出 版 人：蔡　旭　　　　　　　　封面设计：杨　龙
责任编辑：王　艳

出版发行：台海出版社

地　　址：北京市东城区景山东街 20 号　邮政编码：100009

电　　话：010-64041652（发行，邮购）

传　　真：010-84045799（总编室）

网　　址：www.taimeng.org.cn/thcbs/default.htm

E - m a i l：thcbs@126.com

经　　销：全国各地新华书店

印　　刷：天津中印联印务有限公司

本书如有破损、缺页、装订错误，请与本社联系调换

开　　本：710 毫米 × 1000 毫米　　　1/16

字　　数：344 千字　　　　　　　　印　张：20

版　　次：2020 年 12 月第 1 版　　　印　次：2021 年 8 月第 1 次印刷

书　　号：ISBN 978-7-5168-2866-3

定　　价：56.00 元

序 言

公元 1644 年，早春三月的某个清晨，一个男人含着泪在一棵老槐树下自尽，结束了自己的生命。这一刻被历史铭记，被后人无数次评说。因为这个男人是崇祯皇帝朱由检——大明王朝末世的统治者。

其实，摇摇欲坠的末世要比真正崩溃更可怕。彼时的大明正是如此，政治腐败，社会黑暗，民不聊生，民间揭竿而起……这是命运，是帝王和百姓都无法逃脱的命运。

所以，十七岁的朱由检，在戴上皇冠的那一天，便褪去了少年的青涩，开始与时间和命运赛跑。即位之初，这个雷厉风行的少年大展拳脚，收拾了万人痛恨的奸臣魏忠贤，民间惊呼"圣人出"。

历史的发展总是瞬息万变，一步得生，一步得死。崇祯皇帝一直在这些生生死死的瞬间里，努力改变，寻求着大明王朝的一线生机。

十七来年兢兢业业，勤政爱民，他符合儒家评判明君的标尺，却并没有成为他渴望中的那个复兴江山的英雄。十七年的励精图治，最终仍是埋葬了大明朝近三百年的基业。

明君断送江山，是命运使然，还是另有隐情？这是历史留给我们的谜团。

而比这更令人迷惑的是崇祯皇帝与世界最后的诀别。

"朕非亡国之君，诸臣皆亡国之臣也。""若贼中有忠义豪杰之士，代朕将文官尽戮，武将全诛，勿伤朕百姓一人也。"

　　一个末世帝王，被农民起义推翻了政权。他不怨恨敌人，却痛恨自己的臣子。

　　有人说，大明朝的倾覆，是臣子误国；但也有人说是崇祯亲手将皇冠打落。可历史无法盖棺定论，在那段往事中，你可以抽丝剥茧，挖掘出深埋的线索。

目 录

第三章	虚实，复兴表层下的腐朽之笔

第四章	忠奸，誓死护国的"通敌罪臣"

第五章	反噬，力挽狂澜却掀起更大波澜

| 第六章 | 双面，贤明的君主，嗜杀的帝王 |

| 第七章 | 飘摇，三分天下，握不住的皇权 |

第八章 | 绝路，谁把大明朝逼上了煤山

附 录

第一章

末世，平步青云的神功少年

皇权变换，终于迎来了明君

天启七年（1627）的八月，大明朝廷一团忙乱，失去了往日的秩序。二十三岁的明熹宗刚刚病危离世，所有人都在加班。

上次这么忙，还是七年前。那一年是万历四十八年（1620），先后死掉了两位皇帝。不过，那年的"迎来送往"要相对简单从容得多。为什么呢？因为准备工作做得好，继承皇位的人选比较明确。

那年去世的第一位皇帝，是明神宗朱翊钧。虽然百般不情愿，他在生前已经立了太子朱常洛。皇帝死了，太子继承皇位，顺理成章，天经地义。

很不幸，明光宗朱常洛只在龙椅上坐了一个月，就追随他父亲去了。屁股还没有坐热，太子也没来得及立。

按照家天下"有嫡立嫡，无嫡立长"的祖宗礼法，因朱常洛没有嫡子，长子朱由校身体康健，智力无碍，自然而然成了没有争议的下一任皇帝。

皇位继承人确定了，其他事情按照惯例该怎么办就怎么办。该治丧治丧，该选吉日安排新皇帝上任就选日子做准备。所以那年，朝臣从容有序，有条不紊，忙而不乱。

然而，这一年的情况却大有不同。

明熹宗朱由校的身体一向结实，生育能力也不错。十六岁登基以来，短短几年，后宫嫔妃便为他诞育了三子二女。虽然皇子都先后夭亡，但皇帝正值青春年华，所有的人对他充满信心：他迟早会再有儿子的。

但是，大家没有等到他再有儿子，等来的却是他病危的消息。最初朱由校仅仅是腰疼，身体略微有些浮肿。可太医们治来治去，一点不见好转不说，朱由校反倒一天天虚弱下去。等到这一年的八月，他的身体状态急转直下，每日昏睡的时候多，清醒的时候少，竟呈现出大限将至的迹象。于是，大家都很着急。

最急的是太监。

当时，朱由校最宠信的太监是魏忠贤，人称"九千九百岁"，其爪牙遍布宫廷内外朝野上下。但是魏忠贤很清楚，自己最大的依仗还是这位听话的皇帝。若是皇帝没了，说不定他的好日子就到头了。所以，他要抓紧时间谋出路。

出路一：全力医治朱由校。

魏忠贤遍请全国名医为皇帝医治，但是时间紧，任务重，再限于当时的医疗条件，实在无力回天。他还是不死心，尝试了兵部尚书霍维华进献的"仙方"。

所谓"仙方"，就是将优质的米用金锅银盏等蒸馏冷却成"灵露"，据说喝了可以延年益寿，起死回生。这"灵露"能不能延年益寿，还没人验证过。正好朱由校做了小白鼠，亲身验证了它的虚假宣传——不但病情没有缓解，反倒加重了。

所以，出路一行不通。

要不，就自己当皇帝吧，反正也不差那一百岁了。造反，是魏忠贤为自己谋的第二条出路。

造反其实是比较费力气的活儿，至少也得把反对的人都压制住。这事儿，光凭九千岁一个人肯定不行，于是，他开始积极地寻找帮手。

他找的第一个帮手，是心腹田尔耕。田尔耕靠祖上荫官至左都督，代掌锦衣卫事，手上握着宫廷禁卫大权。估计田尔耕觉得太监弄权还行，当皇帝太不靠谱，所以魏忠贤找他商量的时候，他多次岔开话题，自始至终没有表态。

锦衣卫调不动，那只好退而求其次。魏忠贤又找了自己的另一个心腹，兵部尚书崔呈秀。结果，崔呈秀也不想表态。在魏忠贤的再三追问下，他才说害怕各地起兵勤王，局面无法收拾。

魏忠贤这才知道，麾下的这些人又怂又现实，既然没有人跟他造反，也只好死了这条心。

还有一条路。

魏忠贤想把侄子魏良卿的儿子抱进宫中，说是皇帝的儿子。等皇帝死后，幼子继位，再由自己掌控。但是，这需要帝后二人的配合。皇帝没问题，魏忠贤说什么他基本都会答应，可皇后就没那么容易答应了。

朱由校的发妻张皇后跟魏忠贤有死仇。他们之间的仇怨由来已久，而且有越结越深的趋势。

当年，朱由校登基不久，下旨选妃。魏忠贤本打算扶持亲信的女儿上位，但负责选婚的司礼监却推举了端庄秀丽又知书达理的张嫣。朱由校自己也很喜欢张嫣，所以立她为皇后。

朱由校向来听魏忠贤的意见，这次是为数不多的例外。所以，魏忠贤对张嫣记恨在心，想等她入宫后给她些颜色看看。

巧了，张皇后性情耿直刚硬，也看不惯九千岁嚣张跋扈的做派。两个人互看不顺眼，经常找对方的麻烦。

张皇后拿出掌管后宫的威严，常常当面训斥魏忠贤。魏忠贤则背地里造谣说她冒用家世，并不是什么清白人家的女儿，而是强盗之女。好在朱由校并不相信，后来此事不了了之。

张皇后是个记仇的人，将这些事儿都记在了小本本上。瞅准机会，就向朱由校告发魏忠贤的恶行，但朱由校也并不在意。

天启三年（1623），张皇后怀孕了。

如果张皇后顺利生下儿子，就是皇帝的嫡长子。不出意外的话，一定会被立为太子，张皇后的地位也会更加稳固。

魏忠贤当然不会让一切那么顺利，他伙同朱由校的乳母客氏对张皇后动了手脚，导致她早产。后来，皇长子果然因早产体弱，出生不久就夭折了。

原本还只是小打小闹，从这开始，他们的死仇便结下了。

朱由校到坤宁宫看望张皇后，见她正在看书，就问道："皇后在看什么书呢？"张皇后头也不抬，淡淡地说："《赵高传》。"

赵高是秦朝著名的弄权误国的宦官，张皇后如此回答的意思很明显，但朱由校听了，也只是沉默无言。

魏忠贤知道了这事很愤怒，于是剑走偏锋，走了一步险棋。

他安排士兵伪装成刺客，"刺杀"皇帝未遂被发现，再一口咬定是张皇后的父亲主使。司礼监掌印太监王体乾是魏忠贤的心腹，他惊出了一身冷汗，劝魏忠贤："皇上别的事不怎么管，但是对兄弟和老婆还是很好的。你要是下死手，离间不成，我们可就要遭殃了。"

有了几次坑皇后无果的经历，王体乾的话魏忠贤还是很重视的。重视到什么程度呢？他转过身就安排人把那几个伪装成刺客的士兵给灭口了。

有了这么多的仇怨在前，张皇后当然不会配合魏忠贤。

尽管如此，魏忠贤还是尽力尝试了一番。他派人对张皇后软硬兼施，一边许诺她做现成的皇太后，一边又是威胁，说是如果拒绝一定不会有好下场。

然而，张皇后到最后只说了一句话："从命是死，不从命也是死。同样是死，不如等死好了，那样至少还有颜面见祖宗的在天之灵。"

狸猫换太子的这条路也走不通。

总之，魏忠贤谋划了半天，也没什么办法。

皇帝病危，皇后当然也着急。

张皇后知道，如果魏忠贤得逞了，那些威胁她的话就不是危言耸听，她必会死无葬身之地。所以，她跑去老公病榻前，花了好些工夫才让已经病糊涂了的朱由校相信：传位给亲弟弟信王朱由检才是最明智的选择。

随后，信王朱由检被宣入宫探疾。

其实，皇帝哥哥病重，信王朱由检也很着急。

朱由检虽说也是明光宗朱常洛的亲儿子，但是他排行第五，生母刘氏地位低下。非长非嫡的身份，朱由检本来注定这辈子只能做个闲散王爷，年长离京，然后在封地终老。

可是原本兄弟七人，没等到成年就只剩了朱由校和朱由检。其他兄弟相继夭折，让朱由校对仅剩的弟弟格外珍惜。所以，朱由检完婚后并没有马上前往封地，而是被皇帝哥哥留在京城居住。

皇帝哥哥病重，无子继位，立时就让信王朱由检的身份变得敏感。进一步，可以兄终弟及，继承大统；退一步，离京就藩，生死难料。敏感的身份，让朱由检焦急不已。他不敢主动入宫探疾，怕被人借机构陷，网罗罪名；同时，他又盼着悬于头上的剑早日落下，是去是留，是生是死，早日尘埃落定。

所以，这时被宣入宫，朱由检是明白其中的意味的。

只见信王府前，车马早已备好，有一面目清秀的少年快步出门，他身着保和冠服，胸前配着方龙补子，华贵的衣饰更显出少年的脸色苍白，一看就是长年养尊处优所致。

少年一脸忧急，可临上车却突然站定，抬头望天。

八月的北京，已经有些秋高气爽的味道，天空十分高远，好像能把人的心思也带去缥缈的未知之境。少年站了好一会儿，才在亲卫的提醒下躬身上车。

这少年便是朱由检，接到入宫的消息后更是又急又怕，精神也很难集中到一处。他坐在车中，心里也是七上八下，感觉这到宫中的路程竟好像比平时远了不知多少倍。

许久未进宫了，乾清宫内一切陈设如旧，只是多了不少药味，朱由检由内臣引领至皇帝安歇的西暖阁，一进门就紧走几步，跪倒在地，俯身叩首。

等了好一会儿，病榻上的朱由校才微微醒转过来，他费力地抬手把弟弟招到床前。这时，朱由检才清楚地看到皇帝哥哥，只见他面色灰白，眼皮肿得发亮，单是睁开眼睛好像就能耗尽他全身的力气。朱由检从小便与哥哥亲厚，这次只是为了避嫌才多日不敢入宫探望，如今一见，哥哥已经病入膏肓，想到此心中酸涩不已，不由得泪流满面。

朱由校见状，气若游丝地出言安慰："不要怕，吾弟当为尧舜！"闻言，朱由检无法拒绝，又不敢坦然接受，只好连连叩首，口中不停地说："臣死罪。"

朱由校勉强支撑着病体，温言抚慰弟弟，然后对他提出了两条要求：第一，要善待自己的发妻张皇后；第二，要重用自己信赖的魏忠贤。

按理说，皇帝病危，还有一伙人也应该着急。

通常来讲，皇帝病危，接班人尚未确定，总有人要提议新皇人选，来日得个定策拥立之功。然而那时，提议皇帝唯一亲弟弟继位的呼声并不高，也没有人建议皇帝过继个宗室子弟来继承宗庙。

这是为什么呢？原因很简单。

他们怕魏忠贤。

那时，魏忠贤权倾朝野，虽然没人愿意跟着他造反，但也绝对犯不着去得罪他。再说，没搞清楚九千岁的想法，乱提也没什么好处。

既然着急没好处，不急也没什么坏处，大臣们当然选择不着急，该吃吃，该睡睡，该上班上班，该回家回家。

八月二十二日，年仅二十三岁的朱由校离开了人世。

张皇后第一时间传出了皇帝龙驭上宾的消息，急召信王朱由检入宫。

魏忠贤第一时间封锁宫城内外，阻断消息往来。

大臣们这种该干吗干吗的节奏被打乱了。他们中有人穿了丧服赶往宫中，却被堵在宫门口；有人又被赶出宫，回家穿丧服。宫内宫外，两头乱。

之前说过，**魏忠贤**原本就没有什么更好的办法，现在张皇后又把消息传了出去，他也只好让内阁起草遗诏。遗诏的中心思想只有一句话：传皇位于信王朱由检。

张皇后怕夜长梦多，事情有变，赶紧派英国公张维贤与内阁大学士黄立极、施凤来等人去接信王朱由检进宫。

这个接驾阵容实在不容小觑。

为首的英国公张维贤是靖难功臣张辅的后代。张辅因战功封英国公后，子孙世代承袭爵位，到张维贤这里已经是第七代英国公。张维贤不仅有爵位在身，身份超然，当时还执掌中军都督府，手握京营兵权。

再说黄立极和施凤来，一个是内阁首辅，一个是内阁次辅。如此豪华阵容，文臣武将俱全，顶级规格。按说朱由检该放下心来，大大方方地进宫了吧？

然而，实际上朱由检怕极了，因为比文臣武将先一步到信王府的是个太监团队，他们都是魏忠贤的亲信。原来，魏忠贤无奈之余，只好做做表功的面子文章，就也派了一队人马接驾。

在众人的前呼后拥中，信王朱由检战战兢兢地进宫了。仓促间，皇帝居住的乾清宫还没有腾出来，朱由检被安置在紫禁城东南侧的文华殿。在那里，他不敢喝宫中的水，不敢吃宫中的东西，也不敢睡觉。

入宫当天夜里，朱由检守着烛火枯坐殿中。四周迷雾一样的寂静，让黑夜变得深不见底。任何一点轻微的响动，都如被无限放大了一样，好像平地惊雷般让人心里打战。

朱由检看到一个巡夜的宦官佩剑从殿外经过，连忙找人把他叫住，要过来人身上的佩剑，放在案头防身壮胆。

如何能打破这寂静呢？请大家吃饭行吗？

于是，当晚的巡夜收到了新皇帝的第一份恩赏，他们被召集在殿中享用酒饭。朱由检看着众人喝酒吃肉的热闹，漫漫长夜似乎好过了一点。

入宫第二天，按照惯例，文武百官、军民耆老呈上劝进表文，朱由检也按照惯例推辞再三，最后应允继承皇位。

入宫第三天，即天启七年的八月二十四日，晴空万里，一碧如洗，朱由检在紫禁城中最气派的皇极殿登基继位。

得名于嘉靖年间的"皇极殿"、"中极殿"和"建极殿"是紫禁城中最宏伟的三座宫殿，在明初分别叫作"奉天殿"、"华盖殿"和"谨身殿"，曾在万历年间失火烧毁，所以明光宗和明熹宗的继位大典都是在文华殿对付了事。朱由检足够幸运，他登基的时候，三大殿刚复建完工不久。

修复一新的宫殿，庄严气派，很适合举办登基大典。可文武百官却是很多年没有在三大殿举行正式的典礼了，再加上准备时间仓促和主持大典官员的调度失当，典礼的场面可谓隆重而混乱。

不管怎么样，在新宫殿里做新皇帝，在朱由检心中是个不错的彩头。大典过后，朱由检开始认真地做大明的主人。他为自己挑了个吉利的年号"崇祯"，期待在自己的统治下，可以开启一个吉祥如意、充满幸福的时代。

朱由检在自己的即位诏书中说："朕以冲人统承鸿业，祖功宗德，惟祗服于典章；吏治民艰，将求宜于变通。"

他不但很具体地说到了要整顿吏治、缓解民艰，登基后最初一段时间的表现也与他的父兄很是不同，让人不禁眼前一亮，仿佛迎来了一位期待已久的明君。

恩爱夫妻爱节俭

节俭，之所以能成为一项美德，是因为它比较难得。

普通老百姓因生活限制不得不节俭，尚不能每个人都做到，富有四海的帝王能做到节俭的就更是凤毛麟角了。

明朝一共有十六位皇帝，真正能做到生活节俭的只有三位，而他们每个人节俭的背后都有着各自不同的原因。

第一位，是开国皇帝明太祖朱元璋。他出身贫苦又深知创业艰难，做了皇帝后，吃的用的依然与平常百姓一样。

第二位，是明孝宗朱祐樘。朱祐樘的童年很坎坷，他们母子怕遭迫害，常年在冷宫过着近于幽禁的生活。不幸的童年让朱祐樘知道生活不易，所以他力求节俭，下诏削减皇宫的开支，也不大兴土木。

最后一位就是朱由检。

他绝对称得上是朱氏子孙的节俭冠军，不但比各位先祖要节俭，与历朝历代的皇帝比，能赢过他的也没几个。

朱由检简直把节俭做到了极致。按照惯例，皇帝的冠袍鞋履通常穿过一次就不能再用，而朱由检觉得这样太可惜了，经常命人把冠袍等衣物浣洗后再穿。尤其是冠袍里面的衬衣，不但浣洗多次，有时甚至还打上了补丁。

朱由检有个广为人知的特点，那就是走路很慢。因为走得快的话，里面打了补丁的衣服就会飘出来，那毕竟还是有失体面的。

有些皇帝节俭是做面子文章，让人给衣服打补丁，结果造价弄不好比新衣还贵。然而，朱由检衣服上的补丁都是找自己老婆打的，没有任何额外花费。

朱由检节俭成性，当然也跟他的成长经历密不可分。

万历三十八年（1610）十二月二十四日，朱由检出生在紫禁城东华门内的慈庆宫。慈庆宫是太子的居所，即民间俗称的"东宫"。朱由检的父亲朱常洛，正是这座宫殿的主人，大明朝的当朝太子。

太子得子，怎么说都是喜事一件，可朱由检排行第五，与太子第一个儿子出生时的情形大不相同。

那时，太子喜得长子，皇帝喜得长孙，整个紫禁城都张灯结彩。而现在春节将至，全宫上下都忙着准备过节，朱由检的出生非但没有给宫中增添额外的喜庆，甚至都不能给生母刘氏带来更多关注的目光。

刘氏只是太子众多侍妾中的一位，地位低下，生子没让她母凭子贵，反倒因为抚育幼子让太子对她更加疏远冷淡。为此，刘氏郁郁寡欢，积郁成疾，在朱由检五岁的时候就不幸撒手人寰了。

刘氏死后，太子朱常洛派人将她草草地葬于西山，然后将朱由检交给宠妾抚养。这个宠妾就是李选侍，人称"西李"。当时，西李还抚养着朱由校，她很能分清皇长孙和五皇孙分量的不同，所以对他们兄弟二人明显亲疏有别。

虽然西李厚此薄彼，但兄弟共同生活在一个屋檐下，有机会一起亲近玩耍，这在皇室子弟中十分难得。亲厚的兄弟情义，也是朱由检人生中为数不多的一抹亮色。

后来，西李生了自己的女儿，没有多余的精力照顾朱由检，他就被送到另外一位李选侍处抚养。这位李选侍善良仁厚，人称"东李"，对朱由检视如己出。东李位居西李之前，却远不及西李受宠，天启年间又受魏忠贤和客氏的苛待，年纪轻轻就郁郁而终。

不被父亲重视，幼年丧母，一位养母薄待于他，另外一位厚待他却又惨死，这宫中的人情冷暖，让幼小的朱由检感触良多。他因此变得敏感内向，行事上也处处谨小慎微。

朱由检从小在宫中，从来不想主动去招惹任何麻烦，也不想引起任何人的格外关注。躲在房里读书，无疑成了朱由检最好的选择。

作为皇室子弟，读书教育本来是应该有名师指点，接受最正规的儒家经典教育。然而，当年朱由检的爷爷明神宗立太子立得相当不情愿，所以他爹出阁读书的事情就闹得别别扭扭，办得拖拖拉拉。老子读书就够费劲了，谁还有心力去管儿子读书的事儿呢？

所以，朱由检最初一直是跟着宫里认字的太监识文断字，再往后就是凭着自己喜好随意翻看各种书籍。好在宫中藏书丰富，朱由检也不觉得烦闷。慢慢地，朱由检把自己带入了书中的世界。

书中另有一番广阔的天地。年幼的朱由检越来越愿意读书，把读书看作很正当有益的事情。一次，宫中的伴读太监诵读文章时忸忸怩怩，还被他严厉训斥："读书是好事，反倒不好意思。要是唱曲儿，就不害羞了吗？"

读书让朱由检的精神世界变得充盈。于是，他虽然可以锦衣玉食，却一直很注重节俭。在吃穿用度上，朱由检的要求变得很低，几乎可以说没有什么要求。

他小的时候练字，用仿影的方式。如果纸张大而模板小，他从来都是把纸张剩余的部分填满，免得浪费。

宫内的物品奢华浪费，为了节约用度，朱由检也常常派人到宫外采办吃食和用品。

天启年间，皇帝哥哥朱由校对他这唯一存世的弟弟很是亲厚。

天启二年（1622），十二岁的朱由检被册封为信王。

天启六年（1626），皇帝为十六岁的朱由检选婚。

在明朝，为了防止外戚干政，天子和诸王的后妃一律选自清白的平民家庭。为信王朱由检挑选的王妃周氏，也是来自京城的普通平民家庭，家境相当清贫。

亲王出府成婚，按例要新建府邸，朱由校也打算给弟弟建一座气派的信王府。但是，朝廷财政紧张，管事的太监提议将空置的惠王府重新装饰一下用作信王府，一向爱节俭的朱由检欣然同意了。

考虑到弟弟婚后生活开支会比之前有所增加，皇帝朱由校把景王府的地租赐给朱由检补贴家用。一向谨慎小心的朱由检以边塞军需紧张为由，谢绝了哥哥的美意，请求将地租转作军饷。

朱由检节俭的生活作风和对国家不易的体谅之心又感动了皇帝哥哥。后来，朱由校坚持把汝王和福王遗留的地租转赐给他。

天启七年，信王朱由检与周氏完婚。

周氏自小家世清贫，但也接受了规范的淑女教育，为人正直有主见，朱由检对她十分满意；朱由检虽是天潢贵胄，身上却没有骄奢习性，算得上是周氏梦寐以求的如意郎君。二人婚前身份悬殊，但婚后却也郎情妾意，恩爱异常。

周氏已贵为信王妃，原则上是可以过十指不沾阳春水的生活。然而，她出身贫寒，以勤俭为乐，婚后仍然自己浣洗衣物，还时常亲自操持夫君朱由检的饮食。

信王府里没有紫禁城的寂寞压抑，朱由检从形单影只到娇妻相伴，平生第一次体验到了人生的欢乐。如此甜蜜美满的生活，自然是不需要更多的金银珠宝去点缀。

在信王府生活的几个月，没有为国为民的忧虑，只有儿女情长的幸福美满，几乎是朱由检一生中最快乐的时光。

那年四月，朱由检从紫禁城走出来，搬进自己的小家。短短几个月后，他就以全新的身份再次回到了紫禁城。

回到宫中的朱由检曾惶恐到了极点，甚至都不敢食用宫中的食物，但临行前周氏把亲手烙制的饼给他揣入怀中。那份温暖一直留在他的心中，直到人生的尽头。

周氏持家有方，开支节省。在这一点上，与她的夫君是天生一对。

朱由检做皇帝后，后宫在周氏的操持下，尽力减少不必要的开支。外戚没有额外恩赏，给大臣的赏赐也依礼而定。除了重大节庆典礼之外，宫中平日里不用金银器皿，一律改用锡器、陶瓷等。

在古代，贵妇通常都穿金戴银，以簪珠戴翠为美。而周氏却独不喜欢珠光宝气，即使后来做了皇后，平日里仍以簪花为乐。周氏十分喜欢海棠和茉莉，每到花开都摘花成簇，插入发髻之上，别有一番自然之趣。

朱由检的爷爷明神宗当年花钱如流水，曾让主管宫廷膳食的光禄寺入不敷出。等到了朱由检夫妇那里，自上而下削减费用，饮食花费不及神宗时期的百分之一。

终崇祯一朝，朱由检夫妇琴瑟和谐，力行节俭，宫中没有赏玩珠宝之风，也没有声色犬马之乐。闲暇之时，也不过是簪花抚琴的清音雅乐，为世所罕见。

拿什么拯救你，大明

登基大典结束，朱由检的大位已定，暂时不必为自己的人身安全提心吊胆了。他开始审视先祖和父兄留下来的这份基业，发现这绝对是个名副其实的烂摊子。

这个摊子开始变乱，得从他的祖父明神宗朱翊钧说起。

其实，朱翊钧接手的摊子也不怎么样，内忧外患一样都不少，军费激增，国库困顿。但是，朱翊钧很幸运，他有一样帝王最宝贵的财富，那就是能臣。有能臣的辅佐，开国建朝都不在话下，何况力挽狂澜救社稷于危倾？

朱翊钧的能臣便是张居正。

张居正为首辅当政的十年间，锐意改革，裁冗员、用干吏，大力推行一条鞭法，使政治复得清明，经济得到恢复和发展。《明史》上称自从正德和嘉靖年间的虚耗之后，到万历十年（1582），最为富庶。历史上把万历的前十年称为"万历中兴"。

然而，万历十年，张居正死了。

朱翊钧自从登基，就被张居正往尧舜那样的圣君方向培养，所以他年幼时曾被张居正教育管制得非常严格。张居正一死，长期受压抑的朱翊钧开始报复性叛逆和自我放纵。

首先，朱翊钧对张居正进行了比较彻底的清算，当然将张居正主张的施政策略也改得七七八八。

接下来，朱翊钧开始慢慢地放飞自我。他沉湎于酒色，后宫中不但美女云集，据说还有号称"十俊"的男色。

登基之初，朱翊钧被张居正限制着，衣食用度很节俭。张居正死后，他一改简朴之风，生活十分奢靡。宫廷每年单是饮食上的开销就由万历初年的白银十几万两激增到万历中期的白银三十万两。万历三十二年（1604）底，负责宫廷饮食的光禄寺竟到了无银可用的地步。

张居正在时，皇帝大婚也不过用银七万两。等到了朱翊钧自己说了算的时候，心爱的儿子福王结婚竟花费了三十万多两白银。

此外，朱翊钧还大兴土木。

他在京城内外修建了许多离宫别院，自己的陵寝也修得超级豪华，仅修陵一项就花掉白银八百多万两。万历二十四年（1596），乾清宫、坤宁宫失火，随后修复。第二年，皇极殿、中极殿和建极殿三大殿被烧毁，后来筹建修复，仅采办木料就耗费白银九百多万两。

朱翊钧如流水般的花销很快让内库存银耗费一空。

即使无银可用，也丝毫没让朱翊钧节制收敛。他认为天子富有四海，天下的钱财都是天子的钱财。既然是花自己的钱，有什么可客气的。所以，只要内库没钱，朱翊钧就堂而皇之地伸手向国库要钱。

从万历二十年到二十八年（1592—1600），明朝有三大征战，即平定宁夏哱拜之乱、援朝抗倭和平定播州杨应龙之叛。三大征战军费消耗巨大，国库不堪重负，再加上朱翊钧不停地索要，国库亏空时有发生。从而，国家的各项开支均受影响，军饷也常常不能按时发放，导致兵变频发，边防废弛。

国库没钱，朱翊钧就派人直接去民间搜刮。从万历二十四年起，他派出大量宦官充任矿监税使，分赴各地开矿征税。所谓"开矿"，不过是妄指良田为矿，逼迫田主交钱；所谓"征税"，就是重重设卡，层层盘剥。朱翊钧的矿监税使确实为内库带回了钱财，却也激起了不少民变。

朱翊钧晏处深宫，忙着搜刮享乐，自然没那么多时间上朝理政。最初，他只是"偶有微疾"，不能上朝，后来就是"头晕眼黑，乏力不兴"。总之，从万历十五年（1587）起，朝臣们就很少能见到他们的皇帝了。

朱翊钧不上朝后，史书上说他"不郊、不庙、不朝、不见、不批、不讲"。总之，除了动摇社稷的大事，比如前面提过的三大征战他能下谕旨外，别的事他基本能不管就都不管了。

朱翊钧的怠政让朝堂上下一片混乱。在职的官员无法升迁，想辞职的官员得不到批复，空缺的职位也没有任命填补，逐渐形成了"人滞于官""曹署多空"的局面。

万历三十四年（1606），大学士沈鲤说到的六部官员空缺情况，让人震惊。那时，吏部尚书空缺三年；左都御史也空缺了一年；刑部和工部两个部院只有一个侍郎顶着；兵部尚书没有、侍郎也没有；礼部只有一个侍郎，还告假在家；户部也只有一个尚书在任。总之，六部堂官以上级别编制三十一人，一共空二十四人。

不是没有人愿意当官，候补的人都排大队了，但朱翊钧就是一份任命也懒得批，谁也没办法。

内政危机四伏，兵变、民变频发，边境上也并不太平。北方蒙古察哈尔部不断扰边，西南苗彝土司频频造反，更严重的是东北的辽东地区，建州女真崛起。

万历十一年（1583），建州女真部的努尔哈赤以祖父留下的十三副铠甲起兵，逐步统一女真各部。万历四十四年（1616），努尔哈赤自称"英明汗"，建立大金汗国，史称"后金"。然而，这期间大明竟从未认真干预。

万历四十六年（1618），努尔哈赤公开叛明，对明朝进行军事征讨。大明此时才如梦方醒，仓促应战。明军接连几次大败，失去了战略重地抚顺、辽阳、沈阳。原来的辽东都司辖区只剩下辽河以西的狭长地带，大明从此丧失了辽东战场的主动权。此消彼长之下，后金政权变成了明朝的一大劲敌。

总体来说，朱翊钧一朝先是让大明恢复了些许元气，又把大明内外尽伤一遍。好在没有宦官弄权，没有外戚干政，也没有严嵩一样的奸臣把持朝政，朱翊钧在国事上的答卷算是差强人意。

但是，朱翊钧对家事的处理就相当糟糕了，他直接耽误了大明未来几代君王的教育，给大明造成了不可逆转的影响，甚至可以说为大明埋下了覆亡的种子。

都说再亏不能亏教育，朱翊钧身为一国之君，自然也知道这个道理。不过，他被私情所困，硬生生地耽误了子孙的教育大事。

万历十年（1582），皇长子朱常洛降生，举国欢庆，但不包括朱翊钧。皇长子的生母是一个宫女，临幸她不过是朱翊钧的一时之兴，他甚至都不愿意承认有过这回事儿，更别说去接受这件事的后果了。

再说那时，朱翊钧已经有了自己宠爱的德妃，即后来被封为贵妃的郑氏。他一心希望心爱的郑氏为自己生个儿子，继承自己的衣钵。

郑氏也很争气。

万历十一年，她为朱翊钧生了个女儿，晋升为贵妃。

万历十四年（1586），她生下皇三子朱常洵。朱翊钧大喜，准备晋升郑氏为皇贵妃。

这回朝中的大臣看出了皇帝的小心思。皇贵妃离皇后仅有一步之遥，通常情况下，没有特殊贡献是不能获此殊荣的。皇帝已经有儿子了，所以郑氏生儿子不算什么特殊贡献。朱翊钧让郑氏当皇贵妃不过是想找个合适的机会，把郑氏变成皇后，把皇三子变成嫡子。

于是，朝臣们纷纷上疏反对，朱翊钧把这些人降级、撤职、发配，但还是不断有人前仆后继地反对。折腾了好一阵子，搅得朝堂天翻地覆，郑氏才好不容易成了皇贵妃。

立皇贵妃的艰难让朱翊钧知道，强把郑氏扶成皇后是不太现实的。他只能等。等现任皇后王氏死掉或者出错被废掉。可惜，王皇后身体康健，又行事稳妥，从无大错，朱翊钧一生都没等到他期待的机会。

与此同时，朱翊钧的朝臣认死理，坚持要"无嫡立长"，不断地上疏劝皇帝立皇长子朱常洛为太子。朱翊钧与朝臣们进行了旷日持久的斗争，好像是在比拼谁更有毅力，一比就是十几年。这就是明朝历史上有名的"国本"之争。

这期间，有一批人坚定地站在皇长子朱常洛这一边。他们自诩正直清流，为首的吏部文选司郎中顾宪成被罢官后，回到无锡讲学。他讲学的地方叫作"东林书院"，他聚集的那批人在历史上被称作"东林党"。

在古代，这代表了结党营私，是党同伐异。实际上，东林党人确实也是这么做的。舆论上，他们议论内阁是非，影响朝局；政治上，他们利用各种机会手段推自己人上位，然后党同伐异。

为了对抗东林党，其他朝臣也纷纷结党，其中能量较大的就有齐、楚、浙三党。他们与东林党为了各自的利益，进行了一系列的斗争。

于是，令人顿足捶胸的党争自此而起。

党争对明朝的影响是相当深远的，历史上有很多人甚至把明朝的灭亡直接归因于激烈的党争。

相信朱翊钧如果知道后果如此严重，打死他也不会搞什么国本之争。当然，这都是后话。再说，当局者迷，朱翊钧身陷其中，是不会那么清醒的。

如果皇长子出阁读书，就等于变相承认了他太子的身份，所以，朱常洛的读书事情迟迟不能落实。

一般情况下，太子六岁就应该出阁读书了，而朱常洛的父皇一直拖到他十二岁才勉强同意其出阁读书。

万历二十九年（1601），朱翊钧册立长子朱常洛为太子。不是朱翊钧改主意了，而是他实在拖不下去了，再拖下去整个朝堂就没人为他干活了。

政治上，朱翊钧亏待了太子，所以在生活上给了太子很多补偿。这些补偿中，有一项就是广选美女供太子享用。

太子朱常洛从小不受父亲待见，生活压抑，也愿意纵情于声色犬马。当然，这么做的直接后果是搞垮了自己的身体。

万历四十八年七月二十一日，朱翊钧驾崩了。

他经历了少年热血、青年勤政、中年怠政，经历了无数斗争与妥协，最后还是无奈地把皇位传给了自己并不喜欢的儿子。

人事大抵如此吧，即使是帝王，也是不如意者十之八九。

八月一日，战战兢兢了几十年的朱常洛正式登基，后世称他为明光宗。

被压抑了几十年，不用说，朱常洛自然想大干一场。

政务上，朱常洛拨银百万犒赏辽东前线的将士；召回各地的矿监税使；启复因建言获罪的诸位大臣。

当年，东林党人曾坚定不移地支持过他，朱常洛自然不会忘记他们。即位后，他升刘一燝、韩爌为礼部尚书兼东阁大学士，参预机务；升礼部右侍郎孙如游为礼部尚书；周嘉谟继续出任吏部尚书；征召邹元标为大理寺卿，尚未到任，又提拔为刑部右侍郎。不久后，这些人就用自己的实际行动回报了朱常洛。只不过，有些回报对大明是正向的，而更多的回报对大明却是致命的。

生活上，朱常洛更加放纵自己，对美女来者不拒。

八月九日，曾与朱常洛结怨多年的郑贵妃，想跟新皇帝搞好关系，进献了八名美姬。朱常洛非常高兴，尽数收纳。当夜，连幸数人。

八月十日，朱常洛病倒了。

可能是上学晚，脑子没开窍；也可能是纵欲多年，身子亏，反正，朱常洛对大夫没什么信心。他病了不去找大夫，而去找了太监。他找的太监不是别人，正是当年做过郑贵妃贴身太监的崔文升。

八月十四日，朱常洛吃了崔文升开的药，当晚狂泻不止，第二天就卧床不起了。

不找大夫，乱吃药，没好处。不过，朱常洛并没有从中吸取教训。

八月二十九日，朱常洛吃了鸿胪寺丞李可灼进献的"仙丹"。历史上，李可灼进献的"仙丹"还有个更响亮的名字，叫"红丸"。

史书上说，朱常洛第一天吃红丸，感觉很好，但接着吃，很快就一命呜呼了。

九月一日，朱常洛龙驭上宾。

朱常洛曾给自己选了"泰昌"作为年号，大概是希望国家康泰昌盛吧。

按照惯例，新皇帝登基当年还要沿用原来的年号，得等到第二年，崭新的一年开始才能正式启用自己的年号。

非常可惜，朱常洛即位仅一个月就离开人世了，"泰昌"这个寓意如此美好的年号，竟然没来得及用。

不论生前死后，朱常洛亲手提拔的东林党人都没有辜负他。在他生前，他们撵走了郑贵妃；在他死后，他们又撵走了人称"西李"的李选侍。

明神宗朱翊钧走后，郑贵妃声称皇帝有遗命要封她为皇后。如果郑贵妃封了皇后，到新皇帝朱常洛这里就成了皇太后。太后要是指手画脚起来，皇帝通常是没什么办法的。

这时，礼部尚书孙如游上疏说：不行！拒绝的理由也很正当：先皇的发妻王皇后，还有新皇的生母王氏都还没册封呢，轮不到郑贵妃。可是，郑贵妃赖在乾清宫不走，朱常洛也没办法。

于是，吏部尚书周嘉谟去找了郑贵妃的侄子郑养性，连威胁带恐吓，取得了非常理想的效果。郑养性不但劝说郑贵妃搬离了乾清宫，还劝她主动放弃了做皇太后的想法。

与周嘉谟同去的还有一位七品给事中，名为杨涟。

杨涟也是东林党人，但他更是一个正直的人。很多人在心底很正直，但落实到行动上就不那么正直了，因为心底的正直很容易，想想就行了，而行动上的正直很难，既需要勇气又要舍得付出代价。

杨涟就是一个在行动上也无比正直的人。为了心中的道义，他既有勇气去战斗又舍得付出代价，哪怕这代价是自己的生命。他的名字，后面还会一而再地被提起。

明光宗朱常洛死后，抚养着皇长子朱由校的西李也想做皇太后，赖在乾清宫不走。

要说西李比郑贵妃更有优势，因为她作为养母，可以名正言顺地控制着皇位继承人。这回，大臣们没有用迂回的策略，而是采取了更直接的办法，硬抢！

这些顾命大臣从乾清宫的西李手中骗出朱由校，强行带到文华殿。情急之下，他们甚至没有等轿夫来抬皇子，而是亲自上阵抬轿子。四位抬轿的大臣分别是英国公张维贤、内阁大学士刘一燝、吏部尚书周嘉谟和给事中杨涟，堪称史上最豪华的轿夫团队。他们用勇气和一身臭汗换取了新皇帝的自由。

就这样，万历四十八年的九月一日，朱由校被带到了文华殿，接受了群臣的朝拜，成了新的皇帝，历称"明熹宗"。

把朱由校和西李分开才是第一步，要取得彻底的胜利，还得把西李从乾清宫中撵出去。

九月二日，吏部尚书周嘉谟和御史左光斗上疏，要西李搬出乾清宫。

十六岁的朱由校，已经能分出西李到底是想留下来照顾自己，还是只想拿自己当筹码。所以，他也同意让西李搬出乾清宫。

可是，西李就是赖着不搬。

这时，敢于战斗的杨涟说服了内阁和各部大臣聚集在宫门前，西李不搬走，他们不死不休。

西李怕了，她知道这帮文臣不要命起来多可怕。九月五日，就在朱由校登基大典的前一天，她灰溜溜地搬出了乾清宫。

这就是所谓的"移宫案"始末。

移宫案中被撵走的西李，曾经集万千宠爱于一身，蛮横霸道，肆意欺辱朱由校的生母王氏、朱由检的生母刘氏以及更多连姓氏都没有留下的女人。离开乾清宫的那一刻，这些就都已成为过往。没有丈夫作为依仗，没有养子作为筹码，西李不过是紫禁城中又一个可怜的女人，从此再无人问津。

九月六日，朱由校正式登基，定年号为"天启"。

由于祖父和父亲的别扭关系，朱由校的教育问题一直没有得到重视。与弟弟朱由检爱读书不同，朱由校一直对读书不感兴趣。当了皇帝后，他对政务更是不胜其烦。

史书上讲他"性好走马，又好小戏，好盖房屋，自操斧锯凿削，巧匠不能及"。其中，朱由校最感兴趣的就是做木匠活儿，每日在宫中打造各种家具器械，做好了再拆掉，拆完了再重新做，乐此不疲。

除了营造之类的事务外，能放在朱由校心上的事情不多。但是，别人对他的情义他却从来不会忘记。帮助过他的人、真心对待他的人，都会有回报。

比如杨涟，朱由校把他从不起眼的给事中提拔到左副都御史，部级官员。还有左光斗，被升任左佥都御史。被升官提拔的还有很多人，他们有一个共同的名字，叫作东林党。

在朱由校心中，除了东林党人，真心对待他的人还有他的乳母客氏。朱由校从小到大的饮食起居，都由客氏精心照顾，所以，朱由校待她如亲母，封其为"奉圣夫人"，对她百依百顺。

大臣们让西李搬离乾清宫，朱由校答应了。可大臣们让客氏出宫，朱由校死活都不答应。中间有一次，朱由校迫于压力松了口，让客氏出宫，结果当天就又反悔了。

朱由校不但对客氏很好，爱屋及乌之情还扩展到了客氏身边的每一个人。他封客氏的儿子侯国兴为锦衣卫指挥使，对客氏的"对食"也很好。

对食，顾名思义是结伴吃饭的意思。宫中，宫女不能嫁人，太监不能娶妻，往往结伴吃饭，共同熬过寂寞难耐的生活。

客氏的第一任对食是魏朝。魏朝与客氏相好时，是乾清宫的管事太监；等客氏把他甩了后，他便被免了职，赶出宫外。

客氏的第二任对食就是大名鼎鼎的魏忠贤。

说来，魏忠贤与朱由校也颇有缘分。他曾为朱由校的生母王氏操持膳食，也曾追随过西李，算得上是朱由校的老熟人。再加上客氏的关系，尽管魏忠贤并不识字，也一路被提升到司礼监秉笔，掌握了替皇帝对内阁票拟批红的大权。

魏忠贤每次请旨，专挑朱由校木匠活做得正高兴的时候，通常得到的答复是："朕知道了，你们好好干便是。"

有客氏在内照应，魏忠贤在外放心地假旨揽权。慢慢地，他掌控了东厂，把持了内阁，爪牙遍布朝野内外。

东林党人费劲地干掉了其他的政敌，齐、楚、浙三党在朝堂上几乎被一扫而空。但好景不长，东林党人独领风骚没多久，就被魏忠贤的阉党收拾得七零八落了。

魏忠贤做的这一切，在朱由校看来不过是老管家式的任劳任怨，偶有小错也无伤大雅。所以，别人弹劾魏忠贤，他根本听不进去。临终的时候，他还嘱咐弟弟朱由检要重用魏忠贤。

现在看来，朱由检继承到手的遗产有祖父留下来的党争，有父亲留下来的明宫三大案，还有兄长留下的阉党。放眼望去，吏治昏聩，民不聊生，民变多发，兵变常有，边疆叛乱，强敌在侧。

此时的大明，像是病入膏肓的老人，走到了生命的迟暮。

朱由检真怕大明会断送在自己的手里，准备拼尽全力去拯救它。

他要做的第一件事就是"重用"魏忠贤，只不过，会跟兄长的方式完全不同。

百姓欢呼"圣人出"

　　等到朱由检当皇帝的时候，魏忠贤的权势已经达到顶峰。天下人基本上都只知道有"九千岁"，而不知道有"万岁"。

　　在宫内，魏忠贤与客氏多年经营，赶走了魏朝，驱逐了与东林党人关系密切的王安，把所有的要害职位都控制在自己人手中。

　　他们把持了司礼监，魏忠贤自己是秉笔，心腹王体乾是掌印太监，又有李永贞、石元雅、涂文辅等人依附。大臣的奏疏不经过他们就没法送到皇帝手中，皇帝的旨意不经过他们也传达不出去。

　　他们恢复了内操。内操是明朝特有的事物，即选取身强力壮的宦官在宫内习武操练。经过训练的武阉，可以陪皇帝进行军事体育娱乐活动，但也算得上是一支武装力量。内操，始于明武宗，后来时兴时废。天启年间，在魏忠贤的建议下恢复内操，并由他的亲信刘朝主持，规模和声势都要胜于以往，人数多达万余。

　　他们还控制了东厂和锦衣卫。魏忠贤自己提督东厂，代掌锦衣卫事的左都督田尔耕是自己干儿子，客氏的儿子侯国兴是锦衣卫指挥使，自己的侄子魏良卿又是锦衣卫指挥佥事。他们利用东厂和锦衣卫遍布全国的特务网络，为其打探消息，排除异己。

　　《明史》上记载过这样一个故事：深夜，有四个人在密室中饮酒，其中一个人喝醉了，谩骂魏忠贤，另外三个人吓得不敢出声。还没等那个人骂完，东厂的探子就破门而入，把他带走。其余三个人都被吓得魂飞魄散。

　　故事中的四个人都是没有留下名字的小人物，小人物尚且受到如此严密而准确的监视，更不要说那些有名有姓的官员了。那时，人人自危，争相依附。

　　在朝中，文有崔呈秀、田吉、吴淳夫、李夔龙、倪文焕主谋议，号称"五虎"；武有田尔耕、许显纯、孙云鹤、杨寰、崔应元主杀戮，号称"五彪"；还有吏部尚书周应秋、太仆寺少卿曹钦程等人，为"十狗"；又有"十孩儿""四十孙"等名号。这些人的门下又有鹰犬爪牙不计其数。

真不知道他们为什么那么自觉地以畜生自居，反正，人们为了方便起见，统称他们为"阉党"。

魏忠贤如此势如中天，难道就没有人阻止反对过吗？

当然有！

天启四年（1624），左副都御史杨涟上疏弹劾魏忠贤，列举其二十四项大罪。贪污受贿、排除异己、陷害忠良、迫害嫔妃、谋害皇嗣、擅自操练武阉、图谋不轨等应有尽有。

这样一份弹劾奏疏，字字带刀、针针见血，不论是哪个皇帝看了都会愤怒，朱由校应该也不会例外。别的他可能不在意，但谋害他的老婆、孩子，他绝不会不管。

但实际上，朱由校并没有看到那份奏疏。

前面说过，魏忠贤早已把持了皇帝与大臣公文往来的通道司礼监，任何奏疏都不会直接呈现到皇帝的面前，这份也不例外。

杨涟上疏前也考虑过这一点，于是，他充分发挥了勇于战斗的特点。他把自己的奏疏弄得人尽皆知，而且在他的带动下，吏科都给事中魏大中以及陈良训、许誉卿，抚宁侯朱国弼，南京兵部尚书陈道亨，侍郎岳元声等等七十余人，纷纷上奏弹劾魏忠贤。

动静闹得太大，首辅叶向高和礼部尚书翁正春也顺势请旨将魏忠贤遣回私宅，以平众怒。

这阵势吓得魏忠贤直冒冷汗，私下里去找内阁大臣兼东林党人韩爌，求他手下留情，居中调解。没有任何悬念，韩爌当然不会答应。

情急之下，魏忠贤只好回去找他唯一的靠山——皇帝朱由校。他跑到皇帝面前哭闹着喊冤，"情真意切"，并主动要求辞去东厂职务。

宫外已经闹得如此沸沸扬扬，朱由校自然多少也有些耳闻。不过，皇帝历来讨厌看那些朝臣拽文的奏疏，这次也是如此。为了表示关切，他找了身边人来核实情况。

这时，朱由校读书少、心思单纯的弊端就展现无遗了。

他找来核实情况的不是别人，正是魏忠贤的心腹王体乾。

王体乾不但轻描淡写地替魏忠贤敷衍了过去，还反咬这些上疏弹劾的大臣结党。

于是，朱由校温言抚慰了魏忠贤，告诉他不要怕，继续好好干。

当然，朱由校还找客氏问过："他没骗我吧？"

客氏说："陛下，此事万万没有！"

朱由校回过头再看这些大臣是不是结党呢？在他看来，是！

很简单，这次带头上疏的是杨涟，就是东林党。此外，东林党是有前科的，万历年间他们就党同伐异，到了天启年间，他们也没消停。

要注意，这次弹劾的时间是天启四年。此时魏忠贤已经羽翼渐丰，那在这之前，他们干什么去了？答案是他们正集中精力肃清齐、楚、浙三党。

从朱由校的角度看，他已经给过东林党回报，而东林党却整日争来吵去，容不得他人；而他每次给魏忠贤更多的权力，魏忠贤却总是实实在在地回报他，帮他分担更多的政务。

东林党人自己不好好干活，还对其他干活的人说三道四。朱由校很愤怒，他下旨申斥了杨涟。同时，还申斥了吏部尚书赵南星，告诫他不要结党营私。

赵南星、邹元标和顾宪成三人并称东林"三君"，是东林党内的精神领袖。天启四年的时候，顾宪成已死，邹元标告老还乡，"三君"还在朝堂上的只剩赵南星。所以，申斥赵南星的矛头指向十分明确，那就是在指责所有的东林党人。

既然皇帝的态度如此鲜明，剩下的魏忠贤就大胆地包办了。

接下来，首辅叶向高和内阁大学士韩爌被逼辞职，东林党人纷纷被罢斥。东林党人走后，顾秉谦接任首辅。顾秉谦大魏忠贤十八岁，还不知廉耻地认后者为干爹。从此，内阁也落入了魏忠贤手中。

但是，已经因恐惧和愤怒抓狂的魏忠贤并没有就此罢手。他的党羽接连炮制了臭名昭著的"六君子之狱"和"七君子之狱"；为了防止遗漏，还煞费苦心地搞了个《东林点将录》，按名单挨个找东林党人清算。

上面提到的"六君子"分别是杨涟、左光斗、魏大中、周朝瑞、袁化中和顾大章；"七君子"分别是黄尊素、周宗建、缪昌期、李应升、周顺昌、高攀龙和周起元。除高攀龙被捕前在家中投水自尽外，其他人都被带到诏狱折磨致死。

诏狱的酷刑分械、镣、棍、拶、夹棍等五类十八种，一套全刑下来，受刑之人呼号不断，血肉溃烂，欲求死而不能。杨涟等人入诏狱后，每五日被拷打一次，用全刑一遍，以致后来无人能跪起带枷，均平卧堂下受审。史载杨涟被折磨得"皮肉碎裂如丝"，肋骨被悉数压断，但自始至终，他都没有屈服。其他的几位君子也一样，至死不屈。

历史不能记住每一个人，但很少会遗忘有勇气坚持正义的人。

东厂抓捕周顺昌的时候激起民愤，被当地百姓群起殴打。百姓中带头的五位是颜佩韦、杨念如、马杰、沈扬、周文元，后来皆被地方官杀害。他们都是百姓，但因敢于反抗阉党而被历史铭记。

再说当时志得意满的魏忠贤，肉体上消灭敌人并不能让他满意，他还要把东林党人钉在道义的耻辱柱上，在精神上羞辱他们。

东林党人一直自诩"清流"，也始终以在"梃击案"、"红丸案"和"移宫案"三案中贡献的力量为骄傲。为此，阉党编制《三朝要典》颁行天下，推翻三案原有的结论，把东林党人指为"邪党"。

东林党人曾以三案为武器，攻击政敌。如今，同样的武器被以同样的方式利用，只不过攻击的方向对准了自己。

东林党人因党争而崛起，也因党争而衰落，尽管这次他们真的站在了正义的一方。

当年，如果东林党人手下留情，在朝堂上给政敌留个容身之处，魏忠贤等人恐怕累死都搞不走他们。

这道理，东林党人不懂，魏忠贤就更不懂了。一旦把反对自己的人斩尽杀绝，那么也就意味着离覆亡不远了。

天启五年（1625），戚臣李承恩不满魏忠贤跋扈，被后者当成了立威的靶子。李承恩的身世并不简单，他是明世宗宁安公主的亲儿子，是明神宗的亲表弟，论辈分朱由校还是要叫他表叔公的。可是，李承恩得罪了魏忠贤，被东厂在家中翻出了龙纹漆盒瓷器。尽管李承恩再三申辩那些都是母亲的遗物，还是被东厂以擅用御物罪判处死刑。

通常，皇亲国戚犯法都可以适当减免刑罚。这次，魏忠贤却坚持公正执法，结果连个敢替李承恩求情的人都没有。可见，皇宫内外、朝野上下，再无人敢触其锋芒。

天启六年（1626）开始，各地兴起为魏忠贤立"生祠"的潮流。魏忠贤终于到达了他人生的巅峰。

盛极而衰，是亘古不变的真理。

再往前走，等着魏忠贤的，便是刚刚登基的朱由检。

对魏忠贤，朱由检有两个选择：第一，甘于受其摆布，做个悠闲的傀儡天子；第二，干掉他，立威。

相信朱由检在选择的时候没有半分犹豫。

我们大概都还记得朱由检进宫做皇帝时的胆战心惊。要对付魏忠贤及其身后的庞然大物阉党，朱由检的力量还是太弱了。他需要耐心地积蓄力量，等待机会。

多年如履薄冰的宫廷生活，朱由检就算别的什么都没学到，至少也学会了如何做一个好演员。在这方面，他的表现可以打满分。

登基之初，表面上看，朱由检上心的不过都是些新皇帝的面子工程，比如认真给哥哥天启皇帝治丧选陵，给生母刘氏追封加谥号，给发妻周氏择日册封皇后，诸如此类的家事。

对于前朝政务，朱由检装作不感兴趣的样子，所有大臣的奏章他不过随手拿起看看再放下。政务处理上，他表现得很依赖魏忠贤和王体乾等人，对他们的封赏一切照旧。

按照"一朝天子一朝臣"的惯例，新皇登基，御前总要来一次大换血。原来依附魏忠贤的御前管事太监李朝钦、裴有声、王秉躬等人递交辞呈，朱由检这回没有客气，全部批准。这些关键的位置上，朱由检换上了自己从信王府带来的亲随。

如此，魏忠贤在皇帝身边少了很多内应，他很不甘心。不过新天子的做法也无可挑剔，毕竟是按照惯例行事，魏忠贤没太在意，只是不想放弃安置内应的做法。于是，他送给了朱由检一份大礼。

这份大礼是四位国色天香的美女。思虑周到的魏忠贤还给她们随身配备了迷魂香。据说男人遇到此香立即会意乱情迷，无法把持自己。结果，朱由检不但压根就没动她们，还命人从这四位美女身上搜出迷魂香拿去销毁。

魏忠贤得知后，心里不免犯嘀咕：这位万岁爷有点不一样啊。

果不其然，一天，朱由检看似无意，却突然问起立枷的事。立枷是阉党迫害政敌时常用的一种酷刑，即用百逾斤的重枷卡住人的脖子，让受刑的人坐卧不得，很快站立而死。

王体乾被问得一惊，赶紧答说："陛下，那是给那些大奸大恶才用的刑罚。"

朱由检听闻，神色忧戚，良久才说："虽是如此，朕还是觉得太惨了。"

魏忠贤听后，吓得胆战心惊，这位皇帝有点让他琢磨不透了。私下里，他去找朱由检的亲信徐应元商量对策。后者建议他主动辞去东厂职务，借此来试探皇帝的心意。

天启七年，九月一日，魏忠贤依照徐应元的计策向朱由检递交辞呈。

惊喜似乎来得有点太突然了。

读过很多史书的朱由检一眼就识破了魏忠贤的伎俩，心想：他树大根深，哪能这么容易就自己放弃。眼前这出，不过虚晃一枪来探虚实。

瞬间，演员朱由检就上线了。

他亲自扶起跪在地上的魏忠贤，温和地告诉他："你是哥哥留给我的重臣，不要多想。"

皇帝没有批准他的辞呈，魏忠贤稍微放下心来，但皇帝既不热情也不冷淡的温和又有些让他吃不准。于是，魏忠贤决定暂时夹起尾巴做人，低调行事。

九月三日，客氏提出辞职。作为先帝的乳母，她早该离开皇宫了。现在连先帝都已经不在了，客氏再也没有理由赖着不走。

朱由检乐见其成地同意了，客客气气地送她出宫。

客氏离开的时候很不舍。天启皇帝幼年剃下的胎发、剪下的指甲，她保留了很多年，离宫前她把那些都拿去焚化了，然后哭哭啼啼地离开了皇宫。

魏忠贤在宫内又失去了一大内援。同样，此事合情合理，魏忠贤不知道皇帝这么做究竟是有心，还是无意。于是，只好继续试探。

九月四日，王体乾提出辞职。

这么小儿科的题目，当然难不倒朱由检。众所周知，王体乾是魏忠贤的心腹，他辞职跟魏忠贤辞职没什么本质不同，不过是同样的剧本换个人演。所以朱由检也相当配合，陪着他们又演了一遍"君臣相惜，不忍分离"，态度比魏忠贤那次还要热情一些。

这下，魏忠贤安心了：皇帝没打算动手。

九月十四日，南京通政使杨所修上疏弹劾兵部尚书崔呈秀等人违制夺情。

这是一件很有意思的事情。因为上疏的人是阉党成员，被弹劾的人也是阉党成员。其实，杨所修上疏的主要目的是试探皇帝对阉党的态度，所以他弹劾了阉党的主要成员，但又没说什么非要罢官杀头的大罪。另外，杨所修想在新皇帝心中留下自己不是阉党的印象，一旦将来真要清算，也算为自己留了条后路。

朱由检知道还远没到收网的时候，所以他申斥了杨所修"率性轻诋"。崔呈秀作为魏忠贤的主要谋臣，申请回乡守孝的辞呈也没被批准。

后来，吏科都给事中陈尔翼又上疏驳斥杨所修，顺手把局势搅乱。他说杨所修莫不是受了"东林余孽"的蛊惑吧。

不得不说，朱由检是个有天赋的皇帝。面对大臣踢皮球、打太极的这一套，他一句话就让所有人消停了："大臣是什么样的人这些事先帝已经理好了，朕刚登基，这些事不清楚也不打算深究，你们不要多事了。"

大臣消停了，魏忠贤也更放心了。不过，很快他的心又悬了起来。

九月二十四日，国子监监生陆万龄被他的老师朱三俊弹劾，理由是前者把魏忠贤与孔圣人并列。朱由检立刻下令把陆万龄捉拿问罪。

九月二十五日，江西巡抚上疏为魏忠贤歌功颂德，并建议再给九千岁修个生祠。

有陆万龄的事在前，魏忠贤摸不准皇帝的态度，赶紧上疏说修生祠太浪费，很不对，要把钱省下来当军饷。朱由检批复说："大家要给你修祠堂是对你的认可。既然你如此自谦，就成全你吧，没修的就不要修了。"

其实，这道批复很值得令人玩味。字面上是表扬魏忠贤，而字面之外，皇帝流露出的态度也很明显：他不喜欢魏忠贤，再像从前那样捧着魏忠贤已经不被看好了。

像魏忠贤这样的老江湖，当然也看出了皇帝的这点意思。正当他打算推翻之前自己对皇帝的判断时，又有了新的情况。

九月二十七日，朱由检赐魏忠贤的侄子宁国公魏良卿免死铁券。随后差不多半个月的时间内，皇帝对魏忠贤的党羽几乎做到了天天有赏、日日封官。

这下，魏忠贤彻底放心了。

他觉得现任皇帝虽然不如先帝那么喜欢自己，但只要自己行事低调，皇帝是不会对自己怎么样的，再不济也可保自己余生富贵。

从那时起，基于这个判断，魏忠贤几乎再没有任何防备。

十月初，朱由检亲临教场检阅内操，事后借恩赏之名将几千武阉驱逐出宫。

十月十四日，云南监察御史杨维垣上疏弹劾崔呈秀。不过，弹劾的事项有些老套，除了违制夺情外，就是与内阁大臣争权夺利之类鸡毛蒜皮的小事。朱由检批复说杨维垣轻率，说对崔呈秀"不得苛求"。

值得一提的是，杨维垣也是阉党，他这么做跟前面杨所修的目的是相同的。只是这回皇帝的态度似乎略有变化，对杨维垣的批评没那么严厉。还有，皇帝说对崔呈秀"不得苛求"就等于说对崔呈秀没抱什么希望。

反复揣度上意后，杨维垣决定再次上疏弹劾崔呈秀。

这次弹劾的罪名比上次重多了，贪污受贿、卖官鬻爵等，总之十恶不赦。有趣的是，这次弹劾还捎带上了吴淳夫、倪文焕等人，但同时又小心地避开了魏忠贤。

朱由检还没有出手，令其静听处分。

都到这个分上了，崔呈秀只能照例再三请辞。这次，皇帝批准了他的辞呈。

十月二十一日，崔呈秀免职，回乡守制。

从驱散武阉到放走崔呈秀，这期间，放松警惕的魏忠贤没有一点动作。因利益聚在一起的阉党，见形势转变而魏忠贤竟毫无反应，很快就四分五裂。魏忠贤不知道，到这里他已经失去了所有的筹码，一无所有已经近在咫尺了。

然而，朱由检还在等待，等那个直接弹劾魏忠贤的人出现。幸运的是，他不用等很久。

十月二十三日，工部主事陆澄原上疏弹劾魏忠贤，理由是恩宠太盛。

十月二十五日，兵部武选司主事钱元悫上疏弹劾魏忠贤。他说崔呈秀之所以横行无忌，全都是因为仰仗魏忠贤的权势。

随后，刑部员外郎史躬盛也上疏表达自己的气愤，说魏忠贤"举天下之廉耻澌灭尽，举天下之元气剥削尽，举天下之官方紊乱尽，举天下之生灵鱼肉尽，举天下之物力消耗尽"。

这几份奏疏，虽然发出了之前没有过的声音，但并没把魏忠贤的罪证说到实处。

十月二十七日，朱由检看到了他期待的那份奏章。

国子监的监生钱嘉征上疏论魏忠贤十项大罪：一并帝；二蔑后；三弄兵；四无二祖列宗；五克削藩封；六无圣；七滥爵；八掩边功；九朘民；十通关节。

朱由检看了，拍案叫绝。他已经忍耐很久了，不想再等了。

于是，顾不得监生不得议政的祖制，朱由检命人把这份奏章连同钱元悫的那份以邸报的形式公布出去。

闻讯赶来的魏忠贤，面如土色，跪地喊冤。这次，没人扶他。他的耳边响起了宦官特有的尖细刺耳的声音。他定神听了好久，才分辨出内侍读的正是那份论他大罪的奏疏。

第二天，魏忠贤递交了辞呈，朱由检毫不犹豫地批准了。

同时，朱由检收回了赐给魏家的爵位，把魏忠贤的昆弟子侄连降数级。

魏忠贤以为事情会到此结束，那是他忘记"墙倒众人推"的老话了。

皇帝都"摔杯为号"了，众臣就是再没眼力也该上前帮腔了。尽管阉党充斥朝野，但已经到了这个时候，谁还会再扣着阉党的帽子不撒手。于是，弹劾魏忠贤的奏疏纷至沓来。

除恶务尽，朱由检让大臣见识了自己雷霆万钧的一面。

十一月一日，朱由检下旨查抄魏忠贤、客氏家产，打发魏忠贤去凤阳守陵，客氏交由浣衣局收管。

谁都没想到，在这个关键时刻，竟然还会有人为魏忠贤求情。求情的正是朱由检的亲信太监徐应元。朱由检怒不可遏，先命人打了徐应元一百棍，查明他与魏忠贤的瓜葛后，赶他去了南京。后来，又发配他去凤阳做净军。

然而让人更没有想到的是，已经被查抄家产的魏忠贤，离开京城时带走的财产竟还装满了四十辆大车，护送的家丁也还有近千人。

百姓义愤填膺，皇帝出离愤怒。

十一月四日，朱由检下旨兵部星夜兼程扭解魏忠贤归案。

十一月六日，魏忠贤的车队到了直隶河间府阜城县。那里距魏忠贤的老家肃宁县只有几十里路程。当然，魏忠贤回不去了。

当晚，魏忠贤听到了皇帝派人追捕的消息。

被抓回去？手里已经没有任何筹码，翻身肯定无望。那么，等着被杀还是被剐？深夜，千思百虑后，魏忠贤给自己找到了一个出路，很简单——自缢。

第二天清晨，魏忠贤的亲信李朝钦发现魏忠贤已死，绝望之下，也自缢而亡。一片混乱中，追随魏忠贤的近千家丁护卫瓜分了金银珠宝，四下逃散。

据说，魏忠贤上吊的那天晚上，有个白姓秀才幸灾乐祸地在客栈外唱到天明，曲分五段，从一更唱到五更：

一更，愁起

听初更，鼓正敲，心儿懊恼。

想当初，开夜宴，何等奢豪。

进羊羔，斟美酒，笙歌聒噪。

如今寂廖荒店里，只好醉村醪。

又怕酒淡愁浓也，怎把愁肠扫？

二更，凄凉

二更时，辗转愁，梦儿难就。

想当初，睡牙床，锦绣衾绸。

如今芦为帷，土为坑，寒风入牖。

壁穿寒月冷，檐浅夜蛩愁。

可怜满枕凄凉也，重起绕房走。

三更，飘零

夜将中，鼓咚咚，更锣三下。

梦才成，又惊觉，无限嗟呀。

想当初，势倾朝，谁人不敬？

九卿称晚辈，宰相为私衙。

如今势去时衰也，零落如飘草。

四更，无望

城楼上，敲四鼓，星移斗转。

思量起，当日里，蟒玉朝天。

如今别龙楼，辞凤阁，凄凄孤馆。

鸡声茅店里，月影草桥烟。

真个目断长途也，一望一回远。

五更，荒凉

闹攘攘，人催起，五更天气。

正寒冬，风凛冽，霜拂征衣。

更何人，效殷勤，寒温彼此。

随行的是寒月影，吆喝的是马声嘶。

似这般荒凉也，真个不如死！

五更已到，曲终，魂断。

曲中唱尽了末路大阉的凄凉与无望。在史料中，这支曲子叫作《桂枝儿》，但它还有一个更贴切的名字，即《五更断魂曲》，五更到，曲终，魂断。

魏忠贤的死讯一路传回京城，沿途的百姓皆高声欢呼："当今圣上，果圣人也！"

明王朝的蝴蝶效应

很快，坐镇宫中的少年皇帝朱由检得知了魏忠贤的死讯，与这个消息一同传回的还有百姓对他的盛赞。

魏忠贤倒下了，用他立威，朱由检做到了。

朱由检登基仅有两个多月，但两个多月来，表面上轻松写意之下，他心中却无时无刻不紧绷着一根弦：自己到底能不能做个好皇帝？

此刻，朱由检不再怀疑自己。十几年的宫禁生活带来的压抑一扫而空，他感到前所未有的志得意满。

的确，朱由检也有理由得意。

扳倒魏忠贤这一仗，他表现得确实可圈可点。首先，他步步为营，稳扎稳打，不骄不躁。其次，这期间阉党放了无数次烟幕弹，施了无数次障眼法，都被他慧眼识破，应对自如。最后，也是朱由检自己最陶醉的一点。这一仗的胜利，他几乎没有依靠外力，完全是凭借自己的政治智慧，运筹帷幄，调度有方。

但是，朱由检错了。

战胜魏忠贤需要智慧不假，但获胜的最大法宝还是皇权。

宦官擅权本身就是依附皇权的产物，所以新帝即位，魏忠贤便失势在先。天启六年，魏忠贤就因修建三殿而获封国公爵位，恩加三等。所以，每遇庆典，他都是簪缨戴帽，一副公爵打扮，十分惹眼。然而，朱由检登基的时候，魏忠贤却很低调地只穿了高等太监礼服，戴的也不过是四品补子。

朱由检登基后，魏忠贤殷勤伺候、奉送美女等做法都是想再次牢靠地依附上皇权。

朱由检一步步剪除阉党羽翼，迷惑安抚魏忠贤，靠的也是皇权赋予他的天然权力。后来，纷纷攘攘的官情民心都是皇帝表态后的连锁反应。

除了依附皇权外一无所有的魏忠贤，一旦被皇权抛弃，当然就再无还手之力。

朱由检即位不久便获得了如此大胜，关键在于他机智而又谨慎地运用了皇权。但不幸的是，朱由检就此迷信个人智慧，觉得自己堪比尧舜，好像天下事只要他大笔一挥，一切就会迎刃而解。

从此，朱由检急功近利，凡事再无耐心。所以，众人期盼已久的贤明君主，也只是星光乍现，没过多久便消失不见了。

任何对皇权失去敬畏的君王，都会迎来帝王之路上的一个又一个挫折。

很快，朱由检就遇到了他的第一个挫折：清查阉党余孽。这件事远没有想象中的那么容易。

起初，惩办阉党首恶的过程还算顺利。

魏忠贤一死，阉党首恶崔呈秀很有自知之明。他在家中给自己摆下了豪华的送行宴，把搜刮来的奇珍异宝都摆在桌前，与宠妾一边痛饮，一边摔砸宝物。待酒足饭饱，各种宝器也摔砸完毕，他就悬梁自尽了。

客氏在内廷受到严酷的审讯，很快就把谋害皇后、迫害妃嫔、召孕妇入宫冒充皇子等各项罪行交代清楚，随后被处死。

接着，查抄崔呈秀家产，处死客氏儿子侯国兴、魏忠贤侄子魏良卿，发配魏、崔、客三人的家属充军，再由刑部、都察院、大理寺三司梳理三人所犯的罪行。

崇祯元年（1628）正月，朱由检下旨将三法司梳理的审查结果刊行天下。同时，将魏忠贤戮尸凌迟，客氏和崔呈秀枭首曝尸。

虽然人已经死了，再杀一遍于当事人来说没有任何意义。不过于旁观者而言，或可大快人心，或可震慑宵小，还是有意义的。

再往后，惩办魏忠贤心腹党羽的过程就要复杂曲折得多了。

其实早在这之前，魏忠贤的心腹中就有人陆陆续续主动请辞，也有人被弹劾免官回乡。

他们中最早请辞的是太监李永贞。朱由检登基后没几天，他就递交辞呈，获得批准后他回家把小院砌死，足不出户，坐观形势变化。等皇帝处置魏忠贤的旨意传出，他便四下活动，希望能免罪。结果，他找的徐应元被罚，王体乾被免。无奈之下，李永贞只好出逃，但也很快被抓回来处死了。

到了天启七年的十一月，被先后免官或请辞的有太监王体乾、涂文辅、李实等；

有"五虎"中的四虎即原兵部尚书田吉、工部尚书吴淳夫、太常寺卿倪文焕、左副都御史李夔龙；有"五彪"中的左都督田尔耕、右都督孙云鹤；有"十狗"之首吏部尚书周应秋；还有各部主事、御史等十数余人。

但是，他们中的大部分人都只是不做官而已，并没有受到应有的惩罚，日子过得还是很滋润的。

十一月，朱由检下旨审查"五虎""五彪"等阉党余孽。

很快，刑部尚书苏茂相、都察院左都御史曹思诚、大理寺少卿姚士慎呈上三法司的审查结果，结论是田尔耕与许显纯入狱，其他人免官。

"五虎""五彪"为非作歹，天怒人怨，而三法司竟如此明显地曲意袒护，朱由检当即驳回，令其重议。

三法司看皇帝不满意，经过一番认真研究，重新定罪如下：田尔耕与许显纯伤人致死，判死缓；其余人等充军；另外，倪文焕、吴淳夫、李夔龙与田吉有收受贿赂的行为，分处倪文焕罚银五千两、吴淳夫罚银三千两、李夔龙与田吉各罚银一千两。

这样的判罚仍然是在避重就轻，此结论一出，舆论哗然。

出现这种情况的原因很简单，苏茂相是阉党，曹思诚也是。自己人审自己人当然不好意思下手太重。朱由检气愤地将苏茂相和曹思诚免职。

实际上，朱由检并没有太多选择。阉党经营多年，党羽盈朝，朝中没几个人不是阉党。少有的例外中就有吏部尚书王永光，他不依附阉党，为官清廉，朱由检打算把查处阉党的工作交给他。

王永光虽然不是阉党，但也并不想因为这项工作把朝野上下得罪个精光。所以，他跟皇帝说自己对司法方面的工作不是很熟悉，无法胜任。

朱由检自然知道这是推脱之辞，感到有些失望。从古到今一直说皇帝是孤家寡人，他开始有点明白为什么了。

不论怎样，清查阉党余孽的事情还是要做，朱由检想到了阉党当年最大的敌人——东林党。接下来，他开始接连为东林党人的冤案平反，征召东林党人回京任职，下令销毁阉党编制的《三朝要典》。

经过一系列的人事调整，崇祯元年五月，东林名臣曹于汴出任都察院左都御史。六月，东林党人李标出任内阁首辅，钱龙锡为次辅。十二月，韩爌回京，李标把首辅的位置让给他。当月，七十五岁高龄的乔允升回京，出任刑部尚书。对朝臣不敢审阉党的现象，乔允升曾说："这是国家大事，有什么可逃避的呢？"

人员准备就绪后，崇祯二年（1629）正月，朱由检下达了审查阉党逆案的诏书，要求将阉党成员开列名单，按等定罪，勿有遗漏。

朱由检以为东林党人与阉党有仇，定会对阉党赶尽杀绝。然而，韩爌等人却不想把打击面搞得过大，他们觉得主犯应严惩没有疑问，但当年很多人不过被阉党淫威逼迫，不宜追究过于严苛。所以，朱由检看到的第一份阉党名单总计只有五十多人。

折腾这么久，只有这么点成果，当然不够，驳回再议。

第二份名单上，多了十几个人。

朱由检还不满意，再次驳回。为了方便主审团办案，朱由检还友情提供了魏忠贤掌控司礼监时期群臣的奏章，那里有给魏忠贤歌功颂德的，也有给魏忠贤出谋划策的，不一而足。

按照朱由检提供的材料，韩爌等人逐一比对，第三份名单已经接近二百人了。但是，朱由检还觉得不过瘾，最后又亲自添上了包括原内阁大学士张瑞图、来宗道等在内的六十九人。

如此反复折腾到了崇祯二年三月，最后确定的逆案名单上261人，定罪八等，史称"钦定逆案"。

第一等，首逆2人：魏忠贤、客氏，凌迟。

第二等，首逆同谋6人：崔呈秀、魏良卿、侯国兴和太监李永贞、李朝钦、刘若愚，斩首。

第三等结交近侍19人，秋后处斩；第四等结交近侍次等11人，戍边……

这份逆案名单网罗甚广，量刑较重，是对阉党比较彻底的一次清算。不少官绅百姓对此拍手称快，赞为崇祯皇帝的"第一美政"。

然而，这次清算惩处的一品大员就有三十几人，在整个明朝历史上也算为数不多的大案。另外，办案过程中，朱由检作为皇帝介入过深，利用皇权强行干预，存在很多对人不对事的不实现象，为他未来的政局留下了很多后患。

清算阉党余孽历时之久，过程之艰辛曲折，并没让曾经受挫的朱由检有所思考。清算完成后，反而让他更加坚定地认为自己就是与尧舜比肩的明君，而这期间大臣的表现都是办事不够忠心、不够得力，所以今后他要更加依靠自己的力量，励精图治。

朱由检的父兄都吃了读书少的亏，他自己尽管从小喜欢读书，但毕竟没有接受过系统的教育。所以，做皇帝后，朱由检非常想把这一课补上。

通常，皇帝的日常学习有两种形式，即"经筵"与"日讲"。

经筵，即汉唐以来帝王为讲经论史而设的御前讲席。历朝历代以来，经筵虽已形成习惯，但具体的形式却不固定。到明朝时，经筵受到格外重视并逐渐形成定制，分春、秋两讲。春讲为每年的二月到五月，秋讲为每年的八月到十月。开讲期间，每月开经筵三次，每次都会举行隆重的仪式，除了讲读官外，还需勋臣、内阁大学士、六部尚书等官侍班。

每次经筵之后便是日讲。日讲的仪式比经筵要简略很多，也只有讲读官和内阁大学士侍班。

日讲与经筵加起来便是每日一小讲，每旬一大讲，只有遇到重大节日或典礼的时候才会免除。明朝的中后期，不少皇帝对此头疼不已，有的以身体不适为由请病假，有的就只参加经筵而不参加日讲，有的干脆把经筵和日讲全部停掉。

然而，朱由检却十分珍惜这样的学习机会。登基当年的十月，他便开始参加日讲，转年又开经筵，在位期间一直坚持不辍。

通常，经筵与日讲的讲官会给皇帝讲解"四书五经"或《资治通鉴》等经史典籍。进讲时，朱由检听得十分认真，讲官不用心或讲错都会被他发现。有一次，讲官姜曰广讲《资治通鉴》读错了段落，朱由检立即令其停讲，改由当时的名家文震孟来进讲《春秋》。

除了坚持经筵和日讲外，朱由检处理政务之余仍手不释卷。他不但希望通过读书学习来提高自己的学识修养，还希望在书本中找到治国理政的良方。

所以，朱由检并不满足于讲官照本宣科的常规式讲解，他更希望讲官能结合实际讲出自己的见解。比如，文震孟讲解《春秋》之余，常能结合时政发表一些自己的评述，就很合朱由检的意。后来，文震孟也因此被破格提拔入内阁。

相反，如果讲官只学究式的局限于书本，朱由检就会很反感。有一次，进讲结束后，朱由检没急着打发讲官回去，而是问他："宰相为什么要用读书人呢？"讲官无所准备，慌忙间无言应对，让朱由检非常失望。

除了好学外，朱由检还有一个特点与他的祖父兄长显著不同，那就是勤政。主要的表现有两个方面：第一，开会；第二，批奏章。

先说说开会。

明朝建国之初，太祖皇帝朱元璋定下规矩要每日视朝，但他的后世子孙大多不能坚持，每日视朝便逐渐改为逢三、六、九日视朝，后来甚至还出现过皇帝几十年不上朝的现象。

朱由检登基不久，就宣布恢复每日上朝的祖制。

平日里松散惯了的大臣们顿时叫苦不迭。他们的家都在紫禁城外，有些人还住得相当远，进宫后不能骑马坐轿，需要步行。所以，每天上朝，就意味着每天都需要天不亮就起床赶往宫中。年轻的大臣还好些，那些本就年长的大臣几乎都有些吃不消。

以往，即便是能坚持每三天视朝一次的皇帝，在朝会上也多半以履行仪式化的步骤为主，很少讨论实质性的问题。而朱由检却几乎每朝必问，每问必探究细节。

如此，朱由检还怕讨论得不够充分，朝会之余常召集"平台召对"。所谓平台，即建极殿东面，处于正殿三层丹墀边缘的中左门，宫中俗称"平台"。那里是前朝后寝的接合部，又不是正式的殿堂，不但于皇帝和朝臣都很方便，气氛也比朝会相对轻松。

尽管明朝有平台召对的传统，但大多皇帝极少使用，有的皇帝甚至一次平台召对都没有举行过。到了朱由检这里，平台召对就是常事，而且召集的对象还动不动就是"九卿科道"，即全体高级官员。

众所周知，全员开会可以通告事项，但很少在探讨问题上取得实质的进展。登基后不久，朱由检也意识到了这一问题。所以，崇祯元年八月开始，他在每日朝会和不定期的平台召对之外，又加了一个会，即每天与内阁大臣在文华殿开碰头会。

开会频繁让大臣忙于应对皇帝，在处理政务上的效率自然大不如前。

接下来，再说说朱由检勤政的另一个表现，即热衷于批阅奏章。

在明朝，除了最初的几任皇帝亲力亲为地批奏章外，没几个皇帝对批阅奏章感兴趣。时间一久，为了适应这种状况，批阅奏章就渐渐以内阁拟旨和司礼监批红等一套代劳的形式完成。

多年来，内阁的票拟虽然只是没有法律意义的意向性建议，但朝堂上下对此都很尊重，除了个别特殊情况外，皇帝也很少驳回内阁的票拟。

到了朱由检这里，这种情况发生了很大改变。

不论是大臣原本的奏章，还是内阁的票拟，都让勤快的朱由检产生了浓厚兴趣。他不但会认真阅读，还会仔细修改内阁的票拟意见，驳回票拟倒成了家常便饭。这样一来，原本运行还算顺畅的政治机制大打折扣。

朱由检勤政，是想以身作则，给大臣们做表率，使朝堂上下勤谨办事，提高效率。然而事与愿违，他发现自己越是夙夜焦劳，大臣们越是无所适从。相比之下，朱由检越发觉得自己是英才天纵，而大臣们则多是庸不堪用。

实际上，朱由检的大臣远非他以为的那样平庸不堪。

早在崇祯元年十一月，御史陕嗣宗就对朱由检的性格洞若观火。

他上疏说皇帝有"三不可及"的美德和"五不自知"的缺陷，指出皇帝虽然好学、勤政、节俭有度，但也不宜自视过高、深究细节、急于求治，不宜对臣下猜忌多疑、求全责备。

当时很多朝臣在内心都持有类似的看法，只不过大都敢想而不敢说。陕嗣宗不但勇敢地说出来了，还提出了宝贵的建议。

可惜良言逆耳，朱由检没有听进去。

十几年的险恶宫廷生活让朱由检变得猜忌多疑；多年的谨小慎微让他对任何细枝末节都不愿放过，处处苛求；内忧外患让他急于求治；初试皇权又让他志得意满。

大体就是这样，朱由检有通常皇帝没有的优点，也有作为帝王很致命的不足。这样的性格，让朱由检对自己只看优点不看缺点，对臣下吹毛求疵，以瑕遮玉。凡事若好，便是自己圣德贤明；若不好，便是大臣庸碌无能。

性格一旦形成，很难改变。

终其一生，朱由检复杂的性格就像蝴蝶的翅膀一样，每一次扇动，都会给明王朝带来巨大的风暴。

第二章

远近，最遥远的距离，是君与臣

铁打的内阁，流水的辅臣

内阁，是明代才开始出现的特殊政治机构。它从没有获得正式的法律地位，却俨然凌驾于六部之上；它无相权之名，却行相权之事；它依附于君王而存在，却反过来处处掣君王之肘。

明朝初期，内阁仅仅是皇帝的私人秘书团队。那时，内阁大学士只负责在皇帝身边管理或起草文件，不能参政议政，官阶也不过五品。

等到后来，明朝的皇帝们或者没有他们的祖先那样精力旺盛，或者干脆就是厌倦政务，内阁大学士便渐渐参与到议论政务当中，开始为皇帝提供辅政的建议了。为了适应这种变化，内阁大学士的地位也被越拔越高，他们通常兼任尚书或者侍郎的职位，被尊称作"辅臣"或阁臣。

慢慢地，辅臣开始代替皇帝审阅奏章并草拟批复意见，形成所谓的"票拟"。票拟通常不会被驳回，几乎等同皇帝的圣旨，内阁自然就凌驾于六部之上了。

内阁中排在第一位的大学士，又称"首辅"，虽无宰相之名，却拥有宰相般的权力。所以，在明朝中后期，做首辅几乎是所有大臣为官的终极梦想。

内阁人数有限，而首辅的位置又只有一个，历来不论是入选阁臣还是争当首辅，竞争都十分激烈，阁臣间的相互倾轧和排挤相当普遍。

因为在实际的政务运行过程中，内阁的票拟又要经过司礼监的批红才具备正式的效力，所以内阁也经常受到司礼监的牵制。于是，内阁和司礼监的关系通常都会非常微妙：既相互牵制，又力争达成某种形式的统一。比如，独断专行的张居正要找太监冯保合作，不可一世的魏忠贤也要扶植听话的内阁。

天启年间，东林党人相继离开内阁后，魏忠贤扶植顾秉谦为首辅来控制内阁。从那以后，阁臣的挑选都以听命于魏忠贤为先决条件。

朱由检登基时的内阁，就是清一色的阉党内阁。

首辅黄立极是魏忠贤的同乡，他借着这种乡谊关系被快速地提拔进入内阁，然后就对魏忠贤及其心腹唯命是从。次辅施凤来、阁臣张瑞图等也都是类似的情况，皆听命于魏忠贤。

这样的内阁，朱由检当然不想留用。不过在铲除魏忠贤之前，为了稳住他，朱由检对内阁没有采取任何动作。等魏忠贤一离京，内阁立即遭到弹劾，黄立极等四位内阁大学士则顺势联名请旨增补阁臣。随后，黄立极致仕。

按照惯例，九卿科道廷推出了孟绍庚、钱龙锡等十二人供皇帝选用。通常来讲，朱由检只要按顺序选排名靠前的几位大臣就可以了。然而，按序选用，多疑的朱由检怕落入大臣的圈套。不这样的话，他又不清楚诸位候选人的底细。

于是，朱由检想出了个"绝妙"的主意，即举行"枚卜"大典，用抽签的形式来决定入阁的人选。

天启七年十二月，百官聚集在乾清宫举行枚卜大典。朱由检带领众臣焚香敬天后，用象牙筷子从金瓶中取出纸签。一开始，朱由检夹出了四个纸签，得到的依次是南京吏部侍郎钱龙锡、礼部侍郎李标、礼部尚书来宗道和吏部侍郎杨景辰。阁臣纷纷说时局艰难，建议增加辅臣数量，于是朱由检又夹出了礼部侍郎周道登和少詹事刘鸿训。

抽签与儿戏无异，不管枚卜典礼的仪式多么盛大隆重，终究掩盖不了这一本质。据说，有一个纸签刚夹出瓶口就被风吹走了，怎么也找不到，事后才发现落到了施凤来背后的衣褶里。打开纸签，上面是王祚远的名字，但也为时已晚。

王祚远的运气实在差到了极点，入阁的大好机会就这样被一阵风吹走了。不过，皇帝朱由检的运气也没好到哪里去，这次抽中的六位辅臣大多不能令他满意。所以，内阁大换血，从一开始就有收不住的态势。

崇祯元年五月，原来的阉党内阁成员已经相继离开了，由来宗道担任首辅，杨景辰为次辅，李标、刘鸿训也先后回京到任。

来宗道和杨景辰就是抽签不成功的典型例子。他们都曾是阉党，还参与过《三朝要典》的编纂，杨景辰更是曾经三次上疏为魏忠贤歌功颂德。他们很快就因言官弹劾而致仕。

六月，李标出任首辅，阁臣有周道登、钱龙锡和刘鸿训。

他们中的周道登才学平庸，有一次皇帝问："大臣的奏疏中常有'情面'二字，何谓情面？"他竟然回答："情面就是面情也。"一时弄得在场人员都忍不住窃笑。朱由检也恼火不已，年底便找个借口罢免了他。

刘鸿训，万历四十一年（1613）中进士，天启年间任少詹事，后来因得罪魏忠贤而被罢官为民。他原本的官职只有四品，按说是没有资格候选阁臣的。但詹事府负责的是太子的教育事宜，地位特殊，所以在明朝詹事府的官员可以破例候选阁臣。经过枚卜大典被幸运抽中后，刘鸿训官加礼部尚书衔，连升数级，很感念皇帝的知遇之恩。

刘鸿训到任时，魏忠贤的党羽还盛，不少人做事都畏首畏尾。他却力主清查阉党余孽，平反东林冤案，因而广受赞誉。

此外，刘鸿训反应机敏，召对表现得体，在刚到任的那段时间里很受朱由检赏识。只不过，这段君臣相得的时间非常短暂。

七月，宁远守军哗变。哗变的军士绑了宁远巡抚毕自肃，逼要拖欠的军饷，毕自肃惭愧无奈下自杀。朱由检得知后大怒，责问户部，而刘鸿训知道户部是巧妇难为无米之炊，便建议皇帝从"内帑"拨付白银三十万两充作军饷。

"内帑"即皇帝名下的私产，在明代几乎没人清楚皇帝到底有多少财产。万历年间据说内帑曾耗费一空，但明神宗连年派人从全天下搜刮，很快内库又堆满金银。天启年间并没有过大的花费，再加上朱由检历来节俭，内库理应十分充盈，所以刘鸿训以为皇帝是不会吝惜这点军饷的。

然而，这只是刘鸿训一厢情愿的想法。

刘鸿训不知道节俭到了极致便是吝啬。朱由检自己都不舍得花钱，又怎会愿意大把地往外拿钱呢？另外，朱由检遇事喜欢迁怒于臣下，以示君威难测。刘鸿训没有给他帮腔，反倒跟户部一起把球踢到了朱由检的一边，朱由检就觉得刘鸿训肯定是别有用心。

为了搞清楚刘鸿训的想法，朱由检派人对他进行了严密的监视。很快，皇帝的探子就回来汇报说，刘鸿训在家里竟然说"皇帝还是个孩子"。朱由检那年虚龄十八，说他是孩子实际上并没有什么问题。但是，朱由检自视甚高，最忍不得别人看不起自己。在他看来，说他是孩子就是看不起他，甚至是侮辱他。

刘鸿训没救了。

九月，有人弹劾刘鸿训失职，阉党余孽趁机反扑，捕风捉影地说刘鸿训收受贿赂。朱由检都没有仔细调查，就把刘鸿训革职收监了。首辅李标和阁臣钱龙锡请旨细查，朱由检没批准。后来，大臣们好一通营救，才使刘鸿训没被立即处死。第二年，刘鸿训被流放戍边代州，但朱由检在心里依然记恨他，遇到大赦也没将其赦免，最后他死在了戍所。

说来，崇祯一朝，刘鸿训算是第一位因皇帝处罚而丢掉性命的内阁大臣。但是，刘鸿训并不孤单，死于皇帝私愤的内阁大臣远不止他一个。

刘鸿训被革职后，韩爌尚未到任，内阁只剩下李标、钱龙锡和周道登三人。朱由检对他们都不甚满意，尤其周道登简直让皇帝哭笑不得。为了给内阁增加新鲜的血液，也为了让自己心仪的大臣入阁办事，朱由检决定再举行一次会推阁臣的活动。

那个让朱由检心仪的大臣，就是周延儒。

周延儒，万历四十一年状元，会试和殿试都是第一名，以善于迎合上意著称。在宁远哗变请饷的事情上，众臣都同意刘鸿训的办法，因为根本也没有别的办法。然而，只有周延儒看出了皇帝出钱肉疼的心思。

于是，等到锦州守军也为了军饷哗变时，周延儒便在朝堂上勇敢地说了废话："事情紧急，军饷不得不给，但应该研究个长远的办法，要不然哪里哗变就给哪里发饷，各地驻军就都要效仿了。"

实际上，周延儒根本没什么解决问题的好办法，但他这句空话恰恰说中了皇帝的痛处，赢得了皇帝的好感。

周延儒当时的官职是礼部侍郎，职位已经够资格做内阁大臣了。资格够，又有了皇帝的好感，周延儒便积极地结交外戚和东厂为他在宫中做内援。据说周延儒花费了白银八万两，对此次会推势在必得。

势在必得的，还有另外两位。

一位是周延儒的上司，礼部尚书温体仁。

温体仁，万历二十六年（1598）中进士，累官至礼部侍郎，崇祯元年升任礼部尚书。温体仁资格足够老，所以很想百尺竿头更进一步。

另一位是钱谦益，是万历三十八年（1610）的探花，非常博学。金榜题名后，与当年的东林名士交好，后来被阉党排挤回乡。崇祯元年被重新启用，官至礼部右侍郎。

钱谦益，人称"东林浪子"，算是新一代东林的核心人物。会推之前，阉党之势已经大不如前。为了清算阉党余孽，朱由检也启用了很多东林党人，让朝中的东林势力大幅提升。所以，东林党人非常想借会推的机会让更多的自己人进入朝廷的中枢机构。

十一月三日，会推的十一名候选人名单出来了。其中有东林党的骨干钱谦益、孙慎行、曹于汴，也有东林党的朋友成基命、何如宠，但是没有皇帝期盼的周延儒，也没有同样翘首以盼的温体仁。

这样一份名单，让皇帝很疑惑，让温体仁和周延儒很愤怒。

愤怒的温体仁和周延儒决定联手反击。很快，温体仁就成功地找到了一个突破口，以此为支点必能撬动实力强大的东林党人。

十一月五日，温体仁上疏弹劾钱谦益"关节受贿、神奸结党"。

七年前，钱谦益主持浙江乡试时，金保元和徐时敏谎称俗语"一朝平步上青天"是取录的关节，他们把这信息倒卖给生员钱千秋。钱千秋的试卷便以关节字眼结尾，随后被凑巧取中。钱谦益对此毫不知情，但与他有过节的同考官韩敬也知晓了此事，故意把动静闹大。后来刑部严查此案，把钱千秋、金保元和徐时敏三人以科场舞弊罪流放戍边，钱谦益也因失察被罚俸三个月。这就是所谓"关节受贿"的始末。

此事已于七年前结案，再说整件事情中钱谦益也的确没有大错，算不上什么把柄。那么，温体仁为什么有信心拿这件陈年旧案说事呢？其实，关节受贿根本不重要，那不过是个引子，温体仁想说的重点是"神奸结党"，说东林人结党，那可是攻击东林人百试不爽的利器。

再说一次，东林人结党是有前科的。那时，一提东林人，几乎所有人的脑中都会不自觉地冒出"结党"两个字。

还有，东林党人确实不太会吸取失败的教训。第一，这次的会推名单实在太一边倒了，明眼人一看就知道是东林党人的大集合。第二，礼部右侍郎钱谦益进候选名单了，而职级高于他的礼部左侍郎周延儒没进去，再高一点的礼部尚书温体仁也没进去，这等于当面打人脸，一点余地也没留。

朱由检对温体仁的弹劾相当重视，第二天就召集了众臣御前对质。

用已经结案的事大做文章，属于典型的无事生非。群臣几乎没商量就一边倒地站在了钱谦益一方，而这在朱由检眼里，就是当着他的面毫不遮掩地结党。

所有的皇帝都痛恨大臣结党，那相当于大家联起手来把皇帝当猴耍。朱由检自比尧舜，大臣结党对他来说就是侮辱他的智商、玷污他的圣明，是他绝对不能容忍的。

这时，钱谦益到底有没有关节受贿已经不重要，因为另外一个罪名更大的帽子被结实地扣在了他头上，即"结党"。

朱由检问温体仁："你奏疏上说的'神奸结党欺君'指的是谁？"

温体仁答："钱谦益党羽太多，臣不敢言。"

吏科都给事中章允儒反驳说："从来小人诬陷君子，都说结党。当年**魏忠贤**害杨涟等人就是这样。"

章允儒本身就是东林党人，话中又隐隐地把当今皇帝与昏庸的明熹宗相提并论，朱由检立时火冒三丈："胡说！御前奏事，怎么能东拉西扯？拿下！"

更让朱由检不能忍受的事发生了——他连喊了几声"拿人"，却没人动手！

不是一直说我圣明吗？那为什么不听我的号令？朱由检想不通。

殿中的大臣都低着头，泥塑般一动不动，朱由检看不到他们脸上的表情，空气像冻住了一样令人窒息。那一刻，朱由检感到自己好像被所有的人抛弃了。

"锦衣卫！锦衣卫在哪？"朱由检站起身来大吼，涨红了脸，头上还冒了汗。这还是他做皇帝以来第一次在群臣面前这么失态。

当班的锦衣卫赶紧进殿，可他们对章允儒连拉扯一下都没有，基本上就是扶着他出了大殿。

这一场景，朱由检终生难忘。九卿科道一众官员近在咫尺，但又遥不可及，好像有什么把他们与自己隔开了。朱由检感觉偌大的殿中竟好像空空荡荡，只剩下了浑身颤抖的自己，失望、沮丧、孤立无援。终其一生，朱由检每次回忆起这场景，内心都会不由自主地战栗。

这就是口口声声喊着"忠君体国"的大臣，还是算了吧。

从这一刻起，对群臣，朱由检失望至极。他慢慢地坐回龙椅，定了定神，过了好一会儿才再开口说话。

朱由检问吏部尚书王永光："这次阁臣推举是出于公心吗？"

王永光答："出于公心。"

朱由检说："推举钱谦益这样的人，还说出于公心？"

首辅李标说："钱谦益的事情之前已有结论，推举是出于公心。"

周延儒看到形势已然明朗，发言道："陛下再三追问，诸臣不敢回答，一是怕陛下生气，二是有碍于情面。通关节一案，证据确凿，陛下不必再问诸位大臣了。"

朱由检很满意周延儒的说法，重申："九卿科道会推要出于公心，否则不如不推。"

周延儒说："陛下明旨，大家不敢不公，但会推被一两个人把持了，众臣不敢开口，怕祸从口出。"

这时，温体仁又可怜兮兮地说："臣怕陛下受到欺骗，不敢不说，但事到如今，已犯众怒，特请回乡避祸。"

朱由检说："既然是为了国家弹劾奸人，何必要离去？"

总算还有人跟自己站在一起，朱由检甚至对周延儒和温体仁还有些感激。为此，朱由检下定决心要保护周延儒和温体仁。后来的一段时间内，别人越是弹劾他们，朱由检就越觉得他们孤立无党，觉得他们是站在自己这一边的，对他们的保护欲望也就越强。

这一场会推闹得天翻地覆，推举出的候选人朱由检暂且谁都没用。从那以后，朱由检决定乾纲独断。阁臣很少再由会推产生，基本上都是由皇帝特旨简用。

会推后不久，钱谦益被勒令回籍听候查勘，站在他一方的章允儒、房可壮、瞿式耜等人都被降三级调用。周延儒和温体仁在接下来的两年，先后被特旨简用入阁。

暂时来看，只有周延儒和温体仁的获益最大。但目光稍微放长远一点就会知道，明朝大厦将倾之际，还埋头于内部争斗，没人会是历史的赢家。《明史》的奸臣传中，周延儒的名字被列在严嵩之后，而紧随其后的就是温体仁。

几乎每一次内阁大换血都有人会付出生命的代价。这次会推内阁没人入阁，却依然有人因此丢了性命。

那个"关节受贿"的当事人钱千秋，是个微不足道的小人物。他因过错已经受到了应有的惩罚，也已经在朝廷的特赦中重获自由。他本来和会推阁臣之类的大事沾不上半点关系，最后却因此被重新抓回狱中拷打至死。

朝堂上争斗不休，必然祸及百官，而全天下又有几人能幸免呢？

十二月，东林名臣韩爌回京任职，出任首辅。此时的内阁，只剩下李标和钱龙锡两位阁臣了。

一年来，大学士们走马灯似的入阁再离开。算上最早离开的黄立极，换了六位首辅，走了近十位阁臣。

大明所有的皇帝加在一起，总共用过一百六十多位阁臣，而朱由检一朝就用了阁臣五十人。今后，铁打的内阁，流水的辅臣，这种你方唱罢我登场的好戏还将不断上演。

周延儒与温体仁之争

在明代，内阁成员排序不论职位、资历，只论入阁先后。

韩爌是万历二十一年（1593）的进士，做过明光宗朱常洛的老师。天启四年首辅叶向高被罢黜后曾出任首辅，后来被魏忠贤排挤出内阁，直到崇祯元年才再被征召回京。

年底韩爌回京时，李标仍是首辅，但不论入阁时间还是资历，李标都没法与韩爌相提并论，所以首辅的位置自然要让出来了。

尽管韩爌身上的东林色彩很浓重，但为人做官却以老成慎重著称。他当年是朱常洛的老师，在争国本一事上与东林党人立场一致。但是，后来东林党人对"红丸案"等事情的处理，韩爌并不认同，还曾提出过自己不同的意见和看法。所以，韩爌的见地一直都很让人钦佩。

阁臣会推事件后，弹劾温体仁的奏章如雪片般纷至沓来。朱由检一力袒护温体仁，对这些弹劾愤愤不已。他对韩爌说："这些人不知忧国忧民，都是为了一己私利，分门别户，于国何益？"

韩爌见皇帝对所谓的"党争"耿耿于怀，偏执过激，还专门写了奏章进行劝诫。他说人臣不可以结党侍奉君主，而人君也不应该用结党来怀疑臣子。对臣子的升迁或罢黜要看他的才能品行和政绩功过，而不是单纯看他隶属于哪个党派。不然的话，只会让朝堂上的大臣更执着于分党别派，相互斗争，那就不是国家之福了。

从当时的朝堂环境来看，韩爌的见解高屋建瓴，还有难得的中立客观。可遗憾的是，朱由检根本听不进去。不久，他就会见到名副其实的党争倾轧，而罪魁祸首正是最痛恨党争的他自己。

在朱由检的坚持下，崇祯二年十二月，周延儒以礼部尚书兼东阁大学士的职位入阁办事，第二年的六月，温体仁也以同样的职衔进入内阁。

随着内阁中排在他前面的韩爌、李标、成基命相继致仕还乡，到崇祯三年（1630）的九月，周延儒终于如愿以偿地当上了首辅。当时，他不过四十出头，是明朝历史上少有的年轻首辅。周延儒少年高中状元，中年成为内阁首辅，一路顺风顺水，可谓春风得意。

不过，这位年轻的首辅很快就有了新的烦恼。那就是他的老领导，在内阁中仅居其后的温体仁也盯上了首辅的位置。

他们曾经并肩战斗，但面对炙手可热的权力诱惑，二话不说立刻从朋友变成了敌人。

周延儒年轻得意，机敏善辩，但在政治斗争上的手腕就远远不如温体仁了。温体仁宦海沉浮三十年，经历了不知多少大风大浪，依旧能够稳立朝堂就足见其功力深厚。另外在阁臣会推中，温体仁以小博大，阴险狠辣，更远非常人能及。

温体仁进入内阁后，表面上对先自己入阁的周延儒十分友善尊重，但背地里却常常拆他的台。

比如，钱龙锡被牵扯进袁崇焕的案子，判了死刑，朝中有不少大臣尽力营救，后来被改判为戍边。临行前，周延儒对钱龙锡说："陛下对你的事情很生气，我们费了很大力气才使陛下回心转意。"钱龙锡自然表示很感激，他见到温体仁时还特意提到了首辅大人的恩德。然而，温体仁却淡淡地说："陛下当时并没有很生气。"事后，不少钱龙锡的故旧都觉得温体仁为人谦和忠厚，而对周延儒的印象却大不如前。

再比如，崇祯四年（1631）的春闱，周延儒担任主考官。这是收揽门生、扩大势力的好机会，周延儒不想浪费。他充分地利用了这次机会，让名士张溥、夏曰瑚等人榜上有名。有名士中榜，皇帝很高兴，朝野上下也都喜气洋洋。

只有温体仁很不高兴。他细心地发现状元陈于泰是周延儒的连襟姻亲，榜眼吴伟业是周延儒好友的儿子，探花夏曰瑚是周延儒的同乡。所以，很快就有言官弹劾周延儒营私舞弊。

科场舞弊从来都格外受重视，再加朱由检生性多疑，最反感别人欺骗他。于是，他立刻派人着手调查，可查来查去也没有什么确实的证据。

周延儒很机智，没等事情闹大，就赶紧把吴伟业的卷子呈上皇帝御览。朱由检看后，觉得文章还不错，御笔亲批了八个字"正大博雅、足式诡靡"。

有了皇帝的定性，所谓"科场舞弊"也就不了了之了。

温体仁年老人精，知道要扳倒首辅大人仅靠背后拆台这样的小动作是不够的，还需要扶植自己的势力。他看准皇帝用人多疑的特点，所以党同伐异的时候特别讲究手段。

温体仁每次要提拔自己想用的人，总找别人先行推荐，然后自己再顺水推舟；而对自己想要排挤的人，也总先做出宽容的样子，再寻找机会让其自行激怒皇帝，丢官罢职。温体仁深藏机心，行事又不着痕迹，很难引起皇帝对他的疑心。

崇祯四年二月，当时的兵部尚书梁廷栋很受皇帝信赖。梁廷栋上疏弹劾御史袁弘勋和锦衣卫指挥使张道濬行贿受贿。被弹劾的二人是吏部尚书王永光的心腹，所以很快也就有人上疏弹劾王永光收受贿赂、所用非人。

王永光有为官清廉的名声，一开始朱由检并没有放在心上。不过，温体仁却不打算放弃这次机会，因为他想把吏部尚书的职位空出来，然后让自己的同乡闵洪学坐上去。

温体仁趁周延儒不注意的时候，在皇帝身边煽风点火，后来就有了申斥王永光的严旨下来。王永光无奈，只好再三请辞。

正如温体仁盘算的那样，王永光走后，闵洪学官拜吏部尚书。有了百官之长闵洪学的全力支持，温体仁的势力逐步壮大，渐渐有要压倒周延儒的势头。

这时，周延儒才发现自己中了温体仁的算计。毫无疑问，他不会任由事态继续发展。

恼羞成怒之下，周延儒一举把内阁大学士钱象坤排挤出了内阁。钱象坤之所以会被选作打击目标，那是因为他是温体仁的门生。钱象坤虽然比温体仁先入阁，却一直以师礼对待温体仁，凡事也甘心屈居其后，算是温体仁在内阁的一大臂助。

温体仁扶植了闵洪学，而周延儒驱除了钱象坤。他们正式交手的第一个回合算是打了个平手。

很快，他们就迎来了第二回合。

当年十一月，登莱巡抚孙元化镇守的登州城被叛军围困。叛军最初是因粮饷不足而围城，所以孙元化主张招抚叛军。周延儒和他是同科进士，因此全力支持他的决定。

不幸的是，孙元化并没有招抚成功。第二年正月，叛军破城。孙元化被叛军抓了又放，逃回京城，不久因罪问斩。

这么难得的机会，温体仁怎么会放过。他指挥自己的党羽对周延儒发动了猛烈的弹劾，除了说他主张招抚误国外，还收集了不少其他的罪证，比如收受贿赂等。

周延儒一再为自己辩白，按照惯例装模作样地请辞，朱由检也照例下旨挽留。

朱由检自视甚高，遇事总喜欢找人背黑锅。登州的事情，当时朱由检也同意招抚，后来出了问题总觉得自己也有责任，但心里又不愿意承认自己有错。众人弹劾周延儒，让朱由检恍然大悟，原来错不在自己，自己是被周延儒误导了。于是，周延儒在他心中的地位大为动摇。

周延儒不甘束手就擒，立即组织人对温体仁发起了一波反击。

反击中最著名的是兵部员外郎华允诚的弹劾。他说朝廷用人的事情为吏部掌管，阁臣温体仁与吏部尚书闵洪学因乡谊联手把持用人之权。世上的专权再没有比这更过分的了，结党也再没有比这更严重的了。

朱由检对结党十分敏感。他一边罚了华允诚半年的俸禄来维护温体仁，一边却又让闵洪学回乡养病。

这一轮交手，周延儒险胜。不过，他的好运气也用到了头。

下一次，温体仁用了一个旧招数，同样是既阴险又管用。

崇祯六年（1633）初，温体仁找了一个跟自己关系不错的太监上疏弹劾周延儒。他让宣府监军太监王坤弹劾周延儒姻亲陈于泰科考舞弊。

这个招数与当年搞垮钱谦益的那次如出一辙。弹劾的事项同样是陈芝麻烂谷子的事，这件事本身同样也不重要，重要的同样是温体仁另外找到的支点。

这次支点是太监王坤的敏感身份。

明朝的士大夫都是很看不起宦官的，尤其阉党失势后，朝中很多人对大大小小的太监时不时还会流露出若有若无的鄙夷之色。

然而，温体仁不同。他对所有的宦官都非常恭谨。平日里，接触的内侍哪怕地位再低，温体仁也是一副恭敬客气的样子。所以，当时不少太监对温体仁都很有好感。王坤此次的表现当然就不仅仅只是好感了。

不得不说，温体仁还是很有创新精神的，因为宦官弹劾首辅，史无前例，在当时称得上是个创举。这在朝中大臣看来，简直是对所有朝臣无以复加的侮辱。他们得知后立刻就炸了锅，纷纷上疏抗议，表现出了少有的同仇敌忾。

新任的吏部尚书李长庚率全体部级以上官员联名抗议。他在奏章中说："陛下博览古今，可曾见过内臣参劾辅臣的先例吗？今后，要所有廷臣都拱手屏息，难道就是国家盛事了吗？臣等失职，请立即罢免我们吧。即使如此，我们仍不忍看到开启内臣轻议朝政的先例，留有祸患让后世子孙指责。"

左副都御史王志道又单独上奏说内臣越来越放肆了，连弹劾首辅这样过分的事都敢做了，还有什么不敢做的呢？

朱由检看到群臣的奏章后，勃然大怒。

他觉得群臣根本不是在反对王坤弹劾首辅，而是团结起来在对抗他这个皇帝，是在反对自己任用内臣。

群臣众口一词的奏疏让他感觉自己好像又被孤立了。朱由检讨厌这种感觉，禁不住内心一阵战栗。他要回击，亲自回击！

第二天，在文华殿召集群臣的时候，朱由检赤膊上阵了。

他先问王志道："为什么揪住内臣的事情不放？朝廷上，除了内臣的事就没有别的政事了吗？"

一通火气冲天的问话吓得王志道立刻磕头请罪，而朱由检还在继续发作："近日惩治的罪臣，都是罪有应得！跟内臣没关系！诸臣不反省自身，一味只参内臣，参劾过内臣，你们自己就没事了吗？"

王志道无奈，只好说："臣等惶恐，参劾内臣并非为自己开脱，只是怕坏了法纪。臣的奏疏中语多谬误，罪该万死。"

"谬误？"朱由检接着说，"现在又说谬误了，那写在史书上就不是谬误了吗？国家大事不见你们献计献策，用几个内臣你们就这许多话。百官要是当真用心办事，朕何须去用内臣？"

见朱由检越来越气愤，周延儒只好上来打圆场："陛下，王志道不是专说内臣，他实际上是在说内阁办事不力。国家多事，陛下不得已派内臣查边，这等忧国的苦心百官都敬佩不已。都是臣等不能为陛下分忧，是为臣的罪过。"

听到周延儒说百官敬佩自己，朱由检的怒气消了好多，但王志道还是被革职了。

一场风波看似过去，而周延儒还是纹丝不动。别急，温体仁期待的效果已经达到了。上次朝臣一边倒时，钱谦益就没戏了，这次周延儒也肯定难逃同样的结局。

事后，多疑的朱由检仔细一想，周延儒出来救场不会是为了掩饰什么吧。于是，朱由检派出锦衣卫对周延儒进行仔细调查。

皇帝说要仔细查，锦衣卫自然卖力。

很快，锦衣卫办案完毕，列出了周延儒二十多项的罪名，从乱政误国、招权纳贿到纵容仆从、危害乡里等应有尽有。这些罪名有些是证据确凿的，也有不少捕风捉影的，总之，罗列得非常全面，无有遗漏。

周延儒已经出任首辅近三年，要说这期间施行的所有大政方针都百分之百正确是不可能的，所谓乱政误国也就是说说，对他根本没什么威胁。那时，官场风气日坏，做首辅近三年稍微有些徇私枉法也算平常，都在朱由检可以接受的范围。

不过，罪名中有一条是朱由检绝对不能接受的。那就是周延儒曾对人说过："余有回天之力，今上羲皇上人也。"

所谓"羲皇上人"是传说中太古时代的人，据说此人潇洒自得，不问时事。所以，周延儒的话简单翻译一下就是：我很厉害，有回天之力，当今天子不怎么管事。

看低朱由检，绝对是触了他的逆鳞。震怒之下，朱由检反复让周延儒交代究竟是怎么回事。对周延儒来说，这话不过是一时得意的吹嘘之语，哪里能交代得清楚。

事已至此，按照惯例周延儒只能上疏称病，请求辞去首辅职务了。

这一次，朱由检没有挽留曾经让他心仪不已的周延儒，而是赐给这位年轻的首辅金银、彩缎，并派专使奉节护送周延儒回乡养病。

崇祯六年六月，周延儒体面地离开了京城。八年后，他还会更加体面地回来。

从崇祯三年九月到六年六月，周延儒做了近三年的首辅。在朱由检急躁多疑的性格下，内阁的首辅向来走马灯似的换人，周延儒可以说已经创造了纪录。

只是周延儒没有想到，这项纪录会被人奇迹般地打破。

首辅的位置，温体仁已经等待很久了。

不确定的首辅

首辅争夺战中败下阵来的周延儒很不甘心，临走前，他想把温体仁的首辅之路堵死。

周延儒嘱咐自己朝中的心腹上疏，建议皇帝征召何如宠回京出任首辅。何如宠与周延儒同时入阁，在内阁中资格比温体仁老。如果何如宠同意回京上任，温体仁可就要希望破灭了。

朱由检看到大臣们的建议，觉得可行。在他的印象中，何如宠操守高尚，重要的是何如宠无党无派，很适合做首辅。于是，朱由检下旨让何如宠迅速入京任职。

可是，何如宠哪敢应召？当年周延儒主持会试，他出任副主考官，事后温体仁借机攻击周延儒，险些把他也牵连进去。那时，何如宠连上数次奏疏乞休才被批准，好不容易躲过了一劫。

回到家乡后，何如宠觉得自己遇事而逃愧对圣恩，后来又专门写了封信给皇帝。信中，何如宠建议朱由检有空多读《资治通鉴》，体察古今治乱，辨别臣下忠奸，实际上就是在提醒皇帝提防温体仁。

如今，皇帝召何如宠回京与温体仁同朝共事，他深知自己根本不是温体仁的对手，所以只能用老办法，不断地上疏谢恩并借病推辞。

何如宠不来上任，温体仁终于当上了梦寐以求的内阁首辅。

事实上，温体仁也并非毫无可取之处。

温体仁，自从万历二十六年中举以来，赶上过争国本的末班车，经历过三大案，熬过了阉党专权，挺过了阉党余孽清算。一路上大风大浪，无数人丢官丢命，而温体仁不但能独善其身，还能步步高升，这本身就是常人难及的本事。

另外，史书上讲，温体仁对政务很熟悉，处理起来精细机敏，很少出错。内阁票拟常常涉及刑名、钱粮等事务，名目繁杂、千头万绪，很多阁臣都对此头疼不已，而温体仁却能对这些细务了然于胸。在众多才能平庸的辅臣衬托下，温体仁更加显得卓尔不群。

再者，明末官场昏暗，贪污受贿已是常事，但温体仁在这点上却十分洁身自好。除了官员间的例行馈赠外，温体仁从不收取其他额外的财物。当年会推闹得沸沸扬扬之时，有人捕风捉影地弹劾他强买商人木材，查来查去也没有确实的证据。后来，朱由检向韩爌问及温体仁的官品，韩爌也不得不承认他在为官清廉一项上素有品望。

朱由检特殊的成长经历，让他既极度自负又极度自卑，因为这种矛盾性格，很多大臣在面对他的时候都会感到进退两难。如果表现得太过精明能干，皇帝会觉得你低估了他的智商，是在故意卖弄，对此皇帝会给予不遗余力的打击，丝毫不留情面。但是，如果表现得中规中矩，皇帝又会觉得你平庸愚笨、不堪重用。

别人都进退两难的事情，温体仁仅用了四个字就迎刃而解。这四个字一点不难，大臣人人都会，但只有温体仁用得最好。这四个字就是"皇上圣明"！

温体仁在朱由检面前表现得十分谦卑，一再表示自己愚钝无知，全靠皇帝信任重用才坐上首辅的位置，所以在票拟上定要尽心竭力辅助皇帝。他所谓的"尽心竭力"，就是不问对错，一味迎合。不论朱由检要做什么，他都照办不误，还大呼"皇上圣明"。

朱由检最喜欢听别人说自己圣明，温体仁不但嘴上赞誉不断，在实际行动上还能迎合他，所以，他对这位首辅感到百分之百的满意。

国事日益艰难，温体仁在军国大事上完全没有主见，对皇帝又只知曲意逢迎，众臣对他的做法都很不买账。可他却一直振振有词："我草拟的旨意大多写得不到位，都要皇上御笔亲自修改。对皇上的批改，我佩服还来不及，哪有工夫再去窥探皇上的心思呢？"

温体仁做首辅，在国事上不确定，但在整人上很确定。凡是不利于他的人，都要毫不犹豫地清除干净。

温体仁整治人的手段，在他升任首辅之前收拾钱谦益、搞垮周延儒时就可见非同一般。如今做了首辅，他排除起异己来就更加得心应手了。

经筵和日讲的讲官与皇帝接触频繁，朱由检又喜欢讲官进讲的时候联系时政，温体仁生怕讲官借机跟皇帝说自己的坏话。于是，温体仁对讲官的人选非常关注。

讲官姚希孟，时任正三品的詹事府詹事，万历四十七年（1619）进士，是韩爌的门生。在清查阉党余孽期间，韩爌对他很倚重，所以姚希孟颇有名望。华允诚当年弹劾温体仁，温体仁怀疑就是姚希孟在幕后主使，所以想方设法地排挤他。

崇祯三年的时候，姚希孟主持顺天府武举乡试，有两名武生冒籍中试。温体仁揪出这件旧事，追查姚希孟的失职之过。姚希孟被连降两级，改任四品的少詹事，调去南京掌管翰林院事务。

除了对讲官格外重视，温体仁还非常仔细地审核进讲的讲义。

礼部右侍郎罗喻义，日讲《尚书》的时候，备课《布昭圣武讲义》，其中有"左右之者不得其人"等语句。温体仁觉得这是在影射他，很不高兴，命正字官转告罗喻义删除。罗喻义不服，到内阁找温体仁理论。

温体仁随即就上奏一本，说罗喻义破坏进讲的规矩。他说经筵讲官的规劝要多于正文的讲解，而日讲应该多讲经文少规劝。罗喻义日讲违规用经筵的制度，让他改正，他却反过来侮辱阁臣。

那是朱由检对温体仁正满意的当口，如有所奏，无不应允，立即命吏部调查详议。吏部看温体仁的脸色行事，尽管罗喻义上疏辩解，最终还是被革了职。

除了紧紧盯住有机会向皇帝进言的人外，温体仁的眼睛还紧盯着可能会威胁到他地位的人。

崇祯八年（1635），朱由检为选良臣，召集群臣现场考验票拟的能力。文震孟因病没参加考试，结果却也被特旨以礼部左侍郎兼东阁大学士的职衔召入内阁办事。

文震孟本是研究《春秋》的名家，担任日讲官时又能巧妙地结合实际参议时政，很合朱由检的心意。朱由检称他为"真讲官"，对他非常尊重。

有一次，讲解《五子之歌》时，朱由检坐姿不雅，所以讲到"为人上者，奈何不敬"时，文震孟特意把目光扫到了朱由检身上，朱由检反应过来后赶紧坐正。

出于对文震孟的尊重，朱由检对他的规劝非常重视。当年刑部尚书乔允升等人被朱由检迁怒，准备判处死刑。文震孟讲《鲁论》时，借"君使臣以礼"一章对其反复规劝，后来朱由检终于同意免除乔允升的死刑而改为戍边。

所以，文震孟被特旨简用入阁让温体仁感到了相当大的威胁，但已经宦海游弋多年的他是不会表露在面上的。

最初，温体仁对文震孟十分客气恭敬，甚至每次拟旨都谦虚地找文震孟商量。文震孟如果对票拟有修改意见，温体仁也一一照改。文震孟竟然以为传闻温体仁奸猾都是讹传，还单纯地四处宣扬说：温公虚怀若谷！

大学士何吾驺提醒文震孟说："此人心机深沉如海，哪能轻信？"果然没过多久，温体仁就摆出首辅的姿态，时常指责文震孟拟旨不当，令其修改。如果文震孟不听从，温体仁就直接拿笔抹去。文震孟气不过，有一次甚至把奏疏摔到温体仁面前，而温体仁却是毫不在意的样子。

背地里，温体仁暗暗加紧了排挤文震孟的节奏。

给事中许誉卿因凤阳皇陵被焚，在崇祯七年（1634）曾弹劾温体仁用人不当，被朱由检下旨申斥为"苛求"。从那时起，温体仁就视许誉卿为眼中钉。

如今，已经做了十四年给事中的许誉卿想谋求南京太常卿的职位。文震孟和何吾驺都很支持，温体仁却想借机报复。温体仁命人参劾许誉卿钻营求官，票拟的时候，他又上纲上线地说此事"大干法纪"，要对许誉卿降职任用。

朱由检不明就里，看到"大干法纪"很是恼火，下旨从重处罚。温体仁便高兴地把对许誉卿的处分改为"削职为民"。文震孟和何吾驺据理力争，而温体仁毫不理睬。文震孟气得说："言官被罢是极光彩的事情，谢谢首辅大人玉成！"

温体仁随后就添油加醋地去皇帝那里打了小报告。说言官被罢光荣，就等于说皇帝昏庸。朱由检最受不了别人说他昏庸，对文震孟之前的信任尊重一扫而空，下旨严斥文震孟和何吾驺徇私。没几天，他们就被双双免职。

文震孟从入阁到出阁，前后不过三个月，成了崇祯一朝在阁时间最短的一位阁臣。

进入内阁不与自己一条心的，温体仁要排挤；有希望进入内阁的名士，温体仁也要排挤。

有一天，朱由检亲手写下"倪元璐"的名字交给内阁，让内阁呈上其履历。温体仁怕皇帝会重用倪元璐，立刻找人去挖倪元璐的黑材料。

倪元璐，天启二年中进士，授翰林院编修。崇祯元年，当时有不少人把东林与阉党并称邪党，企图把水搅浑，干扰对阉党余孽的清查工作。倪元璐不顾自身安危，上疏严加驳斥，后来又主张销毁《三朝要典》，颇负雅望。

温体仁从其过往不难判断，倪元璐这样的人进入内阁是不会跟自己一条心的。当时，刚好诚意伯刘孔昭向温体仁谋求掌控戎政的职位，温体仁便指使刘孔昭诬告倪元璐。

诬告的理由是倪元璐为其小妾王氏求封诰命，败乱礼法。这是很要命的指控，如果罪名坐实，就证明被告之人不但个人生活上品行不端，还妄图欺骗朝廷。对这种人，朝廷通常都是绝不姑息的。

朱由检知道后，立刻让吏部核查。

礼部尚书姜逢元是倪元璐的同乡，知道倪元璐的原配陈氏因为过错已经离开倪家，而王氏是倪元璐明媒正娶的继室，向朝廷申请册封完全合乎礼法。所以，吏部给出的意见是让倪元璐家乡的地方官核实上奏，而温体仁却说记录上陈氏还在，何须再次查勘。最后，硬是把倪元璐给免了职。

温体仁把持朝政期间，被排挤的远远不只上述的几位。《明史》上把温体仁列入《奸臣传》，说他辅政期间国事纷乱，但他"未尝建一策，惟日与善类为仇"；而与之为伍的人"皆庸材，苟以充位"。

那时，与温体仁最合得来的一个是吴宗达，一个是王应熊。

吴宗达在崇祯三年六月与温体仁一起进入内阁，庸碌无为，凡事无主见，一切听命办事。不论内阁怎样风云变幻，他却一直平安无事，多年不倒。

王应熊博学多才，熟知典故，善于迎合上意，崇祯六年十一月被朱由检特旨简用入阁。当时就有人弹劾他性情狠戾，若被重用必然芟除异己。朱由检不听，反把上疏之人下狱问罪。结果，王应熊入阁后果然与温体仁狼狈为奸，陷害忠良。

当时京城街头有句讥讽内阁的话很流行，即"内阁翻成妓馆，乌归王巴篾片，总是遭瘟"。

"乌归"指的是温体仁，因为他是乌程籍归安人；"王巴"指的是王应熊，因他是巴县人；而"篾片"是吴宗达，说他像篾片一样随意弯曲，唯命是从。这三人组成的内阁便如同妓馆一样，毫无操守可言。"瘟"既是温体仁姓氏的谐音，也有瘟疫遭殃之意，总之，温体仁出任首辅，大家都是要遭殃的。

街头百姓都知温体仁等三人的秉性，唯独朱由检一直不以为然。每次问及军政大事，温体仁就说自己愚钝无知，朱由检不觉得他无能，反而觉得他忠朴无华，可以信重。

大概是温体仁的同人无能反衬出了温体仁的鹤立鸡群，然后温体仁在朱由检面前的谦卑才更加显得朱由检英明无比。反正，朱由检对温体仁的恩宠几乎到了无以复加的地步，给温体仁加官少师兼太子太师，进吏部尚书、中极殿大学士，秩同左柱国，风光荣耀无人能出其右。

极盛之后，盛无再盛，那就只剩下衰落了。

随着对温体仁的积怨越来越多，从崇祯九年（1636）开始，弹劾他的奏疏便越来越多，并且弹劾他的人上到藩王勋贵下到军士布衣，不一而足。然而，弹劾越多，朱由检越觉得温体仁需要他的保护，对上疏之人轻则申斥罢官，重则廷杖流放。

工部左侍郎刘宗周弹劾温体仁"六奸""十二罪"，朱由检不由分说便将其免官为民。千户杨光先带着棺材上疏弹劾温体仁及其亲信误国乱政，说他们"忠告之言不受，睚眦之怨不忘"。朱由检怒斥杨光先"恣臆干政"，对其廷杖后罚戍辽东。

崇祯十年（1637），常熟讼师张汉儒诬告钱谦益、瞿式耜居乡不法。温体仁见后大喜，想借机置钱谦益于死地。

钱谦益不得已，向司礼监秉笔太监曹化淳求救，想让曹化淳为其疏通免罪。曹化淳是早年间司礼监太监王安的徒弟，王安与东林党人关系密切，被魏忠贤设法排挤出宫后杀害，而钱谦益为王安写过墓志铭。

有这样一层渊源在前，曹化淳对钱谦益的求助义不容辞，全力营救。这过程中不知谁走漏了风声，温体仁知道后就想连曹化淳一起收拾。温体仁一边找人去皇帝那里密告曹化淳贪墨弄权，一边称病回府避嫌。

以往，温体仁安排妥当后，外面都是一阵腥风血雨，而他自己则在府中静候佳音。但是，这一次不同，他等来的是皇帝御笔亲批的三个大字："放他去！"

原来温体仁权高位重，得意忘形，觉得自己在皇帝心中的地位无人能及，便忘记了宦官这个群体的可怕力量，忘记了他自己就曾经一次次借助宦官的力量排除异己，更忘记了曹化淳还是宦官中的佼佼者。

曹化淳十二三岁入宫后，勤奋好学，诗文书画样样精通，深受王安赏识，被调去陪伴当时还只是五皇孙的朱由检。朱由检即便再多疑，对自己年幼时的伙伴还是很看重的。魏忠贤曾把曹化淳打发到了南京，朱由检一登基就把他重新调回京城。

看到有人参奏曹化淳，向来多疑的朱由检没有轻信。他把曹化淳找来亲自询问，曹化淳立即向皇帝请缨查明事情始末。

那时，厂卫早就亲如一家，眼见自己人被坑，查案不是一般的卖力。抓捕张汉儒后，东厂与锦衣卫联合突击审案，很快就拿到了"俱乌程一手握定"的口供，即此事皆由温体仁一手筹划。

朱由检看了口供，如大梦惊醒，感慨不已地说："体仁有党！"

这么多年，不论多少人说温体仁结党营私，党同伐异，朱由检都坚定地认为温体仁孤立无党。如今，事实摆在眼前，自己毫无保留的信任换来的竟是欺骗，让朱由检感到说不出的沮丧。强烈的挫败感瞬间转化为抑制不住的愤怒，朱由检想起当年阉党常用的酷刑，命人给张汉儒立重枷。

看到手边温体仁假意请辞的奏章，上面还有辅臣张至发按例拟好的挽留谕旨，朱由检不由得觉得好笑。他拿起笔涂去密密麻麻的挽留之语，在一旁题了三个大字："放他去！"

温体仁看到这几字时，面如死灰，回乡后也一直郁郁，第二年就病死了。

不管怎样，崇祯三年六月入阁，六年六月为首辅，十年六月致仕，温体仁在阁前后八年，连续四年出任首辅，是崇祯一朝的最长纪录。

朱由检大概也是念着这一点，竟给了温体仁"文忠"的谥号。如此奸臣被重用多年，到头来还得"忠"字为谥，实在让后人颇费思量。

再用周延儒

后温体仁时代，大明朝的内阁又进入了一段混乱时期，首辅更换极为频繁。

接替温体仁，出任首辅的是张至发。

张至发，万历二十九年进士，历任知县、礼部主事、御史。那时，齐、楚、浙三党还颇具势力，他隶属齐党。崇祯五年，张至发出任光禄卿。他精熟账目，理顺了不少陈年旧账，很受朱由检赏识。

崇祯八年，张至发因通过现场票拟的考试而被加封礼部左侍郎兼东阁大学士，进入内阁办事。

当时，数十位廷臣汇聚殿中，每人发奏疏一份，现场草拟旨意。最后有九人入选，但只有张至发一人被特旨简用入阁。

在明代，有个不成文的惯例，即"非进士不入翰林，非翰林不入内阁"。张至发没有做过翰林院编修，一路由地方官升迁过来，在当时被称为"外僚"，是没有资格进入内阁的。朱由检从张至发开始打破惯例，对他是有很高期待的。

然而，进入内阁后，张至发很快以实际行动打了朱由检的脸。

政务上，张至发并无任何建树，一切沿用温体仁的老办法，但他的精明机智远远赶不上温体仁。不仅如此，张至发还不肯踏实办事，平日尽专注于排除异己的那一套，弄得举朝纷纷攘攘。

张至发隶属齐党，对东林党人很仇视。为朱由检的太子选东宫讲官时，众人都推荐黄道周。黄道周素以不媚流俗著称，曾多次上疏援救钱龙锡，在张至发眼中他身上的东林色彩太浓重了。所以，张至发不顾众望所归，坚决弃用黄道周。

朱由检对张至发很失望，也就没有额外的祖护。刑科都给事中冯元飙上疏为黄道周申辩，张至发连上两疏驳斥他，最后朱由检反晋升冯元飙为太常少卿。

政务平平，不容异己也就算了，张至发因破例入阁而扬扬得意，还常向外廷泄露内阁机密以显其能。朱由检觉察后，对张至发十分厌恶。

后来，大理寺寺副曹荃弹劾黄应恩贪污受贿，牵连到张至发。张至发情急，接连上疏为黄应恩辩解。朱由检一边温言宽慰他，一边却下旨捉拿黄应恩。见状，张至发只好上疏请辞，奏疏中没有按惯例称病，而是说自己有三个理由不适合当首辅。

朱由检没按惯例挽留张至发，还批复了让他回乡养病。此事成了当时人的笑柄，戏称张至发是"遵旨患病"。

张至发之后，又有孔贞运、刘宇亮、薛国观、范复粹相继出任首辅，除了薛国观外，其他人任首辅的时间都没有超过一年，可见他们没人能让朱由检满意。

不仅如此，薛国观还成了崇祯朝第一个被赐死的首辅。

薛国观是陕西韩城人，万历四十七年中进士，天启四年任户科给事中，对时政很有建策。然而，在政治风向上，薛国观却是十足的投机主义者。

天启年间，薛国观虽然算不上阉党的核心人物，却一直站在阉党一边排斥东林党人，乔允升等都受过他的弹劾。朱由检即位后，薛国观立刻调转风向，反对启用曾经投靠魏忠贤的前辽东巡抚王化贞。

崇祯元年，薛国观奉命巡视北镇，严查将吏克扣兵饷事宜。他回京后反映关内外军营无故消耗的情况，又推荐了满桂，被朱由检赏识，夸其忠诚正直。

陕西民变四起时，薛国观联合在京的陕籍官员，请求朝廷加强边防从速围剿，并追究原陕西巡抚乔应甲因受贿而放任盗匪的罪责。

随着阉党清算工作的逐步推进，南京御史袁耀然弹劾薛国观，翻出其天启年间依附魏忠贤的旧事。薛国观为免祸，会推阁臣事件后，先弹劾了吏科都给事中沈维炳、兵科给事中许誉卿，说二人与瞿式耜一起把持官吏选拔，后又诬告袁耀然是通过贿赂刘鸿训才获得了御史之职。

朱由检那时正气愤满朝结党东林，对此时站出的薛国观好感大增。所以，薛国观又一次投机成功，不但在皇帝的祖护下免于被清算，还得到了温体仁的支持。

薛国观回乡避过阉党清查的风头后，很快被重新启用，并接连高升。崇祯十二年（1639）二月，薛国观竟不知不觉混到了首辅的位置。

连年的内外征战让军费激增，国库入不敷出，薛国观给朱由检想的办法就是让勋贵百官慷慨解囊。不用说也知道，没人愿意如此"慷慨"，君臣二人便分工如下：朱由检负责劝导勋贵，而薛国观负责督促群臣。

朱由检先去找了武清侯李国瑞，他是皇帝亲太祖母的娘家人，已经几世富贵，据说有家产白银四十万两。薛国观建议朱由检全部"借来"，如不答应就限期严查。李国瑞吓得赶紧隐藏财产，拆毁房屋，为哭穷还拿家具器物到大街上卖。朱由检大怒，夺了他的侯爵，李国瑞受惊而死。

一时间，皇亲国戚人人自危。

那时，刚好朱由检心爱的皇五子朱慈焕生病，有人就在宫中造谣说皇帝苛待外戚，神灵才降罪于皇帝的儿子。不久，皇五子病死，朱由检非常害怕，赶紧封李国瑞七岁的儿子李存善为武清侯，又归还了李家交纳的金银。

折腾了半天，钱没要来，还搭进去了自己的亲儿子，朱由检把这一切都归咎于薛国观出的馊主意，只等恰当的时机好好收拾他一番泄恨。

得罪了皇帝还不自知，薛国观仍自行其是，很快又得罪了东厂。

一次，朱由检宴请时提起朝臣的贪婪，薛国观随口说："如果厂卫用人适当，谁还敢贪？"在场的东厂太监王德化听了，吓得汗流浃背，从此专门派人收集薛国观的隐秘之事。

东厂把收集来的材料整理汇报，有薛国观袒护下属王陛彦害人致死的，有他侵吞罪臣隐匿家产的，有收受贿赂营私舞弊的，凡此种种，不一而足。

朱由检正愁没机会泄恨，看到材料后，找个拟旨不当的借口就把薛国观赶回老家了。

崇祯十三年（1640）六月，薛国观离开京城。

不过，东厂没有就此罢休，他们又汇报说薛国观离京的时候，多年收敛的金银装满了大小箱笼，得用一个车队才拉得走。

为了给国库凑钱，朱由检自己搭进去了一个儿子，而薛国观却赚得盆满钵满。朱由检怒火冲天，立刻下旨严查。

十月，东厂终于从薛国观的亲信王陛彦那里拿到了他们需要的口供。朱由检立即下令处死王陛彦，然后派人逮捕薛国观回京。薛国观一路拖延，一路上疏为自己申辩，最终还是在第二年的七月回到京城。

明朝赐死首辅的先例很少，只有嘉靖年间的夏言一例，后来也因严嵩倒台得到了平反。所以，后来的内阁大臣即使犯了很严重的过错，量定刑罚时也通常会有所减免。

回京后，薛国观知道不会有好的结果，但看皇帝只是命人把他看押在自己府中，心里安定不少。其实，朱由检之所以没把薛国观押送大牢，是因为他觉得没必要了。

八月八日，薛国观被赐死家中。过了两天，朱由检才许其家人收尸。

《明史》上说薛国观"一蹈体仁所为，导帝以深刻"，即他奉行温体仁的做法，引导皇帝变得严峻刻薄。很难说是不是薛国观引导了朱由检，然而从他的结局来看，朱由检确实从那时起变得更加刻薄寡恩。

薛国观虽谋略不堪首辅之任，为人善变又嫉贤妒能，但也罪不至死。他的下场让当时的很多人都感到了兔死狐悲的凄凉，对皇帝朱由检也进一步丧失了信心。

朱由检一步步放弃群臣的过程，同时也是群臣放弃他的过程。那时，内有民变，外有强敌，君臣之间不是同心协力、共振朝纲，而是互相离心，越走越远。

崇祯十四年（1641）初，福王朱常洵在藩地被农民军杀害。消息传来，朱由检又惊又怒，竟病倒了。他在病榻前召集廷臣，诉说没能保住亲叔叔的悲愤，说到后来竟痛哭流涕。朱由检难过得已经顾不上皇帝的体面了，结果廷臣却始终沉默无言，连一句安慰的话也没有。最后，首辅范复粹还一再说：气数，这都是气数！

朱由检很憋屈，但也很无奈，他开始想念那些离开他的辅臣了。于是，他下旨召周延儒、张至发、贺逢圣回京。

张至发当年特简入阁时何其风光，而"遵旨患病"出阁又是何其尴尬，回乡后早就心灰意冷。他接到圣旨，想到崇祯一朝的众多首辅，竟无人能善始善终，尤其薛国观还因皇帝的私愤而死，吓得他连上四封奏疏，坚辞不就。

与张至发不同，周延儒对皇帝的召回可说是翘首以盼。为了这次被召回，他还找人筹集了白银六万两作为活动的经费。

周延儒是宜兴人，与东林党人的关系本来不坏，后来因会推没有入选才与温体仁联手跟东林党人撕破了脸皮。再后来，他自己也被温体仁排挤，就又与东林党人站在了同一战壕。

周延儒回乡赋闲的几年，正值号称"东林之嗣"的江南复社兴起。

明末，读书人结社切磋学问，以文会友已经形成风气。他们在一起探讨八股文的行文技巧来应付科考，结交朋友则是为了将来踏入仕途而积攒人脉。崇祯二年，复社由太仓人张溥联合诸多小社而成。

到了崇祯十四年，复社已先后召开了三次大型集会。其中要数虎丘集会的规模最大，各地赶来参会的有几千人之众。此外，复社还精选会员的文章刊印成册，名为《国表》，广为流传。随着复社名流张溥、吴伟业、杨廷枢、吴昌时、陈子龙等人先后考中进士获得官位，复社的影响力也越来越大。

复社的主要成员大都出身江南世家，与东林党人的渊源不浅，还有很多成员本身就是东林党人的后人，比如黄尊素的儿子黄宗羲、魏大中的儿子魏学濂、周顺昌的儿子周茂兰等。另外，复社成员觉得自己在文章道德上的追求与东林党人一致，所以一直以"东林之嗣"自居。

如此，复社无可避免地会引来东林党人仇人的敌视。

崇祯十年，苏州人陆文声因申请加入复社没被批准，便趁进京赶考的时候状告复社结党祸乱天下。那时的首辅还是温体仁，他想借机打压复社，所以拟旨严查，而负责核查的御史倪元珙有意保护复社，在调查的结论中说："诸生诵法孔子，引其徒谈经讲学，相互切劘，文必先正，品必贤良，实非树党。"案子便悬而未结。

后来，又有周之夔因宿怨状告张溥、张采等结党，张溥等派人进京上下打点，才得以免祸。

复社由此觉得朝中无人，万事难办，决心扶植一位自己人进入朝廷的中枢机构。经过一番慎重考虑，他们想到了与东林重归于好的周延儒。周延儒资历出众，一经复出必任首辅，是最适合的人选。

张溥亲自写密信给周延儒，说："公若再相，易前辙，可重得贤声。"信中还对周延儒复出后的施政纲领、起复人员等提出了一系列的要求，而周延儒当即允诺："吾当锐意行之，以谢诸公。"

双方达成交易，复社立即着手筹划。活动经费采取招股的方式，白银六万两分作六股，每股一万两，事成之后各有回报。当时，冯铨、侯恂、阮大铖各出一股，剩余的经费拼凑齐全后交由吴昌时在京城结交内侍，打通关节。

有这六万两的活动经费做铺垫，朱由检的耳边就不时有人回忆一下当年周延儒如何忠诚能干。所以，国事日益艰难之时，辅臣多不如意，群臣又都束手，朱由检左思右想，的确没有人比周延儒更合适担任首辅。

崇祯十四年的九月，周延儒再次回到京城。一入朝，朱由检就给他加封少师兼太子太师、吏部尚书、中极殿大学士头衔，寄予厚望。

周延儒也很讲信用，一上任就推行了复社要求他施行的政策：减免民间多年的欠粮；免除战乱和受灾地区的夏秋两税；暂缓水灾严重的江南地区秋粮，改为明年夏季补足；赦免流罪以下人犯；召回因谏言获罪的言官；限制厂卫权力；扩大取士名额、范围，等等。

这些政策一改温体仁时期开始就毫无作为的风格，看起来很有除旧布新的味道。朱由检听后很满意，一一批准，回到宫中面上竟露出少有的喜色，直对左右说："到底是周阁老！"

那年孟冬祭祖，赶上了个难得的好天气，朱由检以为上天又要眷顾于他，满心喜悦地说："周阁老还是有福之人啊。"

事实上，周延儒的"福气"早就用光了。那时，不论是朝局形势，还是周延儒的行事方式都决定了他不可能再有好的结局。

看上去体面的"新政"既无新意也无实际效果。对已经饥饿到"人相食"地步的农民来说，减免钱粮没有任何意义；限制厂卫权力，皇帝不过是一时支持，不能持久；赦免罪犯、召回旧臣也没人买账。

周延儒刚复出之际，想请曾被温体仁弹劾的倪元璐出山，后者回信婉拒。在信中，倪元璐指出中兴的希望极其渺茫。要安民就要免税，但要免税国家就要财政不足；要赦免官员，就要官员建功立业；但财政充足和建功立业，都不是一天能完成的。皇帝求治甚急，所做都是舍本逐末的救急之事，很难从根本上改变现状。

倪元璐说当年司马光复出，不过是要革除新政恢复旧政，像在火上浇盆凉水一样，举手可成。而如今，他们面对的形势是要在已经熄灭的灶台点火复燃，不但要生火，还要省柴，难上加难。

既然朝政很难再有作为，其余的事情，周延儒能做的大概就只剩下回报投资人和收回复出的成本了。

首先，周延儒很守信，既然是招股而出，就要回报投资人。

他帮助复社结束了多年悬而未决的官司。当时，张溥已死，朱由检同意不再追究其过失，还让人进呈其著作以备御览。

他还回报了大股东侯恂和阮大铖。

侯恂曾因徇私被下狱，周延儒说服朱由检特旨放他出来监军平贼。侯恂对左良玉有知遇之恩，所以派他去督促左良玉解开封之围。但是，侯恂督军无粮，根本调不动左良玉。最后，河南官员看获救无望，挖河决堤用黄河之水淹没了开封，侯恂也重回了大牢。

阮大铖的阉党身份实在声名狼藉，不好引荐为官，周延儒就提拔了阮大铖的密友马士英为凤阳总督。后来，马士英成为南明弘光政权的实力派人物，又全力推荐阮大铖出任重职。

本是国家公器的朝中要职都成了私物一般，被私相授受，难怪明朝末期中兴无望，亡国后想复国也无望。

再者，周延儒的复出本身就是朝政腐化的产物。他要安居其位，也只能继续贪污受贿、结党营私。

随着中原和辽东战事吃紧，周延儒文不能安邦、武不能督军，朱由检对其又生嫌弃之心。另外，周延儒复出后限制了厂卫的权力，厂卫对他记恨不已，时时处处留意他的过错。回京不到两年，周延儒就因贪贿、纵敌被罢回乡。

但是，回乡也没能免祸。

朱由检曾对阁臣们谈起周延儒，埋怨他奸猾误国："朕恨他太使乖。"蒋德璟把这话告诉周延儒，周延儒无奈地说："侍奉这样的英主，不使乖能行吗？"

这也正是做崇祯皇帝臣子的悲剧，几乎没人能做得恰到好处，不使乖的都因忤逆圣意而被惩治，而使乖太过的也难逃杀身之祸。

崇祯十六年（1643）十一月，离明朝覆亡仅有五个月，朱由检被中原战场的失利折磨得歇斯底里，正愁无处发泄，周延儒案便成了他宣泄的出口。他命人把周延儒逮捕回京，赐其自缢。

十二月五日，北京城的冬夜彻骨寒冷。夜半更深之际，锦衣卫都督骆养性带人同传旨的太监一起来到崇文门外周延儒暂住的关帝庙。周延儒仓皇地从床上爬起来接旨，传旨的太监念到"姑念首辅一品大臣"处，故意稍做停顿。周延儒以为皇帝尚念旧情，感激涕零，再三叩头谢恩。不料，接着听下去却是"于寓处勒令自裁"，顿时失魂落魄，不停地在地上兜圈子，一直拖到四更时分，才在骆养性的逼迫下自缢。

周延儒平日养生有道，长期服用人参，气绝后一两个时辰，四肢仍然温润如生。监刑的骆养性生怕他未死透，命差役用铁钉钉入他的脑门，才回宫复命。

继薛国观之后，周延儒成了崇祯朝第二个被赐死的首辅，但他临死前还留诗表达对皇帝的忠贞：

恩深惭报浅，主圣作臣忠。

国法冰霜劲，皇仁覆载洪。

可怜惟赤子，宜慎是黄封。

替献今何及，留章达圣聪。

周延儒之后，朱由检又用了三位首辅，他们身上更无可取之处，真是应了范复粹的那句话："气数，这都是气数！"

用厂卫威慑天下

在明朝，东、西厂和锦衣卫被合称为"厂卫"。

东厂与锦衣卫都是皇帝私人的侦查机关，锦衣卫负责监察所有官民，而东厂除了监察官民外还监察锦衣卫。西厂与东厂机制相同，建立不久就被废止了，锦衣卫和东厂也有过短暂的废止，但都又很快恢复了。

锦衣卫初设于明太祖朱元璋时期，是皇帝的私人卫队，不隶属于都督府。锦衣卫下设南北镇抚司，南镇抚司掌本卫刑名，北镇抚司专治诏狱，可以直接奉诏行事，不受外廷法司的管束，甚至连本卫长官也不得干预。

锦衣卫最主要的任务是侦察"不轨妖言"，即肃清政治上的反对者或可疑的宗教集团，比如弥勒教或白莲教等。朱元璋用锦衣卫兴过大狱后，感觉其统治地位已经稳固，曾解除锦衣卫的特权，把大小案件都交由外廷的法司处理。

但是，明成祖朱棣篡位后，锦衣卫又恢复了活动，继续充当皇帝的耳目，一直到明朝灭亡。

锦衣卫与皇帝虽然亲近，到底还是由外臣担任，也会出现徇私的情况。为此，朱棣特意建立了东厂，职责上与锦衣卫完全一致，但由内臣提督，一般是司礼监秉笔太监充任。

厂卫的特权使其可以随意逮捕官民、刑讯问罪和判处刑罚。厂卫内部叙功均以经办案件为准，所以校尉为了邀功，办案多捕风捉影、牵强附会，对嫌疑人刑讯逼供更是司空见惯。

诏狱中用刑之酷烈惨不忍睹。入狱门者，"五毒备尝，肢体不全。其最酷者曰琶，每上百骨尽脱，汗如水下，死而复生……荼酷之下，何狱不成"。瞿式耜《陈时政急著疏》中说，与诏狱相比，刑部的大狱简直就是天堂。

厂卫的恶政除了诏狱之外，还有廷杖。

元代以前，"士大夫可杀不可辱"的观念根深蒂固，但蒙古人不理解也不在乎士的地位，他们马上打天下、马下打大臣都是常事。明朝老朱家得天下后跟蒙古人学会了廷杖，行刑的是锦衣卫，监刑的就是司礼监。

有人说诏狱、廷杖、立枷之下，士大夫不但可杀也可辱，君臣间的距离就越来越远了。这话不无道理。

朱由检遍读史书，这道理他也懂，只不过性格使然，他常常选择弃道理于不顾，任性而为。就像登基之初，他还觉得立枷之刑太惨，而后来经他亲自下令立枷处死的人不知有多少。

生性多疑，兼自卑与自负于一身的朱由检很在意大臣对自己的看法，对厂卫系统非常倚重。因此，厂卫势力并没有因魏忠贤的倒台而动摇，反而在崇祯朝大大提升了办案效率，让朝臣人人自危。

崇祯元年，户部尚书孙居相负气敢言。当时，给事中杨时化丁忧在家，孙居相在与其通信中有"国事日非，邪氛益恶"之语，被厂卫侦察得知后汇报给皇帝。朱由检大怒，立即下令逮捕孙居相，不久将其贬官流放戍边。

孙居相不过是个开始，后来的辅臣刘鸿训和首辅周延儒、温体仁、薛国观等人的事件中都有厂卫的影子。

辅臣尚且如此，一般官吏百姓更是畏厂卫如畏虎，以致厂卫随便借个由头就可以对官民进行敲诈勒索。

有个县令托人送二十四两银子求翰林胡守恒写一篇文章。东厂听说后立刻找胡守恒索贿，而胡守恒尚未接到请求的信息，根本不知道此事，但为了避免麻烦，还是给东厂上下送了白银一千两消灾。

崇祯四年，给事中徐荣国在《论厂卫疏》中说厂卫常派人守在各个衙门，借口密探又故意稍露行踪。衙门中的书吏怕厂卫搬弄是非，也凑钱悄悄地收买他们，到后来成了惯例，无人敢破。

由于真的厂卫太过神通广大，翻手为云覆手为雨，假的厂卫也十分威风。那时，冒充厂卫进行敲诈的恶棍无赖比比皆是，人们甚至都不敢细辨真伪。徐荣国在奏章中说，有个绸缎商刘文斗进京城卖货，无赖赵瞎子自称厂卫，妄指刘文斗漏税，把其逼入崇文门东小桥的庙内，敲诈白银两千两才算完。

厂卫带来的副作用如此之大，朝臣劝谏的奏疏从未断绝。

朱由检派厂卫的旗尉四出侦察边事，宣府巡抚李养冲上疏说："旗尉往来如织，踪迹不定，且费用也无处可出。"朱由检还拿着奏疏气愤地问内阁辅臣："边情危急，派遣旗尉有何不对？又用他们出什么费用了？"李标回答："派旗尉是当慎重，各地方官员怕旗尉回京生事，不得不打点。"朱由检听后觉得有道理，却也没有改变，依旧频繁派遣旗尉。

工部侍郎刘宗周在其《痛愤时艰疏》中说，厂卫掌管缉查而告诘之风日盛；诏狱遍及官民士绅使其尊严体面扫地，从而人人自危，大家都忙于补救过错而欺瞒的风气也就越来越厉害；事事仰仗天子乾纲独断又使阿谀奉承的大臣充满朝堂；三法司不过问司法而犯罪的人却越来越多。

刘宗周把厂卫之害说得充分全面，朱由检最初看到如此直白的奏章很生气，要内阁拟旨严办。然而，内阁先后拟了四次旨，朱由检都不满意。他在殿内一遍遍地重读这份奏章，实在觉得刘宗周说得透彻在理，最后只能不咸不淡地让他体谅国家的难处，不要凡事归过于朝廷。

朱由检所谓国家的难处，更多的是他自己的难处。

首先在制度层面上，明朝的监察系统是有缺陷的。

明朝对官员的监察是由都察院负责。都察院的长官是左、右都御史，左、右都御史下面是左、右副都御史，左、右副都御史下面是左、右佥都御史，再往下是御史和巡按御史。巡按御史就是都察院派出监察地方工作的。全国在行政区域划分上分为十三个布政使司，与之相对应，设置了十三道御史。

所有的御史加起来编制总共有一百多个，但这一百多人要监管全国上下所有的官员。另外，所有的御史名义上都是京官，巡按御史去地方上检查工作算是出差，一般情况下一个行省也就派一个去。

无论是以一个人去监察一个省几十个府县的数百官员，还是以百名御史去监察全国数以万计的官员，在精力和能力上都是不现实的。所以，要么就是御史以个人的好恶风闻奏事，要么就是极个别的倒霉蛋自己撞到御史的枪口上。

这样的监察系统，不论在制度上还是效果上都是有明显的不足。据《锦衣志》记载，锦衣卫中鲜衣怒马而靠财政开支的人员大约有十五六万。厂卫如此庞大的规模，刚好可以弥补这一缺陷。

其次，在身份角色上，皇帝处于权力金字塔的顶端，统治者的身份天然带有孤立的属性，几乎时时刻刻都位于危险的中心。为了巩固其地位，每一位皇帝都想掌握群臣的一举一动以及全天下的各种风向。所以，历朝历代皇帝都有自己的特务机构，这也是明代建立之初就设立厂卫的初衷。

回到朱由检身上，皇位对他来说是意外之喜，从小不受重视到翻身成为天下之主，身份角色的巨大转变让他总是急于获得别人的认可。所以，他比一般皇帝更热衷于知道大臣私下里对皇帝的评价。

要获得更多隐秘的消息，就势必要增加厂卫的人手。那时，厂卫的番役甚至伪装成各种仆役到大臣的府中打探消息。他们常常会带回意外的收获，刚好可以满足朱由检迫切求知的需要。比如刘鸿训在自己家中说"皇帝还是孩子"就没能瞒过厂卫的探子。

再次，就是情感上，皇帝对内臣和外臣历来就亲疏有别。

外臣通常有家有业，有各自的亲朋故旧，多数还有不同的党派门户。所以在皇帝眼里，外臣更容易徇私情，他们的声音也不够客观公正。

内臣依附于皇帝而存在，在情感上皇帝与他们更亲近，更愿意相信他们会比普通人更忠诚，所以就觉得他们不会轻易偏袒朝臣，对朝臣的调查会更客观中立。

朱由检疑心重，与看似离心离德的外臣相比，那些与自己亲近的内臣显然更值得让他相信。即使是在完全信赖首辅温体仁的时候，事情涉及内臣曹化淳，朱由检也会更倾向于相信自己小时候的玩伴曹化淳。

然而，实际情况往往跟皇帝的预想差距很大，厂卫到后来几乎演变成了公正的反义词。

厂卫由于其权力所受的制约较少，内部更加腐化。崇祯朝的时候，到京城做官，结交厂卫都成了必不可少的一环。以周延儒为例，不论是首次会推阁臣，还是后来复出，都在打点厂卫上有巨大的花费。

最后，厂卫与皇帝接触的机会很多，很容易了解到皇帝的心思，所以，他们或者为了邀功，或者为了避祸，提供给皇帝的"真相"往往都是以对厂卫自身有利为原则。

由此种种，《明史》上说朱由检"倚厂卫益甚，至国亡乃已"。崇祯一朝，厂卫的势力更胜从前，威慑天下的效果是达到了，但与朱由检期待中的力挽狂澜而中兴却是南辕北辙。

用宦官监理天下兵马财权

皇帝对宦官通常有两种截然相反的情感，一种是防之如贼，另一种是亲如家人。有的皇帝倾向于防，有的皇帝倾向于亲，还有的皇帝则在两个极端之间摇摆不定。

明朝的开国皇帝朱元璋对宦官就是以防为主。他觉得历史上汉唐两朝的祸乱都是宦官乱政导致的。为了吸取教训，他严禁宦官干政，还立下规矩，所有的内臣都不许读书，又特意铸了块铁牌立在宫门处，上面刻着："内臣不得干预政事，预者斩。"

朱元璋设想得很好，立下祖制，子孙照行就可以高枕无忧了。然而，祖制到了朱元璋的儿子那一辈就走了样，明成祖朱棣重用宦官，让他们不但走出了宫门，还走出了国门。朱棣在位期间，宦官有监军京营的，有出镇地方的，有做将军上战场的，还有做使臣出使的。

等到了明英宗朱祁镇时，受宠的太监王振干脆把朱元璋铸的铁牌搬走，大大方方地为所欲为了。再往后，明武宗朱厚照时有刘瑾，明熹宗朱由校时有魏忠贤，宦官虽没像汉唐时那样废立皇帝，但内宫外廷也都由他们把持。

朱由检登基后做的第一件大事就是扳倒魏忠贤，然而，他对宦官却始终是信重大于防患。

天启年间，在山海关、宣大、山西、登莱等地都设有镇守太监。天启七年十月，当时以兵部尚书衔督师辽东的王之臣上疏建议调换关内外的将领，要把熟知辽事的满桂调往宁远，把杜文焕调回山海关。但是，镇守辽东的太监刘应坤却不同意这个任命。

十一月，扳倒魏忠贤后，朱由检让内阁讨论王之臣与刘应坤之争，并借机裁撤了派往各地的镇守太监。

朱由检撤回镇守太监的举措获得了一片赞誉。然而，大臣们的喝彩之声尚未落尽，崇祯元年五月，朱由检就任命司礼监太监宋尚志提督九门，巡城点军。

崇祯二年十一月，后金兵逼城下，朱由检命乾清宫太监王应朝监军。十二月，司礼监太监沈良佐、内官太监吕直提督九门及皇城门，司礼监太监李凤翔提督京营。

如果说这些还仅仅是朱由检应对偶发事件所采取的权宜之计，那么，接下来的安排就是常态化的布置了。

崇祯四年九月，命太监张彝宪总理户部、工部两部钱粮，唐文征提督京营戎政，王坤、刘文忠、刘允忠分别赶赴宣府、大同、山西监视兵饷。十月，命王应朝、张国元、王之心、邓希诏等往关宁、蓟镇东协、中协、西协监军。十一月，命李奇茂监视陕西茶马。此后，各地重镇都派有太监监军，职权高于各处督抚。

这一系列任命，全面恢复了太监监军、监部的制度，说明此时的朱由检对朝臣已经没什么信任可言了。这不但给朝臣带来军务、政务上极大的不便，还让朝臣感觉受到了巨大的侮辱。他们纷纷上疏表示反对。

给事中宋可久、冯元飙等十余人上疏极力劝谏，朱由检不理睬。吏部尚书闵洪学率百官联合上疏，希望皇帝收回成命，朱由检在视朝时给他们的答复是："众卿如果人人实心办事，朕又何必用那些内臣呢？"百官竟然无言以对。

的确，那时朝臣的行事也常会给朱由检留下这样的口实。比如兵部右侍郎张元佐被命镇守昌平，接到旨意后三天才离京上任，而同时任命的提督内臣当天就出发了。

这样的背景下，宦官的势力再次膨胀。

总理户、工二部的张彝宪还建立了专门的衙署，摆出钦差大臣的样子，对两部官员颐指气使，还要求司郎中以下官员前来拜谒。

在工部侍郎高宏图看来，堂堂的朝廷命官竟然要向这些本应在内廷干粗活的内臣行礼，简直有辱国家的体统。

他上疏抗议道："工部本有公署，尚书居中，侍郎列在两旁，这是朝廷的制度。而如今内臣张彝宪奉命总理两部，位在尚书之上，这岂不是有辱朝廷，亵渎国家的礼仪法度吗？臣身为侍郎，是尚书的副手而不是内臣的副手，此事关乎国之大体，臣不能不慎重。"

朱由检觉得军情紧急，清理账务筹措粮饷才是当务之急，而高宏图却执着于这些无谓之争，不配合张彝宪工作，不分轻重缓急，所以并没有理睬他。高宏图见皇帝没反应就接连上疏，还要称病辞职。朱由检大怒，将高宏图罢官削籍。

高宏图之后，还有不愿向张彝宪行礼的工部主事被免职，不愿配合张彝宪工作的工部尚书周士朴也被找借口罢黜。工部被整治一空，好像全部工部官员加在一起的分量也不及张彝宪一人。见皇帝如此袒护，张彝宪行事也愈发大胆了。他故意拖延边镇军器发放以显官威，只有主事孙肇兴怕延误军机敢上疏参劾，结果竟是孙肇兴被流放戍边。

背后有皇帝撑腰，太监们做事便越来越肆无忌惮了。

崇祯六年，总兵官张应昌率军到晋南围剿农民军，军中的监军太监阎思印趁机在地方上大肆索取贿赂。汾阳的知县无力应对，无奈下竟投井自尽。

朱由检所谓实心任事的宦官们不光要钱，还要权，他们十分积极地参与朝臣间的你争我夺。

宣府的监军太监王坤，上任不久就弹劾巡抚马士英挪用库银六千两。朱由检觉得果然是内臣更公正，对王坤也更加信赖。后来，王坤弹劾巡按御史胡良机，朱由检都没给胡良机机会申辩就降了他的职。正是皇帝的充分信任，才给了王坤胆量参与到首辅的争斗之中，直接导致了周延儒的下台。

宦官势重，劝谏皇帝裁撤内臣的奏疏从来就没有断过。

南京礼部主事周镳上疏劝诚朱由检说历来内臣用时容易裁撤难，如果不能立即裁撤，也应该限制内臣的任用数额并严格约束其行为。周镳的良苦用心到朱由检那里又成了看不起皇帝的能力，朱由检大怒，跟众臣说："三尺在我，此曹也何能为！"周镳毫无意外地被削职。

朝臣的弹劾看起来都被朱由检坚决地打压了，而他内心深处对重用宦官还是很有顾虑的。朱由检自比尧舜，生怕在史书上留下污名，所以当他自认朝局形势稍稳的时候，也会故作姿态地撤回监视的太监。

崇祯七年八月，朱由检发布了一份特别的上谕。他先是表明自己从来都不想重用内臣，比如登基之初就把镇守太监撤回来了。后来因为"士大夫负国家"，他才不得不派遣各镇监视太监，任命两部总理。这些都是权宜之计，如今制度稍清，朝局渐稳，各位大臣也有所反省，所以就可以撤回总理、监视太监了。

其实，所谓的形势好转也不过是朱由检一厢情愿的看法。辽东战场人心涣散，对西北的民变征剿虽捷报常传，可农民军的力量却日益壮大。宦官从来不能帮他扭转局面，只不过多用些报喜不报忧的手段，让朱由检自我感觉良好而已。

实际上，这次裁撤也并不彻底。朱由检推说关、宁二镇太重要了，所以留下太监高起潜继续监视山海关、宁远二镇。

崇祯九年七月，清兵再次迂回南下，进逼居庸关。朱由检丝毫没有犹豫便又派出大量宦官。他派太监李国辅、许进忠、张元亨、崔良用分守紫荆关、倒马关、龙泉关、固关；派孙继武、刘元斌率旅六千，防治河口。

不久，清兵进入昌平，朱由检命兵部尚书张凤翼总督各路援军，高起潜为总监。援军中的辽东前锋祖大寿、山海关总兵张时杰都归高起潜指挥。

后来，又以太监张云汉、韩赞周为副提督，巡城阅军；魏国征总督宣府，邓良辅为分守；邓希诏监视中、西二协，杜勋为分守；卢维宁总督天津、通州、临清、德州，孙茂霖为分守。

这次，宦官不仅是监军，而是总督、分守，直接指挥军队。

大权在握的宦官没有回报信重他们的皇帝，遇敌则拥精兵先逃，敌退则大肆贪污受贿、克扣粮饷。不少将领都以屈居宦官之下为耻，百官也参劾不断。

左右摇摆的朱由检于崇祯十三年再次自圆其说地撤回各镇内臣。十四年，下旨禁止廷臣结交内臣。十五年，又下令罢提督京营内臣。

从登基开始，监理天下兵马财权的宦官，朱由检是撤了又再派，派了又再撤，循环往复，后来弄得朝臣都已经习以为常，撤宦官不喜，再派也不惊。

果然，仅仅时隔半年，为了抵御清兵，朱由检又命太监王承恩提督勇卫营。不久，又命其督察京城防务，并命太监方正化总监保定军务。此后直至明灭，宦官的派遣再无中断。

朱由检统治的十七年中，曾经三次大规模招募宦官，使宦官的人数远超过前几代。

朱由检对宦官能为其所用非常自信。他给了宦官全力庇护的不测之恩，也给了他们动辄责罚的不测之威。因为微小的过失被杖责、监禁、罚充净军甚至处死的太监也不计其数。到他执政的后期，地方上军事不利，监军太监也会被处死。

然而，不论是不测之恩，还是不测之威，都没让宦官给朱由检带来期待中的回报。到了最后，打开京城大门迎农民军入城的正是朱由检信重的宦官。

当然，最后的最后，朱由检煤山自缢时，还有一位宦官陪在他身边。那时，朱由检绝望而愤怒地大喊："诸臣误朕，文武百官尽可杀！"他的贴身太监王承恩诚心诚意地回应："对，他们都该杀！"

第三章
虚实，复兴表层下的腐朽之笔

命苦的节俭皇帝

每位天子都声称自己是上天派来管理人间的代表，是天命所归，而朱由检不但嘴上这么说，而且心里真这么想。

据记载，朱由检登基接受群臣朝拜的时候，晴空万里却有惊雷阵阵响起，百官惊异不已，觉得是战争和灾害的预兆。然而，十七岁的朱由检反倒觉得是上苍来贺，兴奋和新奇之余，只觉得自己是天命所归。

朱由检这么觉得并不是没有由来的。

哥哥朱由校登基后，年幼的朱由检搬到勖勤宫居住。换了宫室后，朱由检夜里常梦到乌龙盘绕殿柱。他把梦告诉养母东李，东李觉得很惊异，告诉他是祥兆。

后来，朱由检在勖勤宫里玩耍，从井中打水上来，竟打到了一尾金鱼。他换了一眼井再次打水，结果又打到了一尾金鱼。当时的左右侍从都觉得吉祥异常，却也怕犯了忌讳，都不敢声张。

做了皇帝后，朱由检回想起这些吉祥的预兆，愈发觉得自己是真命天子。遗憾的是，现实中的"天意"并没有站在朱由检那一边。

明朝建立的时候，全国大约仅有六千万人口。等到了朱由检做皇帝的时候，经过两百多年的生息繁衍，全国人口已经增长到了原来的三倍还不止。人口多了，自然条件却越来越不如从前，养活不了那么多人。

别的皇帝在位期间一般会有灾年，但也会有丰年，而朱由检在位期间几乎无年不灾，寒、旱、涝、蝗、疫等样样俱全。不得不说，朱由检的皇帝命很苦。

从十四世纪开始，中国领土范围内的气候逐渐变得寒冷，到十七世纪时寒冷到了极点。朱由检统治期间，刚好赶上所谓的"小冰河时期"中最寒冷的一段时间。那期间，即使没有灾荒的正常年份，农作物的生长期也会缩短十天以上，从而导致粮食大量减产。

比粮食减产更可怕的是大旱。灾情严重的黄河流域，连续十几年干旱，很多地方都是赤野千里，颗粒不收。

陕西延安地区从天启中叶开始连年干旱，等到了崇祯初年，灾情已经到了耸人听闻的地步。

行人司的马懋才描述这一带的灾情：八九月间乡民争相采集山间的蓬草果腹，蓬草的籽与糠皮类似，味道苦涩，吃了仅可以勉强不死。十月间，蓬草吃光了，人们就开始剥树皮吃。等到年终，树皮也剥尽了，就只能吃名叫"青叶"的石头。石头性冷味腥，吃一点就觉得饱了，但没几天就会腹胀而死。

那时的陕西境内，饿死、病死的人被拖出城外，死尸横陈，臭气熏天。延安城外有数个大坑，每坑可埋数百人，许多大坑都被塞得满满的。

然而，大旱的不只是陕西，崇祯三年至六年的四年间，河南连年大旱，野无青草，十室九空，骨肉相残，易子而食。崇祯九年以后，山西保德州几乎无岁不荒，等到十三年，粮价飞涨，斗米八钱，人相食。

福无双至，祸不单行，一边是黄河流域百年不遇的大旱，另一边则是江南地区接连不断的涝灾。江南本是富庶之地，不但有长江三角洲大谷仓，还是纺织业、盐业的中心，算得上是大明王朝的大半个钱袋子，而江浙地区从崇祯元年到十七年几乎无年不涝，有的年份还雨、雹多灾并发。

旱涝天灾又常常引起更多的灾害，如蝗灾和鼠疫。

蝗灾最初出现在陕西的渭河两岸，然后陆续向关中、河南、淮河、长江一带发展。到崇祯十三年，除江汉平原一带灾害较轻外，黄河、长江两大流域的中下游及整个华北平原都成为蝗灾的重灾区。

崇祯七、八年，鼠疫首先在山西太原府的兴县出现，史载"天行瘟疫，朝发夕死。至一夜之内，一家尽死孑遗。百姓惊逃，城为之空"。后来，鼠疫从北向南扩散。北直隶大名府因鼠疫而死的人有一半以上，河南阳武县死者十之八九，荥阳县甚至出现了"民死不隔户，三月路无人"的人间惨相。

天灾如此，人祸更甚。

很多地方官员为了自己的政绩和升迁，对灾情常常不如实上报。遇到灾荒，他们不但不设法救济，反而继续催逼税赋钱粮，追索历年积欠。每到催逼赋税时，总是差役四出，不管百姓死活。有些县，百姓交不出税，就会被带回衙门当堂催逼，穷苦百姓的血甚至能流满县衙大堂。

天灾之下，正税已经让百姓应对无暇。然而正税之外，还有各式各样的加派。

万历末年，朝廷开始在辽东用兵，接连三次增加税收，即所谓"辽饷"。辽东一直未平定，所以辽饷也就固定了下来。

另外，明朝历代的亲王都会被朝廷赐予大量的土地，即赡养田。每年需要把赡养田的地租交给王府，赡养田常常并无实指，这笔钱也就没有了具体的出处，最后只能分摊给各省各县。无论地方上负担了多少类似的额外钱粮，国家的正税也还得照旧。

这些还仅仅是官方的加派，此外还有私派。

最著名的私派就是"耗羡"。名义上是各地政府为了弥补钱粮征收转运时的损耗，实际上大多由各级官吏中饱私囊。私派比官方的加派名目更多，数量也不固定。

明朝的官吏薪俸很低，一个普通知县的月俸折合白银只有不到十两，即使是尚书之职，月俸也不到百两。可做官的花销却很大，他们需要上下应酬，需要雇用幕僚、轿夫，还需要应对不同场合的排场。

明末，读书人一旦中了进士，送喜报的人就会带着棍棒家伙进门，一面报喜一面把门窗打烂，接着就会有泥匠、木匠前来装饰一新，这叫"改换门庭"。仅这一项就不知耗费多少，真正走入仕途之后，平日里的应酬、排场更是不可胜数。

所以，做官如果不贪，连基本的开支都很难维持。

这种情况下，明朝两百多年的官场逐步形成了一套制度化的官员额外收入。比如，各州县除上缴国家正税之外，需要多交一份惯例的钱粮，补贴各级官员日用；下级官员需要每年分几次向上司进献馈赠；办理某项事务也要照例打点相关部门。这些所谓的年例、事例、馈赠，最后也都会落到百姓身上。

有这些林林总总、一致默认的惯例垫底，即便有人利欲熏心，贪贿超出常例，众人也见怪不怪，熟视无睹了。

朱由检多次跟朝臣强调要"文臣不爱钱"，要严惩贪腐，结果朝臣中只有户科给事中韩一良一个人回应了他。韩一良上疏就贪腐现象泛泛而谈，说地方官到京城朝觐一次，至少要花费白银三四千两，并且这些已经成了惯例。韩一良以他自己为例，说他不喜交际，平时所得馈赠不多，但两个月内还婉拒了五百余两的赠金，由此推知那些善于经营的人所得要不知几倍于此。

见了奏疏，朱由检打算顺藤摸瓜好好整顿一番，就给韩一良加官至右佥都御史，让他拿出个惩治贪污纳贿的办法。结果众臣得知韩一良说了几句空话，就得了个便宜御史，便不约而同地棒打出头鸟。有人上疏说韩御史忠直，整肃朝纲要雷厉风行才好，应选重犯一二从严惩治以儆效尤。

朱由检觉得很有道理，就让韩一良把奏疏中的现象据实奏报，比如哪些人进京朝觐进献给哪些人多少银两之类。

韩一良升官后还没来得及高兴，就发现自己犯了众怒，哪敢再多言一句，所以回复皇帝说："臣所奏之事多为风闻，不曾详知。"

好不容易有人谈及贪腐，朱由检不肯轻易放过，反复催问韩一良，可韩一良就是不肯说出实指之人。最后，朱由检也没有饶过他，负气地刨根问底："没有实指，让朕如何查处？且说你那五百金是何人所赠？"

韩一良被逼无奈，只好拉了几个人人喊打的阉党充数。这时，群臣又开始攻击韩一良不肯任事，最后韩一良被削职为民，灰溜溜地离开了朝堂。

即位之初，朱由检曾想狠狠地打击贪腐，澄清吏治，但这件事的阻力太大了，举朝皆贪的情况下，他连一个帮手都找不到。后来，虽不断有人因贪贿倒下，但那些不过都是政敌用来攻击的武器，真正意义上的惩治贪腐根本开展不起来。

天灾人祸，正税不免，层层加派不断，不堪重负的百姓如果不出逃就只有死路一条。可如果有人逃走，他们的赋税就要压在那些没逃的人身上，剩下的人也只能或逃或死。恶性循环之下，百姓就只能揭竿而起了。

朱由检即位的那年二月，陕西澄城的百姓不堪饥饿和知县张斗耀的逼税，用墨涂黑了脸，聚众起义。饥民中有人大喊："谁敢杀狗知县？"众人齐声高喊："我敢！"然后就蜂拥着闯入县衙，把张斗耀乱棍打死了。

已无生门，谁还畏死？澄城暴动引爆了农民绝望与愤怒的火药桶，西北各地纷纷燃起起义的焰火。

崇祯元年冬，西安府白水县王二聚集逃兵暴动，抢掠了蒲城县的孝童镇和韩城县的淄川镇。几乎是同时，延安府府谷的王嘉胤、宜川的王左挂、安塞的高迎祥，巩昌府成县、两当的王大梁聚众而起。他们攻城略地，力量迅速发展壮大。

农民军起义风起云涌之时，陕西的地方官怕朝廷追究责任，还想隐瞒不报。崇祯元年的陕西巡抚胡廷宴，接到州县上报的民变事件，就把上报之人训斥一顿，并告诉他们不要大惊小怪："不过是些饥民，等明年春天地里长出新的庄稼，他们自然就安定了。"

不明情况的朱由检在京城正把精力集中在辽东战场，深感国库困顿，带头厉行节约。除了例行的衣食住行要节俭外，朱由检竭尽全力地去盘算所有他能考虑到的细节。

按照惯例，每年端午节皇帝要送给朝臣每人一把扇子消暑。朱由检即位后，觉得这是不必要的开支，就给减免了。

明朝的士大夫都习惯宽袍大袖，但朱由检觉得这样太过浪费布料，下令更改袍服的定式，大袖一律只留一尺五寸，让天下人共同遵行。

实际上，哪怕朱由检再精打细算，整个皇宫连宫女、太监在内的几万人开支也是相当巨大的。朱由检自以为熟悉民间物价，但所有的东西进入皇宫都会层层加价，花费惊人。

有一次，朱由检突然想要吃宫外市面上卖的元宵，派人出宫去买，采买的太监回来报账说要一两银子一碗。朱由检虽然同意原价报销，但同时也告诉采买的太监，当年在信王府的时候，一碗元宵只要三十文。采买的太监被吓出一身冷汗，可朱由检不知道的是，即使三十文一碗元宵，也大大超出市价了。

类似的事情有很多。再比如，袁贵妃添置了一个紫檀木纱橱，管事太监报价白银七百两，大约是市价的几十倍。但那管事太监本来要一千两，是他想方设法才省了三百两，求袁贵妃不要告诉皇帝真实价格，否则皇帝让他再用七百两去做一个可就做不出来了。后来，朱由检见到纱橱，果然问起了价格，袁贵妃说是一千两。朱由检仔细看了看，说："很值！前些天皇后也花一千两做了个纱橱，还不如这个精细。"

从实际效果来看，朱由检那些细枝末节的节约办法，丝毫起不到减轻百姓负担的作用。

随着西北的农民军越闹越凶，地方官想瞒也瞒不过去了，命苦的朱由检只好被形势逼着开始严肃地对待这些民变。

捉襟见肘的朝廷

澄城暴动之后，各地的起义力量越来越壮大，渐渐地，加入农民军的不仅有受灾地区的饥民，还有驿卒和逃兵。

朱由检登基的时候，国库非常空虚。早在万历年间的三大征战之时，国库就耗费一空。后来天启年间，辽东战场一直用兵，西南又有土司叛乱，再加上几位皇帝修建陵寝和重建三大殿，国库一致处于左绌右支的状态。

那时，明朝一年包括各项土地税、盐税、关税等在内的正税收入不到一千五百万两，而军费一项的支出就超过了这个数字。除了庞大的军费开支之外，国家财政收入还需要负担皇家的宫廷开支、巨额的宗室赡养费用和官僚行政费用。国库入不敷出的状况，让朱由检君臣不得不绞尽脑汁节省开支。

崇祯二年，刑科给事中刘懋建议对全国的驿站进行整顿，他认为这项工作每年可以节省几十万两白银。节省花费是朱由检最愿意听到的建议，他立刻改任刘懋为兵科左给事中来主持整顿驿站。

明朝的驿站正常应该担负文件传递、军情传达、更换马匹、货物转运等任务，可到了明末，驿站已经变成了豪华的官方招待所。

明末的大部分驿站都拥有二进甚至三进的院子，居住环境非常好，可以同时接待几十个宾客。驿站不但可以提供住宿，还可以供应车马，许多驿站都备有马匹、装行李的大车、拉车的牛等。由于驿站提供的服务项目较多，稍微大一点的驿站就会有上百名驿卒来做杂役。

此外，驿站还有一项功能，就是为过往的办差官员提供差旅费用。办差的官员使用驿站不但分文不取，还可以借着报销差旅费用的机会向驿站索要钱财。

驿站遍布全国的交通要道，提供的服务又优质方便，时间一久，不办差的官员甚至官员的亲戚朋友也都把驿站当作免费的招待场所。

管理驿站的驿丞职位很低，一方面不敢随便得罪往来的人员，另一方面也借着招待之机捞取好处。负责驿站开支的地方官员虽然大呼头疼，却也没什么好的办法，只能把费用再压到百姓身上。

明末，驿站的费用逐年升高，确实有整顿的必要。但是，驿站的腐化混乱问题是个系统问题，绝不是行几个公文，敷衍地查报一下账目就能解决的。然而，刘懋在皇帝那里已经夸下了海口，只能硬着头皮去做。

最后，整顿驿站变成了简单粗暴的裁撤驿站和驿卒。经过刘懋的裁撤，全国上下撤掉了三成驿站，裁掉了六成驿卒，共计可节省白银六十八万多两。省下来的经费用作军饷不过杯水车薪，而带来的后果却严重得让人追悔莫及。

一者，大量驿站的裁撤让全国的信息传递效率大打折扣。遵化距京城不过四百里，通常情况下快马加鞭不用一日就可抵达。那年的年底，后金军入侵，遵化被攻陷，京城的大臣却要等两天才能收到遵化失陷的战报。

再者，大量驿卒被裁，仅甘肃和陕西两省就有几万驿卒失业。他们原来靠着驿站微薄的薪俸勉强度日，被裁后衣食无着，又遇灾荒，不少人就此加入了起义的队伍。

驿卒虽然地位卑微，工作繁杂，但在驿站毕竟迎来送往，见多识广。他们被裁后加入农民军，很快就成了组织者和领导者。裁撤驿站竟然带来了如此严重的后果，这是朱由检当初无论如何也预料不到的。

除了裁撤的驿卒，加入起义队伍的还有逃兵。

明初的边军多是卫军，在边境靠屯田自给自足。后来，边军常被朝中的权贵征用耕种私田，屯田的粮食少了，月粮又被军吏克扣，军士无法生活，只能靠贩卖军衣武器度日，等到再难以为继时就只能逃亡了。

逃亡的军士不敢回原籍，那样就还会被抓回边境。他们只能四处逃散，沦为"流寇"。

早在朱由检登基之前，卫军逃亡者就有十之八九，朝廷早已无军可用。凡有战事，只好另外募集兵士。募来的兵大多没有经过严格的训练，兵饷又常常不能按时发放，他们要么哗变，要么也和边军一样逃亡。

万历末年，陕西各地赶赴辽东作战的部队在战场溃败后逃回西北，各地的军官把这些败兵看作破坏的力量，四处剿杀。这些败兵后来多数也加入了农民军的队伍。

　　崇祯三年，自西北赶赴京城勤王的队伍又有两支发生哗变。一支由延绥巡抚张梦鲸率领，半路上士兵不满长官克扣军粮，全体开了小差逃回陕西。张梦鲸又惊又吓，竟死在了路上。另一支哗变的部队是由甘肃巡抚梅之焕统率，他们出发得晚，路上不断催逼士兵赶路。士兵苦不堪言，就聚众杀了参将孙怀忠等人，抢了饷银，返回驻地。这些人当中也有不少人加入了农民军。

　　农民以种地为生，一辈子与土地打交道，不会舞枪弄棒，见识也有限，聚在一起几乎没什么战斗力。最初的澄城暴动，成百上千的农民乱哄哄地挤进县衙也不过打死个知县。等到驿卒以及各类逃兵加入农民军，情况就明显不同了。再不济的兵也会用刀枪，更何况他们中有不少人知兵善战，又对明军的虚实很了解，很懂得扬长避短与明军周旋。

　　逃兵与驿卒的加入大大地提高了农民军的作战能力。他们中最著名的就是陕西米脂的李自成，十几年后，他将带着人马一路攻到京城，在部下的簇拥下以主人的姿态进入大明的都城。

　　天灾人祸产生了大量饥饿的灾民，捉襟见肘的朝廷又把逃兵和驿卒赶入他们的队伍，所以崇祯朝的民变很快就有了燎原之势。崇祯元年，白水县的王二攻破宜君县城后，府谷的王嘉胤率领的杨六、不沾泥张存孟部会合，人数达五六千人，聚集在延安、庆阳一带。高迎祥在汉川打出了"闯王"的旗号，王自用、混天王起义于延川；点灯子赵胜起义于清涧。

　　看到民变无法继续隐瞒，崇祯二年正月陕西巡抚胡廷宴、延绥巡抚岳和声奏报称洛川、淳化、三水、略阳、清水、韩城、宜君、中部、石泉、宜川、绥德、葭州、耀州、静宁、潼关、阳平关、金锁关等处，"流贼恣掠"。陕西全境几乎无一幸免。

　　三月，年过七旬的陕西三边总督武之望，面对这种纷繁复杂、进退维谷的局面，忧惧成疾，最后竟在总督府自杀了。

　　一年前，武之望以"谙练边事，猷略过人"出任都察院右都御史兼兵部侍郎，总督陕西三边军务。本来武之望治军素有威望，但在朝廷的层层加派苛索之下，民不聊生，军中粮饷也难维持，一片怨愤之下，他也一筹莫展。武之望上任当年年底，总督府所在的固原竟然发生兵变。哗变的士卒劫走州库财物，转攻泾阳、富平、三原。武之望忧愤难当之下，才起了赴死之心。

　　朱由检得知后，不得不开始重视陕西的民变，而接任武之望的人选一时间还无法确定。一方面所有人都知道此事是烫手的山芋，没人愿意请命上任；另一方面良将难寻，朱由检也犹豫不决。

后来，吏部推举了一人，左副都御史杨鹤。

杨鹤并不懂军事，吏部推举他简直等于让他去送死，这个做法可谓相当不友好。然而，杨鹤并没有推辞。他曾经被魏忠贤排挤出了朝堂，是当今皇帝重新启用了他。皇帝对他有恩，所以在皇帝需要的时候他只能义无反顾。

朱由检在文华殿郑重地召见杨鹤，问他平乱的方法。杨鹤表示自己虽不知兵，但为了报答皇帝的知遇之恩，到任后会"清慎自持，抚恤将卒"。杨鹤知恩图报的想法让朱由检有些感动，但真正让他下定决心的是派杨鹤去陕西最省钱省事儿，因为杨鹤什么要求都没提，既没要兵将也没要粮饷。

杨鹤很幸运，到任后不久就发现了个厉害的下属，都粮参政洪承畴。农民军王左挂、苗美率兵进攻韩城。杨鹤手中无将，情急之下，令当时还是参政的洪承畴领兵出战。洪承畴斩杀敌兵三百人，解了韩城之围，顿时名声大噪。杨鹤见洪承畴果决干练，此后就派他主持剿杀农民军。洪承畴取得了不少胜利，非常迅速地被提拔成延绥巡抚，主管陕北地区军政。

农民军四处流动作战，洪承畴和其他几位巡抚带着将士东挡西杀，疲于奔命，虽常常有捷报传出，但饥民和溃兵源源不断地加入，农民军大有越剿越多的趋势。崇祯二年底，京师告急，延绥、宁夏、甘肃、固原、临洮五镇的兵马奉诏勤王，杨鹤更感手中的兵力不足。

崇祯三年，农民军起义的范围已经扩大到陕西全境、甘肃东部和山西西部，大大小小的起义队伍有几十支，人数已多达十万。农民军大致可以分为东西两路。

东路的著名首领有王嘉胤、罗汝才、蝎子块等人，主要活动在黄河以东的山西西部各县。王嘉胤率领的队伍已经扩展到三万余人，后来有名的领袖"闯王"高迎祥、"闯将"李自成、"八大王"张献忠都曾是王嘉胤的部下。

西路最大的一支是神一元、神一魁领导的农民军。神一元从辽阳军中逃回延西一带后，率三千饥饿的边兵起事，连续攻克新安边、宁寨营、柳树涧三堡，占领保安县。后来，神一元战死，他的弟弟神一魁继续做首领，主要活动在延安、庆阳一带。

剿不胜剿，杨鹤从崇祯三年开始就尝试招抚的政策。在陕北，杨鹤先后招降了王虎、小红狼、一丈青、掠地虎、混江龙等农民首领，给他们发放了免死文书。有免死文书的保证，农民军一度接受招降很踊跃，连早期起事比较有名的王左挂都在绥德受降了。

然而，受招抚的农民军免罪回乡后，面临的是和起事前一样的境地，灾荒、正税、加派一样都不少，要想活命就只能再度起事。所以，杨鹤的招抚策略执行起来就形成了"旋抚旋叛"的局面。

招抚，只有落到实处才能从根本上解决问题。于是，崇祯四年正月，杨鹤正式上疏提出"以抚为主、以剿为辅"的主张，并向朝廷申请专项的招抚钱粮。

杨鹤用实际的经验跟朱由检分析，调军围剿同样需要大批的粮饷，但用于围剿的钱粮一去不回，斩杀太多又伤国家的元气。但是，如果把钱粮用于招抚，让农民军得到实在的救济和安置，解散回乡后发给他们种子农具，使其能够生存，就可以"盗息民安"了。

其实，在杨鹤正式上疏之前，朝中也有人主张赈济灾民，平息内乱。兵部司郎中李继贞就曾上疏建议朝廷用数十万金救活数十万生灵。他说这将是国家的无上福德，数十万生灵重新恢复农桑故业，又会给国家带来不止数十万金的税赋。建议虽好，但捉襟见肘的朝廷根本拿不出这数十万金，朱由检只好作罢。

如今，杨鹤又提出以抚为主，切实赈济，让朱由检不得不深思。另外，一时间朱由检也实在没有办法调集更多的军队，筹集更多的粮饷去西北继续征剿。

朱由检决定支持杨鹤的招抚赈济策略，但国库实在拿不出更多的钱粮，他只好咬牙从内帑中拨付十万两白银。他对所有大臣说："这些贼寇原本也是朕的子民，应当招抚，不必赶尽杀绝。"

随后，朱由检还号召大臣们一起捐助钱粮。但是，最富有的皇帝才拿出区区十万两，大臣们自然也就都随便捐助些，做做样子。最后，藩王以下大臣总计才捐助了五万两白银和两万石粮食。

朱由检封御史吴甡巡按陕西，让他押运着这些钱粮去招抚流寇，赈济灾民。

有了皇帝的支持，有了钱粮，看起来杨鹤很快就可以完成招抚任务了。可实际上，远远没有这么简单。

杨鹤提出招抚政策时，朝中就有不少人反对，他们坚持只能以剿灭为主。一方面，他们清楚朝廷根本拿不出足够的钱粮来安抚赈济灾民；另一方面，他们也觉得灾民既成流寇，性难再驯，不能再留。

细想一下，主剿派的观点也不无道理。

首先，从人性的角度来看，受压抑的个性一旦得到释放就很难再蜷缩回去。饥民既然已经被逼得拿起刀了，想让他们再放下就难了。原来他们为了活下去，即便是打碎了牙和血吞，也要忍受朝廷的层层压榨。如今，他们已经不顾生死，通过烧杀掠抢吃饱了肚子，再让他们回去安分地受压榨，每天挣扎在生死线上，是难于登天的。对主剿派来说，不能交粮纳税的暴民，留着也没有任何用处。

其次，主剿派的想法很现实，一星半点的招抚金根本不够用。陕西灾后米贵，斗米八钱，即便十万两银子全部拿来买粮，还不够十万农民军吃两个月，更不要说后续安置赈济的费用了。国库没有钱，皇帝也不想再出更多的钱，官绅不能指望，这条路根本走不通。

尽管如此，杨鹤的招抚工作在最初的一段时间内进展得相当顺利。

崇祯四年二月，神一魁率众围攻庆阳，杨鹤兵马不足，所以派人去庆阳城外招降。几经谈判，三月初，神一魁同意接受招抚。

对这次招抚，双方都展示出了极大的热情。

神一魁先是派了几十个大大小小的头目进宁州城，在杨鹤大人的带领下去关帝庙里宣了誓，归顺朝廷，永不相负。杨鹤当即表示，民军诚心归附，朝廷绝不再追究。

为了扩大影响，杨鹤特意在宁州设置了"龙亭"举行招抚仪式。神一魁也相当配合，亲自赶到龙亭，杨鹤当众宣布其罪状后，逐条认罪。然后，杨鹤在众人前面宣布了朝廷的赦免令，授神一魁守备官职。

神一魁接受招抚后，主力部队的四千余人被安置在宁塞堡，其余部众解甲归田。

五月，吴甡初到陕西时，饥民纷纷来领赈济，杨鹤顺势招安了点灯子、满天星、上天龙、王老虎、独行狼、郝临庵等大小农民军首领，再加上之前就招抚的神一魁，陕西境内一时归于平静。

杨鹤向朝廷报喜，关中地区"转乱为治"了。

如主剿派所料，杨鹤招抚之后，就再要不出来钱粮了。他一再请旨，希望朝廷哪怕多拨付一两万两白银来安置解散的农民军，他说："如今既然奉旨招安，若没有任何赈济，农民军等于离开了死地但却不能全活。"原来拿出的十万两白银还不及宫内一年的花销，但在朱由检看来也是割掉块肉一样心疼，任凭杨鹤怎么说，也不肯再出钱了。

另外，在杨鹤招降的同时，主剿派并没有放松对各个农民军的围剿。洪承畴、曹文诏、艾万年等分兵攻打王嘉胤，王接连惨败后被杀。

回乡后的农民军发现，朝廷只免去了崇祯元年和二年的赋税，崇祯三年以后的赋税要正常缴纳。此外，朝廷又向全国增派辽饷，在每亩九厘的基础上再加三厘。

饱饭没吃几天的农民，面临的境地比起事之前更窘迫。那么，他们只好撸起袖子，拿起刀，再去拼命。

王左挂受降后被杀，王嘉胤在征战中被设计杀害，神一魁的部众惊恐，也相约重操旧业，反叛朝廷。

七月，杨鹤只好硬着头皮承认招抚策略失败，上疏说："诸贼穷饿之极，无处生活，兵至则稽首归降，兵去则抢掠如故。"

不用说，花了钱却没办好差事的杨鹤成了朱由检的泄愤对象。九月，朱由检命人将杨鹤扭解归京，准备判处死刑。

朝中没有人替杨鹤说话。

没人说两年前无人愿去西北，只有不懂兵的杨鹤义无反顾；没人说朝廷捉襟见肘，杨鹤在缺兵少将、缺粮少饷的情况下勉力支撑了两年多；也没人说杨鹤的招抚政策是获准依命而行，但用于招抚赈济的资金却远远不够。

朝中有的只是主剿派反复弹劾杨鹤主抚误国，一致等着看他的笑话。

这时，有个人站出来连上三疏，要求替杨鹤承受刑罚。别人都推卸责任对杨鹤落井下石，而这个人却不能这么做，不为别的，只因杨鹤是他的父亲。

杨鹤的儿子杨嗣昌，时任山海关兵备道。那时，他没展示出过多的才华，但在传统的儒家观念中，孝子必定是忠臣。朱由检很希望这位孝子日后成为自己的忠臣，于是看在杨嗣昌的面子上，免除杨鹤的死刑，改判遣戍江西袁州。

这次朱由检如愿了，杨嗣昌回报给他的不仅仅是平生所学，还有宝贵的生命。朱由检一生中唯一的一段君臣两不相负的情谊，便是他与杨嗣昌一同成就的。

对杨鹤的处罚标志着朱由检对农民军以招抚为主的政策告一段落。招抚不成，那就只能全力剿灭了。

叛变之后的大逆转

神一魁的旧部重新归来，王嘉胤败亡后，他的部下留下来推举王自用为首领继续抗争。降而复叛的农民军比以往更加人多势众，很快聚众二十余万，形势一片大好，但迎接他们的却是始料未及的大逆转。

杨鹤之后，接任陕西三边总督的是洪承畴。

洪承畴，福建泉州人，万历四十四年中进士。洪承畴的会试成绩很好，殿试后位列二甲第十四名。有了这样的成绩，正常情况下，洪承畴接下来的路应该是选庶吉士，入翰林院，然后积攒资历争取进入内阁。可不知道为什么，洪承畴偏偏没有当上庶吉士，而是被分配到了刑部。

洪承畴在刑部任事六年后被外派到地方，天启七年，辗转到陕西升任都粮参政。这期间，洪承畴的仕途生涯波澜不惊，如果不出意外，他在参政的位置再干几年到退休，史书上可能都留不下他的名字。

然而，意外很快就出现了。陕西民变汹涌，洪承畴开始崭露头角，在历史的舞台上浓墨重彩地登场，留下其辉煌又颇具争议的一生。

崇祯二年，杨鹤初任陕西三边总督，农民军首领王左挂率兵进攻军事重镇韩城。韩城告急，而杨鹤手上无兵也无将，情急下想起了参政洪承畴。

实际上，洪承畴也没有兵，但他有谋略和胆识。

洪承畴接到救援韩城的命令后，没讲条件也没抱怨。他召集了府中的下人和亲兵，就地招募了一些人，拿着所有可以用作武器的家什，便奔赴韩城了。

洪承畴招募的这些人，后来有个响亮的名字，叫作"洪兵"，是一个让农民军闻风丧胆的存在。

洪兵初战告捷，斩敌三百。从此，声名鹊起。

韩城一战后，洪承畴倍受杨鹤重视，多次派他带兵剿杀农民军。接连获胜后，崇祯三年六月，洪承畴被快速地提拔为延绥巡抚。

尽管很受领导重用，但并不意味着洪承畴支持以招抚为主的策略。洪承畴显然比杨鹤更实际一些。他知道钱粮是不够的，而钱粮不够招降是没意义的，所以洪承畴从来都是主剿派。

洪承畴不但主剿，还杀降。曾在韩城被打败的王左挂后来投降了，屯兵在绥德。据说王左挂要再次起兵，但没人知道真假，因为他还没来得及动手就被洪承畴与当时的延绥总兵杜文焕给设计杀了。

杜文焕一家都被农民军所害，所以与农民军有不共戴天之仇。在与洪承畴联手杀王左挂的时候，杜文焕一点都没手软，不但杀了王左挂，还杀了其手下大小头目近百人。王左挂这支农民军没了主心骨，就再也不能成事了。

当时，农民军人数众多，让很多将领心生畏惧。其实，农民军中很多人不过是为了吃饱饭才造反，所以出征的时候大多拖家带口，战斗力很弱。洪承畴就曾在奏疏中一针见血地指出：西北民变人数虽多，但老幼俱在，精壮不过十之一二，击其首便可大破之。

秉承着"击其首"的策略，王左挂是不得不杀的。同样不得不杀的还有王嘉胤。

王嘉胤最初起兵府谷，后来发展到三万多人，手下又有高迎祥、张献忠、李自成等名将，在农民军中实力仅次于神一元、神一魁兄弟。

王嘉胤是被曹文诏收拾掉的。

曹文诏，山西大同人，没读过多少书，但有勇有谋，时人称他"忠勇冠时，良将第一"。还有人说，曹文诏在陕西剿灭农民军的过程中功劳最大。

曹文诏早年在辽东从军，跟随过熊廷弼、袁崇焕、孙承宗。他战斗经验非常丰富，曾随袁崇焕入关勤王，在京城保卫战中立有战功。后来随孙承宗守遵化，击退后金大将阿敏，最终收复关内四城。

崇祯三年七月，陕西民变势大，曹文诏被封为延绥东路副总兵，带领关宁军入关进行征讨。很快，西北农民军就领教到了曹文诏的厉害，各地乡绅都在传"军中有一曹，西贼闻之心胆摇"。

但是，这一说法并不全面，良将从来都不是只有蛮勇，比如曹文诏，还很擅长使用计谋。

王嘉胤最后没有死于曹文诏的快马长矛，而是死在了曹文诏亲手筹划的计谋之下。

王嘉胤攻掠延安、庆阳后，转战山西。王嘉胤的妻弟张立位在曹文诏帐下为伍，曹文诏亲自许张立位以高官厚禄让他假投王嘉胤，然后等待合适的时机杀掉王嘉胤。就这样，张立位投到了王嘉胤那里，被封为帐前指挥。

崇祯四年四月，曹文诏进军山西阳城追击王嘉胤。曹文诏兵少，但都是惯于征战的骑兵，所以他并不急于跟王嘉胤决战，而是跟在王嘉胤的部队后面慢慢地打消耗战。王嘉胤被曹文诏追着打了两个月，队伍死伤大半，被拖得疲困不已。六月，行进到河曲县时，王嘉胤晚上醉酒熟睡帐中，张立位便与人合谋把王嘉胤杀死了。

王嘉胤死后，王自用率余部出逃，曹文诏升任临洮总兵。

随后，曹文诏还取得了一系列胜利。

追击王嘉胤余部的时候，在山西石楼县遇到抚而复叛的点灯子，曹文诏攻其不备，点灯子猝不及防下被投降的部下所杀。

那时，农民军李老柴、独行狼占据陕西中部被围，前去援助的郝临庵、刘道江恰巧遇见凯旋的曹文诏。曹文诏就同榆林参政张福臻联合围剿他们，杀死了李老柴及一条龙。

曹文诏还与左光先、崔宗荫、李国奇分别围剿绥德、宜君、清涧、米脂等地的农民军，分别在怀宁川、黑峪泉、封家沟、绵湖峪等地展开战斗，均获胜利，还斩首了扫地王。

王左挂、王嘉胤都死了，只剩下神一魁。

升任三边总督后，洪承畴的权责更大，也抓紧了对付神一魁的部署。当年年底，洪承畴请到二十万两银子的兵饷，入京勤王的五大边镇总兵也先后返回了陕西。

大概所有的帝王心中都有一份"宁可我负天下人，莫叫天下人负我"的理所当然吧。朱由检觉得自己已经极尽宽宏地赦免了那些刁民，他们就应该感恩戴德、安分守己，哪怕饿死也不该再造反。再要造反也就怪不得他这个皇帝不仁了。赈济时再多一万两白银也拿不出，而天子一怒之下，再多拿二十万两用作镇压却在所不惜。

兵马齐全，粮草充足，洪承畴命甘肃总兵杨嘉谟、固原总兵杨麒、临洮总兵曹文诏、延绥总兵王承恩、宁夏总兵贺虎臣和安边营副将张应昌率各自所辖军马对农民军全面围剿。

王承恩攻打宁塞，神一魁战败而逃，不久被部下黄友才杀害。黄友才杀神一魁后投降，但很快又叛逃了。

崇祯五年三月，农民军宁塞败后，退守环县北面的东川、西川、铁角城、芦堡镇等处，后来又攻庆阳。洪承畴从郴州赶回庆阳，曹文诏与贺虎臣随后赶到，在西濠会合，夹攻农民军。

西濠大战的时候，农民军主力还有五万余人，数量上占绝对优势，但在实力上却相去甚远。曹文诏所带的兵中，有一千关宁铁骑，每人配马两匹，不时更换，机动性强，杀伤力大，冲进农民军中，肆意砍杀，如入无人之境。

双方在西濠酣战，交锋十余次，明军追奔数十里，农民军死伤无数，史称"西濠大捷"。

神一魁死后，其部还有四位首领：红军友、李都司、杜三、杨老柴。

西濠大战时，杜三和杨老柴被曹文诏生擒。杜三和杨老柴的余部洗掠了武安监，占领华亭，又再攻打庄浪。曹文诏赶到，杀得他们四散逃往高山。

曹文诏继续追击，途中用反间计使红军友被其部下杀害。然后，追红军友余部至水落城，再败农民军。等到静宁州，全歼了这支农民军。

神一魁部下仅剩的首领李都司，想对曹文诏使用伏击战术。

那时，农民军首领满天飞、郝临庵、刘道江被王承恩打败后，退保铁角城。独行狼、李都司赶去会合，与其携手围攻合水。李都司见曹文诏前来援救，隐藏了自己的精锐部队，只让一千多农民军沿途迎战，引诱曹文诏至南原，伏兵大起。

李都司让城上的农民军大喊：曹将军已死。

这时，只见曹文诏拿着长矛，单枪匹马在万余名农民军中来回冲杀，丝毫不见败势，谣言立时不攻自破。各军看到，出兵夹击援助，农民军大败，伏尸遍野。

李都司败走，曹文诏率军追击，农民军又大败。八月，李都司逃至平凉，被洪承畴设伏斩杀。神一魁的势力便基本退出了历史舞台。

后来，洪承畴又伏擒斩杀了不沾泥张存孟。曹文诏在耀州大败独行狼、郝临庵，二人战败后又被部下所杀。

等到崇祯五年年底，陕西境内的农民军就被基本肃清了。

农民军受招抚后，不论是出于饥饿，还是出于恐惧，再次起兵不过是想更好地活下去。哪曾想遇到了洪承畴与曹文诏的必杀组合，让他们叛变后的大好形势发生了一百八十度大逆转。

　　逝者已矣，生者如斯。幸存下来的人还要应对未来的严峻挑战。

　　洪承畴带领着曹文诏等一众将领力挽狂澜，将陕西民变的燎原之火扑灭殆尽。可是，很快他们就高兴不起来了，因为幸存的农民军都跑去了他们的邻省——山西。

胜利的光却扫不尽灰暗

随着明军在陕西的剿杀越来越盛，王自用带着王嘉胤余部，号称三十六营，避开陕西、甘肃的明军主力进入山西，在晋东南开辟战场。

农民军进入山西后，受到广大贫苦百姓的欢迎，他们纷纷加入农民军队伍，给农民军补充了有生力量，三十六营很快又聚众二十万人。有个山西的乡绅感慨道："最初来到晋地的流寇都是秦人，但很快便有晋人响应他们，开始响应的晋人只占秦人十分之一，仅半年从贼的晋人数量就超过了秦人。"

三十六营中比较有名的首领有"紫金梁"王自用、"曹操"罗汝才、"八大王"张献忠、"闯塌天"刘国能、"闯王"高迎祥、"闯将"李自成、"革里眼"贺一龙等。

后来，他们中的两位将给明朝以致命的打击，即"八大王"张献忠和"闯将"李自成。

张献忠，陕西延安人，生于万历三十四年，家境贫寒。据说，他小时候随父亲到四川卖枣，把驴拴在乡绅的石坊上，因驴粪弄脏了石柱，乡绅便把他们父子毒打了一顿。张献忠那时就暗暗发誓，将来要回到那里把仗势欺人的乡绅都杀光。后来，张献忠还曾做过延安府的捕快。陕西大乱时，他加入了农民军，由于作战勇敢，又机智有谋略，很快成为一路农民军的首领，自号"西营八大王"。

李自成，陕西米脂人。也许这就是明朝的命数，李自成也出生于万历三十四年，与张献忠同年。

李自成祖上以养马为业，大明陕甘茶马交易活跃，家境还算过得去。幼时，李自成还上过几年私塾。一年秋日，有学生给教书先生送了几只肥蟹，先生便让学生们以蟹为题，赋诗一首。李自成得诗一首如下：

双蟹恰是钢叉举，八股浑如宝剑擎。

只怕钓鳌人设饵，捉将沸釜送残生。

先生看了之后，深深叹了口气说："诗倒是不错，只恐日后落得个乱臣贼子，不得善终。"

李自成少时还不以为意，可后来家道中落，只好混进米脂县的驿站当驿卒。等到崇祯二年，朝廷整顿驿站，李自成也在被裁之列，衣食无着下去当了边兵，但却依旧吃不饱肚子，最后还真应了教书先生之言，加入农民军成了"乱臣贼子"。

几经辗转，李自成在农民军中成为首领，号称"闯将"，他的队伍以纪律严明著称，逐渐成为农民军中实力最雄厚的一支。

陕西的斗争经验让这些农民军首领结成松散的联盟，他们以王自用为盟主，结束各自为战的被动局面，开始自觉地相互配合、相互支持。

农民军分三路作战，东路占据泽州、潞安，西路攻取平阳，中路进攻汾州、太原一带，让山西巡抚徐鼎臣和宣大总督张宗衡疲于应对。

其实，崇祯五年的时候，民变抚而不平，剿而逾盛，朱由检很愤怒，但没有绝望，因为他觉得"天心"还在。

那年春季，京畿地区也开始大旱，朱由检召集礼部官员安排求雨。礼部制定好仪式，算好日期，三月十九日，朱由检沐浴斋戒后，从乾清宫搬到文华殿，准备用自己的苦行感动上苍。结果，还真被朱由检撞上了大运，二十二日，京师周边普降春雨。

一场大雨，又让年轻的朱由检信心满满。随后，陕西频频传来捷报，他以为平乱指日可待。

八月，李自成率部从晋南攻入豫北，占领修武，直逼怀庆。河南巡抚樊尚璟连忙上疏求救，朱由检便派昌平副总兵左良玉带兵阻截。

左良玉出身行伍，身材高大，擅用弓箭，左右手都能射箭，百发百中。早年镇守辽东，宁远兵变时曾被免职，后又因能战善谋被孙承宗召回攻打关内四城。那时开始，左良玉渐渐崭露头角，他与曹文诏并肩作战，收复了遵化。

左良玉很受当时督管昌平的兵部右侍郎侯恂赏识，一路高升，被提拔成昌平副总兵。

左良玉带了两千昌平兵，在山西、河南边界堵截农民军，多有所获。

河南巡抚樊尚璨建议皇帝让左良玉率昌平军驻守泽州，扼守河南、山西间咽喉地段，还可以作为四周的援兵。年底，陕西内兵事渐消，洪承畴建议皇帝让曹文诏带兵入晋配合围剿。

朱由检同意了他们的建议，崇祯六年正月，命曹文诏节制秦晋诸将与山西总兵张应昌协同征剿；同时，命左良玉受樊尚璨节制，与曹文诏夹攻民军。

于是，曹文诏带兵三千向东，左良玉带兵两千向西，左右夹攻农民军。二人早年就曾并肩战斗，作战配合十分默契。在他们的夹攻下，农民军陷入了起事以来最困难的一个时期。

二月，曹文诏在霍州打响了夹击的第一战，对手是上天龙。其实，说上天龙是曹文诏的对手，对曹文诏很不公平，上天龙不过是有机会跟曹文诏对阵了一下，根本不是其对手。

曹文诏带着三千人马冲向上天龙上万人的队伍，结果万人大军一冲就垮了，上天龙被曹文诏一招毙命。

第二站，盂县。混世王的兵力是曹文诏的六倍，但是依然没用，混世王被曹文诏斩杀。

三月，曹文诏在泽州击败过天星，左良玉在畿南擒获上山虎。

四月，曹文诏接连攻击王自用部，七战七胜。王自用在武安作战受伤，随后在济源病死。农民军失去盟主，各部分散作战，数十万人向东攻入真定、沙河、大名、顺德等地。

五月，曹文诏在沁水、辽城大败农民军。农民军为躲避曹文诏，渐渐向豫北合营。高迎祥、李自成、张献忠、罗汝才、马守应等随后赶到林县。

七月，曹文诏在林县击败农民军，杀死滚地龙，全歼其部。

山西境内基本上没有农民军了，他们全都跑进了河南。但那里，有左良玉在等着他们。

然而，左良玉的仗并不好打，因为他既没兵也没饷。

没有粮饷，左良玉已经习惯了。当年，宁远军因为粮饷哗变，左良玉正出任辽东车右营都司，他为此还丢了官职。辽东是最前线，粮饷都不能按时发放，别处的军饷就更没有着落了。征剿农民军，很多时候，粮饷只能靠将领自己想办法。

兵的话，左良玉最初只带了两千昌平兵。这两千人比不得曹文诏的关宁铁骑可以以一当百，与农民军的征战中虽多次获胜，但消耗也不少。

左良玉在征剿农民军的时候，只能一边征战，一边就地招兵补充有生力量。但是，新招的兵大多不顶用，一是没有足够的时间训练，战斗力弱；二是很多当地的兵与农民军非亲即友，到了战场也并不愿意卖力。

为了支持左良玉，朱由检曾命四川副总兵邓玘和石砫土司马凤仪带兵去支援。结果当年五月，他们走到林县的时候，被往豫北合营的农民军众首领击败。左良玉势单力孤的情况仍然没有改变。

农民军汇聚豫北时，想趁着左良玉势弱将其消灭。结果，就是在这样缺兵少粮的不利情况下，左良玉与农民军四处周旋，一直没有落到下风，不少农民军甚至认为左良玉是比曹文诏更可怕的存在。

藩地在河南卫辉的潞王朱常淓见农民军活动频繁，上疏朱由检建议他对农民军重视，尽早剿灭。

九月，朱由检命京营总兵倪宠、王朴率京营禁军赶赴河南，又命昌平副总兵汤九州再率昌平兵赴豫北。

如此，倪宠、王朴的京营兵，左良玉、汤九州的昌平兵，曹文诏带的三千陕西精兵，还有河南的本地军队在武安对农民军形成合围之势。官军聚兵三万余人，第一次在数量上超过了农民军的十分之一，于是农民军连连败北，头目飞天圣、混海龙、插翅虎、黄莺子等被击杀。

十月，天气开始变得寒冷，农民军饥寒交迫，大有全军覆没的趋势，朱由检也在京城每天期待着听到农民军悉数被剿的喜讯。

然而，时间一天天过去了，十一月，朱由检却得到了农民军突围的消息。准确地说，他是先接到了农民军尽数投降的奏报，可他都没来得及确认是不是在做梦，就收到了农民军冲出包围圈的军报。转瞬间，事情又是天壤之别。那一刻，朱由检天心还在的感觉倏地消失，杳无踪迹。其实，仔细一想，一手促成这个结果的正是朱由检自己。

朱由检调派各路兵马围困农民军，这部署一度让他非常得意，可实际上却有个很致命的漏洞，即各路人马没有统一的指挥。

当时，围剿的部署一出，兵部就指出了这个问题，建议陕西三边总督洪承畴兼任提督山西、河南两省军务，连河南的乡绅也上疏如此建议，但是，朱由检没同意，他怕洪承畴手里的权力过重，不好驾驭。

有人建议曹文诏节制河南诸将，统一围剿。以曹文诏的战绩来看，如果他有统一的指挥权，农民军可能会被剿得连渣都剩不下。与不用洪承畴的理由一样，朱由检也没同意。

围剿非但没有统一的指挥，更要命的是每支军队还都有太监监军。京营禁军中有太监杨进朝、卢九德监军，曹文诏军中有陈大金、张应昌军中有阎思印，左良玉军中有谢文举，邓玘军中有孙茂霖。

这些监军太监根本不懂军事，仗着天子威势，盛气凌人，指手画脚，众将皆为之掣肘。另外，太监贪得无厌，一边肆意克扣军饷，一边又相互攀比争功，从而进一步削弱了统一行动的力量。

也该着朱由检命苦，这一年秋冬开始，辽东方面的后金军又蠢蠢欲动。不得已之下，朱由检又抽调了曹文诏去镇守大同，抽派倪宠去镇守登、莱。

眼见有覆灭的危险，农民军众首领聚在一起商量对策。他们分析京营兵虽然数量最多，装备也最精良，但京营兵中有很多勋臣贵戚之后，平日里养尊处优惯了，没什么战斗力。如果突围的话，京营兵那里是最好的突破口。

众首领商量好后，决定向王朴诈降。他们以重金贿赂王朴的陕西籍家丁，让他们在王朴跟前说农民军是诚心归降。监军太监杨进朝、卢九德正着急招降报功，也极力劝说王朴接受农民军的投降。

这事，如果放在洪承畴、曹文诏、左良玉那里，定然不会放过全歼农民军的大好机会，去陪农民军搞什么投降的把戏。没有统一的指挥，还急着邀功请赏，王朴没机会也没时间听那些征剿经验丰富的同人的意见。

十一月十九日，张妙手、闯塌天、满天飞、李自成等在武安拜会王朴、杨进朝、卢九德，表示诚心归降。王朴限定他们十日内全部缴械，杨进朝和卢九德赶紧上疏请功，同时，通知各部不得同农民军作战。

诈降的首领们借着集结队伍、交出武器的机会，重金向官军购买衣帽鞋靴，并渐渐向黄河岸边移动。

二十四日，诈降的农民军来到黄河两岸相距最狭窄的一段。这里向来水流湍急，从不结冰，但是那年却一反常态，冰冻如石。当天，农民军趁官军防备松懈，踏冰渡河，随后接连攻陷渑池、伊阳、卢氏三县，冲出了明军的包围圈。

　　洪承畴、曹文诏、左良玉等人这一阶段对农民军的剿杀以失败告终。

　　大明已经烂到了骨子里，不论洪承畴带来的战局逆转，还是曹文诏、左良玉的连战连胜，这些胜利之光都已扫不尽大明的灰暗。

　　朱由检做皇帝的十七年中，如果说有机会彻底剿灭农民军，这绝对算得上是第一次。

　　黄河结冰、后金入侵等不幸都让命苦的朱由检赶上了，他不由得沉浸在失去良机的痛苦中。但是，眷顾他的上天很快就给了他第二次机会。

李自成离去的身影

农民军渡过黄河，冲出明军的包围圈后，如鱼入海，瞬间遍布中原腹地。

河南自崇祯三年起连年大旱，庄稼歉收，很多地方的草根树皮都被吃光了，饿殍遍野。但是，过去几年农民军并未在河南境内大范围活动，所以河南一直还被朝廷作为赋税重地不停地增收加派。

有人形容河南当时的情形："黄埃赤地，乡乡几断人烟；白骨青磷，夜夜常闻鬼哭。触耳有风鹤之声，满目皆荒惨之色。"在这种情况下，农民军一进河南腹地，立即受到饥民的热烈欢迎，他们纷纷加入农民军，使农民军的队伍迅速恢复壮大。

河南是名副其实的中原腹地，承平已久，不经战事，军事力量反倒相对薄弱。农民军大肆进入河南后，明军追赶不及，让农民军如入无人之境。也恰恰因为河南的中原腹地位置，毗邻两京五省，军事地位十分重要，河南不保则天下大乱。

朱由检接到农民军突围的消息，随即处置了王朴，急命各部合力追击，也下严旨督促沿途各级官员积极堵截防御。

农民军继续采取回避明军精锐的办法，分别向几个方向转战：

一是向南，经信阳、南阳进入湖广，进逼襄阳、应山等地。但湖广的明军防守严密，农民军并未取得任何大的胜利。不久后，农民军在明军的压力下沿长江北岸山区入川，一度还曾攻下夔州府，后来流转于川、楚、陕三省交界的崇山之中。

一是向西南，经内乡、淅川进入湖广的郧阳一带，先后攻克六座县城。后来，在官军的追击下，在汉中、川北等地流动作战。

还有一路向西，经卢氏进入陕西的商州、洛南地区，一度进入汉中，还曾攻下洵阳等县，后来被洪承畴率军逼入豫、陕两省交界的商洛山区。

农民军四处流动作战，活动范围遍及陕西、山西、河南、湖广、四川等地，也鉴于上次围剿失败的经历，朝臣建议朱由检设置五省总督的新官位，开府选将，统一围剿农民军。

朱由检内心并不赞成这个办法，那时辽东战场局势紧张，情况特殊，总督也不过督管五地，事权不过一省，而督管五省，他还没给过谁这么大的权责。

踌躇了半天，农民军越闹越凶，朱由检也没有别的办法，只好同意了朝臣的建议，添设五省总督一职。但是，五省总督的人选，朱由检没用朝臣一致推荐的陕西三边总督洪承畴，而是选用了延绥巡抚陈奇瑜。

陈奇瑜，万历四十四年中进士，初任洛阳知县，后任礼科给事中、户科左给事中，出任陕西副使，又升为右参政，守南阳。陈奇瑜在任上政绩卓著，颇懂用兵，引起朱由检的关注，崇祯五年升为右佥都御史出任延绥巡抚。

曾经在洪承畴等人的努力下，陕西的大股农民军基本被肃清，然后官军的主力就去山西继续作战，而留守陕西的延绥巡抚陈奇瑜手下仅剩了两千多人马。那时，陕西的小股农民军仍然此起彼伏，他们大约有三万余人。

与洪承畴一样，陈奇瑜也在陕西担任过参政一职，并且同样在缺兵少粮的情况下，对农民军比较有办法。不知道他们是否私下探讨过，反正陈奇瑜也认为除掉农民军的首领，其余党自会散去。

陈奇瑜是文官出身，很善谋划。那时，各股农民军肃清殆尽，仅剩了钻天哨、开山斧占据永宁关。

永宁前有山川阻断，下有黄河天险，易守难攻。陈奇瑜认为此地不能硬攻，就暗中挑选精锐士兵，佯做应召向西远征，然后策马向东悄悄入山。农民军没有料到官军会进山，惊慌而逃。陈奇瑜一举烧了他们的老窝，斩获一千六百多首级，两位农民军头目都被杀死。

陈奇瑜率队四处镇剿之下，捉斩了一百七十多个农民军头目及其党羽一千多人，各路小股的农民军也基本肃清了。陈奇瑜的声名顿起，威震关、陕。

所以，朱由检对陈奇瑜的赏识并非没有道理，再者，陈奇瑜善谋划，从某种意义上讲，担任统筹各路人马的五省总督也算用其所长。

这个决定让朱由检自觉英明了好久，洪承畴众望所归，权责过大会不好驾驭，而陈奇瑜才刚刚开始绽放光彩，一经重用必然对皇帝感激涕零，誓死效忠。

然而，不到一年，朱由检就会为他这个决定追悔莫及，但那是后话，陈奇瑜最初一段时间的表现还是相当令人满意的。

崇祯七年正月，陈奇瑜加兵部右侍郎衔，出任五省总督，统辖陕西、山西、河南、湖广、四川军务，统一主持剿杀农民军。

陈奇瑜受到重用，果然如朱由检预料的那样实心用事，一上任就紧锣密鼓地部署进剿事宜。

陈奇瑜先下令各部率师汇聚陕州，再挥师南下进抵均州，对农民军四面围剿。陈奇瑜命陕西巡抚练国事驻军商南，扼守农民军西北角；命郧阳巡抚卢象升驻军房县、竹山，扼守农民军正西；命河南巡抚玄默驻扎在卢氏，阻止农民军逃往东北；命湖广巡抚唐晖驻军南漳，阻止农民军逃向东南。

对农民军形成四面合围之势后，陈奇瑜与卢象升一起率领将士从竹溪谷到达平利，在乌林关、乜家沟、竹溪谷、狮子山等地多次大败农民军。接下来的四个月，陈奇瑜派人一路追击，大战几十场，农民军死伤大半。

陈奇瑜上疏汇报皇帝："楚中屡次胜利，大盗几尽。逃窜入深山者，以乡兵引路遍搜岩穴，楚中可渐归于安宁。"

陈奇瑜表现不俗，说明朱由检用人得当，朱由检很高兴，立即对其嘉奖慰劳。

那时，李自成、张献忠等已被迫向西回到陕西，随即陈奇瑜又充分发挥其谋划的特长，准备把农民军逼入陕南一隅，然后彻底剿灭。

陈奇瑜派遣游击唐通防守汉中，保护藩王；派参将贺人龙、刘迁、夏镐扼守略阳、沔县，防止农民军西逃；派遣副将杨正芳、余世任扼守襄城，防止农民军北逃；陈奇瑜亲自率领副将杨化麟、柳国镇驻扎在洋县，防止农民军东逃；又命令练国事、卢象升、玄默各守要害，防止农民军逃窜。

六月，农民军在官军四面围堵之下，被逼入了陕南兴安县的车厢峡。

车厢峡四面山石陡峭，峡谷长几十里，其内通道极狭窄，曾被用作栈道，地势险要，易进难出。

农民军一入峡谷，即被官军以垒石封住了去路，被困在了谷内。官军或纵火烧林，或从山顶投石，农民军损失惨重。偏巧又赶上大雨连绵两个多月不止，农民军丢盔弃甲，人困马乏，死伤过半。

如果要全部消灭农民军，这便是上天赐予朱由检的第二次机会。这时，只要官军进逼，农民军顷刻间便会全军覆没。

可遗憾的是，历史再度重演。

那时，张献忠、李自成、张妙手等大头目都被困在峡谷内，走投无路下，他们再次使出了诈降的老招数。

同样，李自成等人用重金贿赂了陈奇瑜身边的诸位将领，假装求降。

陈奇瑜善谋不假，但自古成大事者，更需要决断。而决断，恰恰是陈奇瑜所缺乏的。所以，离胜利只有一步之遥的时候，不再需要谋算，只需要下定决心、一往无前的最后时刻，陈奇瑜却犹豫了。

他觉得农民军所剩残部还有近五万人，如果张献忠等做困兽之斗，未必不能死地逃生，那样他将没办法跟皇帝交代；再者，他以为农民军是绝境求生，真心投降。所以，好一番踌躇后，陈奇瑜表示接受投降。

当时，陕西巡按御史傅永淳便极力反对陈奇瑜的决定。他痛哭流涕地劝陈奇瑜说："贼众数万，即便招安，又如何安置？贼多降而复叛，他日天晴出栈道，再叛逃西去，想再歼灭或是招抚他们就难了。"

陈奇瑜再三权衡后，还是决定上奏朝廷，建议招抚。当时的兵部尚书张凤翼表示赞同，朱由检也想尽快把事情了结，所以就同意了陈奇瑜的奏报，决定对农民军实行招抚。

有了皇帝的批准，陈奇瑜放心地对农民军进行招抚。在他的安排下，近五万农民军依次有序地走出狭长的栈道，每一百人派一个安抚官护送他们回乡务农。陈奇瑜下令，沿途的州县不得阻截农民军，还要拿出粮草供应他们。

一路上，安抚官对农民军加以慰劳，没有衣装盔甲的赠衣配甲，弓矢锈坏的给换上新弓配齐箭矢，连日饥饿的皆使之酒足饭饱。诈降的农民军与护送他们的安抚官揖让欢饮，易马而乘，抵足而眠。

然而，一出栈道，走到了开阔地带，脱离了险境，农民军就把护送他们的安抚官尽数杀光。他们会合其他农民军，接连攻克麟游、永寿、灵台、崇信、白水、泾州等地，瞬间又聚众至二十万，关中大震。

事已至此，陈奇瑜再次发挥了他多谋的特长。

陈奇瑜只字不提自己失策，而是把罪名推到陕西巡抚练国事和宝鸡知县李嘉彦等人身上。

当初，练国事深恐农民军投降有诈，派杨麟率兵驻扎宝鸡县以备不测。农民军刚刚反叛来到宝鸡时，想哄骗驻军打开城门。李嘉彦先是只许三十六人登城，让守城的士兵用绳索拉他们上去后，又下令将这三十六人全部捆绑杀害。其余农民军进犯宝鸡，也被李嘉彦和杨麟等挫败。

陈奇瑜就弹劾李嘉彦杀降激变，练国事阻挠招抚。招抚是朱由检批准的，现在事败正愁颜面挂不住，陈奇瑜的奏章刚好让他有个台阶下。于是，朱由检不由分说就下旨逮捕了练国事、李嘉彦等所谓有碍招抚的官绅百姓五十多人。

但是，事实不是用计谋就能简单掩盖的。不久，傅永淳和给事中顾国宝弹劾陈奇瑜贻误封疆大事，随后弹劾陈奇瑜的奏疏不绝如缕，朱由检综合各方信息，恍然大悟，再也顾不了自己的颜面，当年十一月，将陈奇瑜免职下狱。

车厢峡之后，李自成的名声大显，他所率领的那支队伍也成了众多农民军中最强大的一支。

与陈奇瑜能谋不善断不同，李自成内心坚毅，一旦决断便能坚持到底。大大小小的农民军头领，在起事的路上投降的数都数不清，而投降的人中没有李自成，他从没打算过投降。

当年，李自成家道中落，又被驿站裁撤，曾向同乡姓艾的公子举债，而那艾公子上门逼债不成，就将李自成一顿痛打，害得李自成险些丢了性命。后来，李自成逃出米脂，加入农民军。那时，他就下定决心，要靠自己的力量闯出一片天地。

那之后，李自成投奔了著名的头领王左挂。李自成曾在驿站养马，所以善骑射，进而被选为王左挂旗下的八队队长，有了"闯将"的称号。王左挂韩城战败后投降了，李自成没投降，他带着自己的那一队人投靠了不沾泥张存孟。

后来，张存孟也投降了，李自成依然没投降，带着人投奔了闯王高迎祥。再后来，不论是被王朴包围还是被陈奇瑜包围，李自成都没有投降，他只不过是想个办法离开。

崇祯二年，李自成离开驿站。

崇祯三年，李自成离开王左挂。

崇祯四年，李自成离开张存孟。

崇祯六年，李自成离开王朴的包围圈。

崇祯七年，李自成离开陈奇瑜的包围圈。

他每次离去的身影中总蕴藏着更强大的转身，这次离开车厢峡也一样。如果说前几次他离去可能还无关紧要，那么这次离开则不同。

离开车厢峡后，他开始成为朱由检最致命的敌人。

第四章

忠奸，誓死护国的『通敌罪臣』

"战神"袁崇焕

没人生下来就是伟人，袁崇焕当然一开始也不是"战神"。

年轻的时候，袁崇焕非但不是战神，他的经历还略微有些曲折。

袁崇焕的祖父到广西做生意，后来在藤县落了脚，所以袁崇焕自小便在广西读书。那个时候，广西整体的教育水平是相当落后的，很少有人能考中进士。袁崇焕算是他们中的佼佼者，二十三岁便考中了举人。

但在那之后，在全国水平较量的会试中，袁崇焕便屡考屡不中，一直考到了三十五岁才中进士，还是名列三甲第四十名（加上一甲和二甲的进士他刚名列一百一十名）。按照袁崇焕的成绩，选庶吉士进翰林院再进内阁的这条路肯定没戏。实际上，他在京城足足等了一年，才被吏部派去福建邵武出任知县。

出任知县的那一年，袁崇焕已经三十六岁了。按那时的人均寿命算，人生已过大半，很多人可能会听天由命不再进取，但是袁崇焕没有。一直以来，袁崇焕对兵法都很感兴趣，他时常觉得自己有镇守边关的才能，缺的只是一个适当的机会。

有些人似乎为战场而生，比如袁崇焕，他似乎一直在为走上前线做着准备。

袁崇焕赴任的那个山区县城并无大事，所以他这个知县在任上也颇有闲暇。得空，他便与人谈论兵法。遇见退伍的老兵，就向他们询问边塞上的事情，所以袁崇焕对边塞的状况比较了解。

三年后进京述职的时候，袁崇焕与御史侯恂谈话期间不经意地流露出他对边塞的了解以及对守边的渴望，于是，他的人生出现了转折，期待中的机会也将很快到来。

按照惯例，袁崇焕会被派回福建继续出任地方官，但由于侯恂的推荐，他被破格提拔成了六品的兵部职方司主事。

那是天启二年，广宁被后金军攻陷，朝廷要再派人镇守山海关。袁崇焕得知后，立即只身前往关外查看地形。回京后，他上疏称："只要有足够的兵马钱粮，我一个人就可以镇守山海关。"

朝廷正愁不知派谁去，见袁崇焕请命十分高兴，破格提拔他为兵备佥事，督关外军，拨帑金二十万，让其招兵买马。

一直想镇守边关的袁崇焕终于如愿以偿地来到了辽东战场。

明朝在辽东战场自萨尔浒战败后，派熊廷弼为辽东经略。熊廷弼主张以守为战，采用积极防御的策略。但是，那时的内阁首辅方从哲却想主动出击以尽快扭转辽东战局，所以朝廷用袁应泰换下了熊廷弼。

袁应泰并不懂军事，接连丢了沈阳、辽阳两个军事重地，让明朝在辽东地区变得更加被动，袁应泰也因此自缢谢罪。

熊廷弼再次被启用，但那时辽东的大部分军权掌握在了辽东巡抚王化贞的手中。与熊廷弼主张的积极防御不同，王化贞一直赞成主动出击，二人因战略观点不同而矛盾重重，所以辽东地区出现了"经抚不和"的局面。

等王化贞在平西堡、广宁失利后，再提出坚守宁远防线的时候，熊廷弼并不配合。熊廷弼以"事已不可为"的理由，带着所有军民放弃了整个辽东，撤回到山海关内。

朝廷震怒，熊廷弼和王化贞接连被免职下狱。天启二年三月，兵部侍郎王在晋官加兵部尚书兼右副都御史衔经略辽东。袁崇焕就是在这个时候来到了辽东战场。

王在晋赶赴辽东后，兢兢业业地侦察地形，思量军事部署。不久，他提出了一个防御方案，即在山海关外八里处的八里堡再建一座防御工事来保卫山海关。

王在晋认为山海关非常重要，一旦被攻克，京城便无险可守，唾手可得。一说到危及京城，天启皇帝和他的内阁都高度重视，立刻同意了王在晋的防御方案。

这时，袁崇焕已经对山海关相当熟悉了，他确认王在晋的方案不仅是错误的，更是愚蠢的。他立刻上疏说："如果这样做，不但山海关守不住了，京城也很快就会被攻陷，大明就要亡国了。"

袁崇焕说得更严重，天启皇帝和内阁都拿不定主意了。这时，一个对袁崇焕、对大明至关重要的人便出场了。

这个人便是孙承宗。

说他对大明重要，因为《明史》中给他的评价是："夫攻不足者，守有余。度彼之才，恢复固未易言，令专任之，犹足以慎固封守。"即放心任用他的话，大明可保安全无危。

说他对袁崇焕重要，因为没有他，就不会有后来的"战神"袁崇焕。

与袁崇焕相同的是，孙承宗也对军事有着浓厚兴趣，也喜欢和边关老兵、军官交谈，了解边关防务的事情。

与袁崇焕不同的是，孙承宗的智商和情商都更高一些，凡事看得更通透，把握的度也更恰到好处。所以，他们二人最后的结局会有很大不同，孙承宗死得其所，而袁崇焕则是含冤待雪，当然这是后话。

孙承宗早年游学，并未科考，等他下决心，一考便中榜眼。后来他被选入朱常洛的侍讲班子，身上自然也有东林色彩，然而在处理梃击案时却颇有政治智慧。当时的东林党人想借着案子大做文章，孙承宗见皇帝和太子都不想深究，便审时度势地向大学士吴道南建议："事关东宫，不能放任不理，但事情又涉及后宫，也不能追查得太彻底。庞保、刘成等要追查到底，其他人则不宜牵扯太多，适可而止。"

后来，东林党人接连倒下了，而孙承宗却一直安然无恙。喜欢做木匠工作的朱由校对学习虽不感兴趣，但对孙承宗却始终待之以师礼，非常信赖。

辽东的防御问题，出现王在晋与袁崇焕两种不同的声音时，朱由校便来征询孙承宗的意见。孙承宗没有轻易决断，他提出要亲自到辽东考察，然后再做判断。

朱由校很高兴，让孙承宗以兵部尚书兼东阁大学士衔巡查辽东，同时加封他为太子太保，赏赐蟒袍、银币等财物。

等孙承宗到了山海关，考察一番，发现王在晋的方案简直愚不可及，便找他来诘问。于是，有了那段史书上非常经典的对话。

孙承宗问："新城修筑好以后，是要将旧城的四万兵马移来驻守吗？"

王在晋答："不是，应该另外调来四万军士来守。"

孙承宗说："这样一来，方圆八里内就有八万兵了。"

王在晋答："是的。"

孙承宗怒了，说："在八里内修筑两所关城，新城后面就是旧城，旧城前面埋的地雷是用来对付敌人的，还是用来对付自己新兵的？新城可以守的话，还用得着旧城吗？新城要是不能守，四万守兵败退至旧城之下，你是打算开启关门放他们进来，还是紧闭关门任他们被敌人消灭？"

王在晋说:"不用开关门,关外还有三道关可以进入。"

孙承宗说:"如果这样的话,敌人兵临城下,士兵逃跑,哪里还用得上两道关城?"

王在晋说:"准备在山上建三座营寨,防止士兵溃逃。"

孙承宗说:"兵还没败,就修筑营寨等待他们,你这是在教士兵逃跑吗?况且逃跑的士兵可以进来,敌人也可以尾随他们进来。你现在不想着恢复国土,只想着在这闭关自守,京城还有安宁之日吗?"

王在晋无话可说。在孙承宗的建议下,他很快被免职,改任南京兵部尚书。

辽东的局面让孙承宗很忧心,于是他自请督师辽东。他从国库带了八十万两白银,亲自来到辽东,整顿军务,镇守边关。

孙承宗到任后,没有忘记那个最初强烈反对王在晋所提方案的人。他把袁崇焕找来,问:"你觉得八里堡不能守,那应该守哪里?"

袁崇焕毫不犹豫地答:"宁远!"

从此,孙承宗把袁崇焕带了身边。

那一年,孙承宗已经六十岁了,他找到了可以接替自己的人选,准备为国家好好培养他。

孙承宗把修复宁远城的任务交给袁崇焕,同时,要袁崇焕训练出一支能打胜仗的队伍。

那时,关东名义上有兵额七万,但孙承宗阅兵后发现军队纪律松弛,冒领军饷的情况严重,实际在伍人数不及册上兵额的十分之一。于是,孙承宗大刀阔斧地革去失职的将领,遣散老弱的疲兵,在难民中重新招募了七千精壮。

关内的老兵油子来到辽东不过是应差领饷,等真正到了战场上却并不卖力。而辽东的难民则不同,他们在后金兵的肆虐下失去了家园,失去了亲人,他们活着的每一分每一秒都想复仇,都想收复故土、重建家园,到了战场就会拼命,根本不用动员。用他们在辽东守卫故土,就是军事史上著名的"以辽人守辽土"战略。

孙承宗把苦大仇深的难民精壮交给袁崇焕,给他们配备了优良的马匹、最先进的火器,让他们严格训练。不论是骑术还是射击,不论是单打独斗还是组阵合击,都要成千上万次地反复操练,直到他们成为最勇猛无敌的战士。袁崇焕亲自带队操练,一丝不苟,最后成功收获了一支令行禁止、无所畏惧的精锐,他们可以一当百,所向披靡,令人闻风丧胆。这支队伍有个响亮的名字,叫作"关宁铁骑"。

孙承宗在辽东的四年间，还做了很多事，史书上是这样记载的：修复大城九、堡四十五，练兵十一万，立车营十二、水营五、火营二、前锋后劲营八，造甲胄、器械、弓矢、炮石、渠答、卤楯之具合数百万，拓地四百里，开屯五千顷，岁入十五万。

练兵筑城，收复失地四百里，再建宁锦防线，抵挡住了努尔哈赤的进攻。孙承宗耐心地做了这么多，也曾想过要主动进攻，但是，京城太远了，远到他曾经听话的学生朱由校根本听不到他的声音。他的学生周围挤满了魏忠贤的羽翼，孙承宗弯不下腰对阉宦奴颜婢膝，最后也只能无奈地离开了辽东。

天启五年十月，孙承宗离开辽东的时候并不遗憾。他心目中的接班人袁崇焕，已获得其毕生所学，并且在他的提拔下，此时袁崇焕已经是宁前道，官居四品，镇守宁前地区。在孙承宗看来，袁崇焕还没有完全成长为优秀的统帅，他还缺少绝境下坚定不移的勇气，但这是任何人给予不了的，只能靠自己去获取。

前面的路，袁崇焕只能一个人继续走下去。

接替孙承宗的是阉党分子高第，他来辽东的任务不是守国护土，而是要继续"黑"让魏忠贤感到恐惧的孙承宗。

所以，高第到任后，假装了解实际情况，上疏弹劾孙承宗吃空饷。他说孙承宗一直按十余万人报军饷，而经他核实只有五万军士。孙承宗并未反驳，只是告诉户部，原来辽东军饷是按十一万七千人发放，高大人既然说只有五万人，那就按五万人发放吧。

如果只按五万人发放，意味着剩下的几万大兵只能冲着高大人要军饷了，吓得高第连忙上疏说自己查数查错了。

高第找来找去，实在找不到什么孙承宗的把柄，那么继续留在危险的前线就太不值得了。所以，高第下令放弃关外所有的据点，撤回山海关。

督屯通判金启倧说："锦州、右屯、大凌三城都是前锋要地，如果撤兵，已经安居的百姓将再次迁徙，收回的疆土再次沦陷，关内外经得住几次退守？"

袁崇焕也向高第极力争辩："兵法上说，有进无退，收回的疆土怎么能轻易放弃？锦州、右屯动摇，宁远就会难保；失去宁远的话，关门就失去了保障。这些地方只需要派遣良将守卫，就不会有太多的忧患。"

但是，高第执意要撤离，还想要撤掉宁远的军队，而袁崇焕坚定地说："我是宁前道，既然是这里的官，死也要死这里，我绝不撤兵。"

高第无法强迫袁崇焕，便将宁远以外各地的军民尽数撤离。其实，辽东的军民都不想走，但军令如山，不得不走，一时怨声载道、哭声震野。仓促的撤离导致大量军粮被弃，一路迁徙死亡的军士百姓数以万计。孙承宗在辽东的数年经营毁于一旦。

高第带着军民撤走了，而袁崇焕带着自己的人马留下来了。放眼当时的辽东，满目疮痍，千里孤寂，而正是此刻，袁崇焕心坚如石，生死不再重要，他要用生命来捍卫亲手筑就的宁远城。

这一刻，袁崇焕获得了"战神"必备的勇气。很快，他将成为真正的"战神"。

天启六年正月，努尔哈赤得知难对付的孙承宗走了，大喜过望。然后，他带着全部精锐再次西渡辽河。这一次，他不费吹灰之力就占据了大大小小的据点。二十三日，他带着兵来到宁远城附近，意外地发现那里竟然有人驻守。

一路的顺遂已经让努尔哈赤忘乎所以，他傲慢地派人给袁崇焕送去招降书，扬言道："我率二十万大军来此，必破城！早降可免你等不死，另有高官厚禄。"

努尔哈赤的确有傲慢的理由，六年前，他以少胜多击败了明军十二万精锐。此番他拥精兵六万，而袁崇焕只有一万人守城，破城只是早晚的事情。

然而，大出努尔哈赤的预料，袁崇焕想都没想，当天就回绝了他："我誓守此城，绝不投降！你说有大军二十万，是骗人的。我知道你只有十三万兵马，要来送死的话，我也不嫌少。"

袁崇焕知道不会有援军，一万对六万，他只能死守。

除了死守之外，袁崇焕还做了一些其他工作。

首先，袁崇焕与留下来守城的大将满桂，副将左辅、朱梅，参将祖大寿，守备何可纲等将士以血盟誓，誓死守城。

其次，袁崇焕下令坚壁清野，烧毁城外的所有房屋，把居民转入城内。城外不给敌人留一口井、一粒粮。同时，他下令全面盘查城内的奸细，一经发现立刻斩首。

最后，为了表示坚守的决心，袁崇焕派人去通知山海关的守将杨麒：如果有从宁远逃回的将士，格杀勿论！

第二天，正月二十四日，努尔哈赤率兵大举攻城。

袁崇焕立即指挥用西洋巨炮，炮轰后金军。当时，袁崇焕有十门进口的大炮，还有国产火炮若干。进口的西洋巨炮射程远，射击速度快，还克服了炸膛这一国产火炮致命的弱点，威力十分惊人。

宁远孤城之外，炮声阵阵，连绵不绝，后金军一排排倒下，尸积如山。战况之惨烈超出了常人能接受的范围，向来敢战的后金军一度在堆积的尸体前胆怯止步。为此，努尔哈赤不得不下令焚烧尸体，清理出前进的道路。

死了不知多少人后，后金军开始不断有人闯过炮火，进攻到宁远城下。于是，明军的将士继续用国产的火炮轰炸，名将金启倧也因点炮时引起自燃而死。

随着后金军不断向前推进，射向城头的箭矢犹如大雨般纷纷落下，明军损失也相当惨重。再后来，有后金军攻到城墙脚下，他们举着盾牌攻凿城墙，城头的明军就用棉被裹上火药，点燃扔到城下，后金军被烧死炸伤不计其数。最后，后金军有人爬到城头，与明军展开肉搏。

战况十分惨烈，努尔哈赤率兵连续攻城两天，后金军的尸体已经堆满城下；袁崇焕这边同样伤亡惨重，他的亲卫军已经站上城墙，去填补伤亡将士留下的缺口。

如果战争继续下去，城迟早是要破的，然而，奇迹出现了。

漫天的炮火轰鸣中，站在城头的袁崇焕发现后金军的中心位置出现一阵混乱，后金军的指挥营帐竟莫名地后退了五里。然后，后金军又是一阵猛攻，接下来就全面撤退了。

后金军撤退途中大肆攻略觉华岛，杀死平民数万人。

尽管史书上并没有确切的记载，据说努尔哈赤就是在这次战役中被散弹击中受伤，反正七个月后，他带着满腹惆怅离开了人世，"我自二十五岁起兵以来，攻无不克战无不胜，而偏就宁远攻不下来，天命啊！"

宁远城保住了，后金军损失惨重，这是萨尔浒之后明军取得的最大胜利，朝野上下一片欢腾。

二月，袁崇焕升任右佥都御史；三月，又升任辽东巡抚。

有人说，宁远大捷是袁崇焕的运气，如果后金军方面不出现意外，宁远城一定会被攻破。然而必破之城，袁崇焕为何要誓死守护。

因为正义。

正义，最基本的就是不论强大、弱小都有生存的权利。哪怕再卑微，也值得拥有家园，拥有亲人，也有权利在祖先留下的故土上繁衍生存。然而，后金军所到之处，没有正义，亲人或奴或死，故土变荒原。

这就是袁崇焕的理由，正是心中的正义让他甘愿独卧孤城守土护民。

的确，成为众人公认的"战神"，袁崇焕还需要一系列的胜利。但是，敢为心中正义而战的那一刻，他就已经不朽。

袁崇焕，曾经与老师孙承宗一起再建宁锦防线，当然不会满足于固守宁远一城。他修复了山海关的四座城池，又申请修复松山诸城，恢复屯田。

努尔哈赤死后，皇太极接任后金的大汗，定年号为"天聪"。新旧交替之际，袁崇焕上疏建议朝廷与后金议和，来赢得时间恢复高第放弃的疆土。

袁崇焕新胜，一应所请，朝廷无不允诺。

天启七年，皇太极同意求和，举兵渡鸭绿江征讨朝鲜。袁崇焕趁皇太极举兵朝鲜之际，派人修缮锦州、中左、大凌三城。同年四月，又修复了锦州的防御工事，全面恢复宁锦防线。

五月，宁锦防线就发挥了作用。

皇太极从朝鲜退兵后，不久便率兵直抵锦州。驻守的赵率教闭城坚守，同时遣使议和来拖延时间等待援军。袁崇焕派尤世禄、祖大寿率领精锐骑兵四千绕到后金军身后决战，另派水军从东面进行牵制，并请求蓟镇等地发兵东护关门。

袁崇焕建议朝廷调山海关的满桂移驻前屯，三屯孙祖寿移往山海关，宣府黑云龙移往一片石，蓟辽总督阎鸣泰移到关城，又调动昌平、天津、保定的部队奔赴上关；还命山西、河南、山东等地的守将整备好兵马听候调遣。

皇太极见明军四处集结军马，以为锦州援军将至，遂放弃锦州来攻宁远。

袁崇焕一面率将士在城楼上用炮远距离轰击后金军，一面命满桂、尤世禄、祖大寿在城外与后金军搏战。双方各有死伤，但皇太极久攻宁远不下，又退后增强对锦州的攻势，依然无法攻克，还伤亡惨重。

六月，皇太极无功撤兵。同样，为了泄愤，后金军撤退的时候沿途毁坏大小凌河二城，伤民无数。

这一战中，宁锦防线中的宁远与锦州充分发挥了相互支应、共同御敌的作用。历史上把袁崇焕指挥的这场胜利称作"宁锦大捷"。

这是明军少有的与后金军对战交锋获胜，天启皇帝很振奋，说："十年之积弱，今日一旦挫其狂锋！"

从此，袁崇焕成了世人心中当之无愧的"战神"。

别开生面的剿匪总动员

仗是打胜了，但"战神"袁崇焕的烦恼很快就来了。

那时，正是魏忠贤势如中天的时候，获得胜利的袁崇焕却并不讨魏忠贤喜欢，所以战后叙功时就出现了匪夷所思的一幕。

功劳最大的是坐镇京师"运筹帷幄"的魏忠贤，其次是魏公公派到前线的监军太监，前线的满桂和赵率教等人得到了应有的赏赐，朝中文武官员因战而加官晋爵的也有数百人。然而，真正的首席指挥官袁崇焕却只官加一级，理由是战争过程中他不发兵援助锦州，作战不积极，像老头子一样的"暮气"。

袁崇焕无奈，只好申请辞官回家。当年七月，朝廷批准了他的辞呈，派王之臣代为督师兼辽东巡抚，驻宁远。

袁崇焕走后，辽东防线上又起了纷争。不少朝臣提出要放弃锦州，从而把对后金的防线向山海关一侧移动。

蓟辽总督阎鸣泰说锦州偏僻，之前修城就是失策，为了那弹丸之地，险些葬送大明的半壁江山。驻守锦州的尤世禄也说锦州城旧，不可久居，申请移师杏山。守塔山的侯世禄说塔山低洼难守，申请移师。实际上，塔山位于锦州和宁远之间，战略地位非同一般。如果放弃塔山、放弃锦州，宁锦防线则不复存在，后金军再入关可就方便多了。

可见，辽东战场上的将领各有自己的小算盘，没有一位强而有力的主帅，根本就没有办法筑起牢固有效的战略防线。

早在信王府邸，朱由检就对袁崇焕的赫赫战绩有所耳闻，见他被魏忠贤排挤，就更加认定他是大明的忠臣良将。所以，朱由检扳倒魏忠贤后，几乎第一时间起复了袁崇焕。

朱由检相信只要有袁崇焕在，大明对后金就无所畏惧，所以他对袁崇焕的起复一上来就铆足了劲。天启七年十一月，擢袁崇焕为右都御史，视兵部添注左侍郎事。没等袁崇焕到任，崇祯元年四月，又命他以兵部尚书兼右副都御史，督师蓟辽，兼督登莱、天津军务。

明朝的官制是这样的：地方上有主管军事的都指挥使，主管民事的布政使，主管刑事的按察使。后来，朝廷常因兵事而派出镇守军事要害地区的总兵官，总兵的职权在都指挥使之上。渐渐临时的派遣变成固定的常驻，总兵基本上就取代了都指挥使原来的地位。

再后来，一有战事，朝廷就派出都御史或副金都御史巡抚地方，战事结束后回朝，但慢慢巡抚也成了地方的固定官职。巡抚兼管地方的军政大事，于是原来的都指挥使、布政使、按察使、总兵都变成了巡抚的下属。袁崇焕辞官前做的就是辽东巡抚。

景泰年间开始，兵事常涉及几个镇或省，于是在巡抚之上又添设了总督一职，总督通常由都察院都御史或六部尚书出任。总督再往上就是督师，一般都是内阁大学士才有资格当督师，比如之前的孙承宗就是以兵部尚书兼东阁大学士衔督师辽东。

所以，袁崇焕还没回朝就让他督师辽东，不但连升数级，还算是破例，足见朱由检启用袁崇焕之心是多么迫切。

崇祯元年七月，袁崇焕赶到了京城。十四日，他被宣入宫内，朱由检带着一众臣子在平台召见了他。

朱由检对袁崇焕先是热情地慰问了一番，随后向他问起平辽方略。袁崇焕在辽东正准备大干一场的时候被排挤回乡，如今皇帝重新起用并亲自召见，让他不由得热血沸腾地回答："收复辽东的策略已另有奏疏详加陈述，臣受陛下眷顾，望能假以便宜行事之权，计五年，全辽可复。"

朱由检听了很激动，高兴地说："如若收复辽东，朕不吝封侯之赏。卿努力解天下倒悬，卿的子孙也会受到恩赐和封赏。"

袁崇焕听闻，连忙叩首谢恩。

此时，首辅韩爌，阁臣李标、刘鸿训、钱龙锡等人也感到欢欣鼓舞，一致称赞袁崇焕识见方略，忠勇可嘉。袁崇焕见皇帝热情、内阁大臣亲切，一时感到很畅快。

当年，袁崇焕的老师孙承宗与天启皇帝师生情深，孙承宗自请督师辽东，天启皇帝当即拨付粮饷八十万。那时候，孙承宗都没有把话说得那么满，而袁崇焕听到几句漂亮话就敢口出豪言，道行真是比他的老师差远了。

召对休息的间歇，给事中许誉卿详细地询问了关于五年复辽的具体策略，而袁崇焕却说："圣心焦劳，聊以是相慰耳。"许誉卿吓得赶紧小声提醒他说："皇上英明，怎么可以随便应对。他日如果不能按期收复辽东，怪罪下来，你该怎么办？"

袁崇焕怅然自失，为了挽回些局面，稍后继续召对的时候便上奏说："五年复辽的计划不容易完成，陛下既然委托给臣，臣怎敢辞难？不过五年内，户部转运军饷，工部供应器械，吏部用人，兵部调兵选将，必须朝廷内外事事配合，才可望成功。"

朱由检当即责成四部的尚书务必按照袁崇焕的意见，从速办理。

袁崇焕又想到从万历年间开始党争不断，言官也动辄无事纷扰，边臣处处掣肘，于是对皇帝说："以臣之力，制全辽有余，调众口不足。一出国门，便成万里，难免会有忌能妒功的人。虽然不能以权力掣臣之肘，却也能以不同的意见来扰乱臣的谋划。"

朱由检特意站起来倾听，他知道袁崇焕所谓的扰乱谋划实际是指有人会在后方迷惑君王视听，所以毫不犹豫地告诉袁崇焕："卿不必担心疑虑，朕自有主持。"

大学士刘鸿训等还请皇帝收回之前赐给王之臣、满桂的尚方宝剑，改赐袁崇焕，令其便宜行事。朱由检立刻允准，再次激励了袁崇焕一番。召见之后，还特意在宫中为袁崇焕赐宴。朱由检节俭成性，这可是没几人能获得的恩宠。

出宫后，袁崇焕想起以前熊廷弼、孙承宗都是被人排挤，最后在辽东战场未能施展抱负，就觉得还是有些不放心。离京赴任之前，他再次上疏："恢复辽东的办法，不外乎臣往年提出的以辽人守辽土，以辽土养辽人，守为正着，战为奇着，和为旁着的策略。法在渐不在骤，在实不在虚，此臣与诸边臣所能为。至于用人的人，与被人选用的人，都是由陛下掌握其中的关键。用人如何能够始终信而不疑？驾驭边臣与廷臣不同，军中可惊疑的事情特别多，只应着眼于成败的大局，不必计较一言一行之微瑕。事情的责任重大，招来怨恨也多，诸有利于封疆者，皆不利于此身。况且图敌之急，敌人亦会从中离间，所以边臣很难做。陛下爱臣知臣，臣何必过于疑惧，但中有所危，不敢不禀明陛下。"

对袁崇焕的再三疑虑，朱由检并未多想，只是好言相慰，告诉他不必担心"浮言"，是战是守皆会按照袁崇焕的部署行事。

君臣间一番别开生面的剿匪总动员到此结束。

朱由检营求中兴之治急切，希望早日平定辽东外患，为迎合他的殷切期盼，袁崇焕许下了五年复辽这样不切实际的宏愿。于是，昔日磊落飒爽的"战神"转眼变成了战战兢兢、絮絮叨叨的边臣。

可惜的是，袁崇焕如履薄冰的心态并没有引起朱由检的重视，他仍一厢情愿地以为，皇权之下，所有袁崇焕提出的问题都将迎刃而解，复辽指日可待。

袁崇焕到任之后，立刻就遇到了一个棘手的问题，那就是兵饷拖欠严重。

其实，早在袁崇焕出山海关之前，驻守宁远的士兵就因兵饷拖欠发生了哗变。当时的辽东巡抚毕自肃向户部请饷，户部拒发，士兵便聚集到巡抚衙门，绑了毕自肃。兵备道郭广新赶到，东拼西凑地筹了几万两白银，补上了一部分欠饷，事态才稍稍平息。巡抚毕自肃因无银发饷，羞愤之下竟在衙门自缢了。

袁崇焕赶到宁远兵营，向郭广新了解情况后，召见了带头闹事的杨正朝和张思顺，他们为了免罪，交代出了其他十几名带头哗变的首领。随即，这十几名哗变首领被枭首示众。袁崇焕还处决了负有直接领导责任的中军部将吴国琦，罢免了其他几位相关将领，这里就有后来与农民军作战十分骁勇的左良玉。

处置了带头兵变的首领，追究了相关将领的领导责任，宁远兵变终于彻底平息。然而，不久锦州又因为欠饷发生了兵变。袁崇焕知道欠饷的问题不解决，各地兵变是压不住的。

经过一段时间的清理计算，袁崇焕汇总了山海关内外积欠军饷的数额，竟有将近八十万两白银之多。袁崇焕赶紧上疏请饷，结果户部仍是拒发，理由很简单，没钱！

当时的户部尚书是毕自严，是已故辽东巡抚毕自肃的亲哥哥。如果户部有钱，毕自严又怎么会让自己的亲弟弟被逼惨死？

朝中户部没有办法，而兵部和一众言官更没有办法。可他们不能解决问题也就罢了，竟还有闲心指指点点。兵部认为欠饷是因为兵士太多而导致军费太巨，朝廷才应付不暇；而言官认为兵饷多是因为兵籍空置而冒领者太多。

兵部与言官的争论于事无补，而户部又没有钱，袁崇焕只好请求皇帝从私库内帑拨付银两。

天性节俭吝惜的朱由检根本舍不得出钱，只是一味责问户部。户部确实为难，只好说陆续筹款拨付。就是这时，阁臣刘鸿训建议朱由检从内帑出钱而失了圣宠，而礼部左侍郎周延儒说不能一有兵变就给钱而得了圣心。

当日平台召对，朱由检满口答应的全力支持一到真章立时打了折扣。最后几经商议，朱由检也只忍痛拿出了三十万两白银，还不及袁崇焕提请数额的一半。

朱由检给袁崇焕的支持虽然打了折扣，但对收复辽东的期许却没有减少半分，无怪袁崇焕临出京前万分恐惧。这些事情，到最后成了袁崇焕的夺命利剑。

除了军饷难上加难，袁崇焕还发现辽东早就不是他离开时的样子，那里的形势已经发生了巨大变化。

明朝末年，蒙古大体分为漠西瓦剌、漠北喀尔喀与漠南三大部分。与明朝邻近的是漠南蒙古，察哈尔汗名义上是漠南蒙古的盟主，但仗着兵强马壮横行漠南，各部苦不堪言。

努尔哈赤时代，后金对蒙古各部也是侵扰不断，使各部对后金普遍比较敌视。天启年间，孙承宗督师辽东后，加强对漠南蒙古各部的抚赏，协助调解各部之间的矛盾，所以各部先后与明朝结盟，共同抵御后金。

等到皇太极继承后金汗位后，对漠南蒙古各部改变了以往主战的策略，用联姻、盟誓、封赏等各种手段拉拢漠南蒙古各部。天启七年，袁崇焕离开辽东后，无人主张对漠南蒙古抚赏结盟的战略，朱由检又觉得抚赏太费银粮，便在崇祯元年停止了漠南蒙古各部的赏赐和互市。此消彼长间，漠南蒙古各部纷纷倒向后金。

袁崇焕重新回到辽东，发现后金与蒙古亲善的严峻形势，极力主张修补大明与蒙古的联盟。崇祯二年，明朝恢复了对察哈尔部的抚赏，后来塞外发生饥荒，明朝还卖粮助各部度过灾年。但是，不论怎样，塞外的形势也恢复不到从前，再要与蒙古各部联合抗击后金是怎么也不可能了。

辽东周边形势严峻，后金势力日渐崛起，而明军将士又缺粮少饷，这时候能守住辽东就已不易，再想收复辽东就是逆大势而行，难于登天。但是，袁崇焕一时热血之下已经夸下海口，偏赶上皇帝既不切实际又锱铢计较，如今也只好勉力而为。若想要有朝一日能够主动出击，收复失土，只好尽最大的可能来统一事权，减少掣肘。于是，袁崇焕开始了辽东地区一系列的人事调整。

原来的辽东巡抚毕自肃自杀了，袁崇焕上疏申请不必再派人接任，直接免除这个职位，朱由检同意了。后来，登州、莱州两地的巡抚孙国桢被免职，袁崇焕也建议直接取消登莱巡抚的设置，朱由检也同意了。

人事方面的调整基本没有额外的花费，尤其像这种直接裁人省钱的办法，朱由检基本都没有异议。

军事将领方面，辽东地区最初只有一个总兵，后来后金崛起，阉党崔呈秀任兵部尚书时借机安插亲信，在山海关外设置了好几位总兵。为了避免事多掣肘的情况，袁崇焕建议在山海关内外各设总兵一名，调蓟镇总兵赵率教任关内总兵，加官一级，封平辽将军，镇守山海关；同时将宁远、锦州两地合为一镇，统一归原驻守锦州总兵祖大寿管辖，给祖大寿加都督同知衔，封征辽前锋将军，仍旧驻守锦州；中军副将何可纲加都督金事衔，驻守宁远。

赵率教，河北蓟阳人，努尔哈赤起兵攻打辽东地区时，朝廷发布诏书让被罢官而养有家丁的将领带兵到前线立功，赵率教率众随叔祖赵梦麟出征，受当时的辽东经略袁应泰赏识，被提拔为副总兵，掌管中军事务。

天启元年，辽阳陷落，袁应泰自杀，赵率教潜逃，投到辽东巡抚王化贞门下。这次逃跑的经历成了赵率教的人生污点，一段时间内，无论他到哪里都会被军中的将士耻笑。知耻而后勇，这句话在赵率教身上得到了完美体现，他后来的英勇表现无可指摘，足以冲淡之前的污点。

天启二年，广宁陷落，王化贞准备放弃所有关外的据点，这时，已经做过一次逃将的赵率教不想再跑，他向辽东经略王在晋申请收复前屯卫所。王在晋不支持，赵率教就只带着三十八名家丁前往收复失地。

当时，前屯卫所被蒙古人占据，赵率教便率人停留在离那里不远的中前所。后来，孙承宗派人到前屯安置难民，赶跑了蒙古人，赵率教才进入前屯卫所。

在那里，赵率教招募的流亡百姓有五六万之多，他从中选择出精壮编入军队，进行军事训练；此外，他还亲自督促余下的难民一边大力发展屯田，一边修缮城墙，侦察敌情。

赵率教为改过而做的工作获得了孙承宗的由衷认可，孙承宗建议朝廷免除了他的罪过。从那之后，赵率教便忠诚地跟随孙承宗守卫辽东，孙承宗走后，赵率教就自然而然地把这份忠诚献给了孙承宗的接班人袁崇焕。

袁崇焕对赵率教也一直用心维护。当年，宁远被围，满桂守东城，支撑不住的时候，向守前屯的赵率教求援。赵率教在努尔哈赤的进攻下也非常吃紧，所以只派出一名司、四名守备前去增援。满桂嫌他们来得晚，拒绝让他们入城，经袁崇焕从旁解劝，才放他们进来。宁远之围解除后，在袁崇焕的主持下，赵率教分得了一份战功，满桂觉得不公，遂对赵率教和袁崇焕都产生了不满。

为此，袁崇焕督师辽东后，把曾与他并肩战斗，取得宁远大捷、宁锦大捷的满桂调离了辽东战场。不用多久，袁崇焕将为这个安排付出惨痛的代价。

赵率教、祖大寿、何可纲三人都是袁崇焕的心腹爱将，取消了巡抚，再由他们三人掌控辽东地区的兵权，等于把全国约一半的兵力交给了袁崇焕，再无人能够制衡。为打消皇帝的疑虑，袁崇焕上疏说："臣曾承诺五年复辽，专借此三人。他们当与臣相始终，届期不能复辽，臣将亲自处斩三人，然后再自行到法司受死。"

对辽东的将领安排，朱由检本来有很多疑虑，见袁崇焕又提五年复辽，便忍下心中的不快，同意了。

一番安排调整后，放眼整个辽东地区，再无人能跟袁崇焕抗衡。袁崇焕期望的统一事权似乎已经实现。可没过多久，他发现有一个角落，还有一个人，带领着一支队伍，并不服他的调配。

袁崇焕决定亲自去解决掉这最后一个不和谐的因素，不过事实证明，他那么做与自掘坟墓并无不同。

"后金杀手"退缩不前

辽东地区，对袁崇焕来说，最后一个不和谐的因素就是镇守皮岛的总兵官毛文龙和他帐下的那支队伍。

毛文龙本是辽东军中的初级将官，天启元年，努尔哈赤攻陷辽阳后，毛文龙和他属下的二百兵士被阻隔在辽南无法归营。后来，他以鸭绿江口外的皮岛为根据地，招募辽东逃散的难民和散兵游勇，逐步发展成一支几万人的队伍。

皮岛，位于鸭绿江之东，也称"东江"，又因处于辽东、朝鲜、山东登莱的中间位置，被称为"孔道"，具有重要的战略地位。

毛文龙占据皮岛后，不时地对后金进行小规模的骚扰，但更多的时候，是大力发展岛上的经济贸易。毛文龙不但对所有南北的往来船只、货物都征收税款，还与朝鲜、暹罗、日本等国都建立了贸易联系，年入白银逾百万。但是，毛文龙借口朝廷军饷不能及时发放，声称所得商税都用来补贴军饷，从不向朝廷纳税。

借着通商的便利，毛文龙还为后金提供军需物资。用这些物资换回后金特产的人参、貂皮后，又拿来行贿朝中权贵，所以朝中不少人对毛文龙的印象都很好。

由于皮岛孤悬海外，难以节制，朝廷对毛文龙在岛上的做法听之任之，使那里俨然成了一个独立的王国。

毛文龙占据皮岛期间曾搞过几次偷袭，虽未得手，却被后金视之为心腹大患，某种程度上的确牵制了后金的入侵。所以，朝廷封毛文龙为平辽总兵官，后加左都督衔，官居一品。毛文龙借机上报称自己有兵十万，每年又向朝廷索要军饷一百二十万两白银。

朱由检刚刚登基之时，毛文龙拿不准新天子对自己的态度，上疏乞休。奏疏中他言辞恳切，诉说自己"七年苦楚，百战勤劳"，朱由检不明状况，下旨慰留。毛文龙随后又上疏表示"孤处天涯，为国效命，曲直生死，唯君命是从"。

与此同时，毛文龙与后金的议和一直没有中断。从努尔哈赤时期，后金就派人以厚待毛文龙在辽的族人和分割土地等条件与其和谈，毛文龙尽管没有彻底倒向后金，却一直与之保持和谈对话的状态。等到皇太极时期，毛文龙与后金基本达成了"彼此罢兵，共享太平"的协议。

对毛文龙这支不受节制却又耗费粮饷的势力，袁崇焕很早就表示过不满。天启六年，袁崇焕就曾奏请撤销东江镇；天启七年，毛文龙受皇太极的袭击，袁崇焕也持观望态度，没有发兵救援。为此，后来袁崇焕被阉党排挤时，毛文龙还曾积极地参与弹劾。所以，双方积怨已久。

袁崇焕离京之前，内阁大学士钱龙锡问及复辽的方略，他说："复辽可先从东江做起。"

那时，朝廷普遍觉得毛文龙对后金所有牵制，但也有个别人痛恨其目无朝廷，又颇费军饷，如果能收归己用自然再好不过。钱龙锡对袁崇焕的想法表示认可，但说到具体办法时，袁崇焕说："可用则用之，不可用则杀之。"而杀之的策略就是"入其军，斩其帅"。

因为"入其军，斩其帅"的办法执行起来难度非常大，又是在尝试收服毛文龙不成功之后才会考虑的事情，所以钱龙锡并未就此与袁崇焕进行深入的探讨。然而，钱龙锡的态度却被袁崇焕理解成了朝廷的默许，从此播下悲剧的种子。

蛇打七寸，要收服毛文龙，就要先控制其经济命脉。

崇祯二年初，袁崇焕上疏建议朝廷重申海禁的规定：登州一律不许船只出海；所有运往皮岛的物资装备，须由长门运至宁远外海的觉华岛，经旅顺口转运至皮岛；原来由天津运送的粮饷也必须经督师衙门批准后才能从觉华岛起运。

这样，不但毛文龙的海上贸易被一刀切断，他的粮饷和装备也被袁崇焕控制在了手里。毛文龙不服，立刻上疏抗议"此乃拦喉切我一刀，必定立死"！

崇祯元年的时候，朝廷曾两次派人核查毛文龙的人马，第一次户部官员黄中色核定的数额为三万六千人，后来登莱道王廷试又重新裁定为两万八千人。两次核定的结果与之前上报的十万相差太多，让朱由检对毛文龙已经没有什么好的印象，所以对他抗议海禁之事并未理会。

海禁之后，袁崇焕又以毛文龙耗费的钱粮太多为理由，建议朝廷派人来管理毛文龙部的军饷。毛文龙不喜欢有文官监管着自己，又上疏争辩，并把矛头指向袁崇焕，说："诸臣只想着用计谋除掉臣，却不想着抗敌，把国家大事当儿戏，为泄私愤而要同室操戈。"

同样，朱由检并未重视，只淡淡地回复他："岛兵裁定，照额发饷，近已有旨。督师欲面咨筹略，军中一切事宜，当从计议。"

既然如此，毛文龙只能向袁崇焕索饷，袁崇焕出乎意料地没有难为他，还立刻派人给他送去了一批军饷，同时还附带了一封亲笔慰问信。毛文龙为了表示感谢，特意赶往宁远拜谒袁崇焕。袁崇焕以上宾之礼接待了毛文龙，毛文龙却丝毫没有谦让。袁崇焕认定毛文龙不可能被收服了，决心杀掉他。席间，袁崇焕与毛文龙约定到双岛阅兵。

崇祯二年五月二十九日，袁崇焕带着为数不多的随从来到双岛。皮岛离双岛很近，第二天，毛文龙率部三千余人赶来与其会面。在双岛上，袁崇焕与毛文龙相互宴请，常常饮酒深谈到半夜。其间，袁崇焕对毛文龙做了最后的试探和努力。

袁崇焕提议更改军营制度，设置监察官员，毛文龙拒绝了。

知道毛文龙是杭州人，袁崇焕又用回乡来打动他，说："将军久居边塞，必定思念故乡。杭州西湖，人间天堂。"毛文龙却答道："文龙久有此心，但东江的情势只有我一人知晓。再者，等辽东的事情解决后，朝鲜衰弱，可以率兵占领。诸事完毕，文龙或可回乡。"

朝鲜之前忠于大明，所以大明从无谋取朝鲜的意图，但是到了后来，不少武将有攻之自占的想法，李成梁这么想过，毛文龙也这么想。开土自立，称雄于海外，在袁崇焕看来与谋反无异，他出离愤怒了。

最后，袁崇焕打算探探毛文龙的家底，说要按人头发放赏赐，毛文龙不肯从实交代，说："这里的三千五百人明日列队领赏。"

毛文龙无论如何不肯驯服，袁崇焕下定最后的决心：杀！

六月五日，袁崇焕提议阅视骑射，在山顶设置了帐篷，令参将谢尚政等率兵埋伏在帐外。毛文龙到达后，准备列队上山，袁崇焕建议他只带上亲信将领就可以了。此时毛文龙已经戒心全消，未加思索就同意了。

袁崇焕说："我明天早晨就走，你担当海外的重托，请受我一拜。"毛文龙回拜之后，两人开始登山。路上袁崇焕问随从将校的姓名，大多都姓毛。毛文龙说："这些都是我的子孙。"袁崇焕笑着说："哪能都姓毛呢？不过是情非得已吧。你们在海外长久劳累，每月禄米只有一斛，说来痛心，也受本部院一拜，请为国家尽力。"众人都叩头道谢。

到达山顶营帐，袁崇焕突然转身厉声斥责毛文龙："本部院与你谈了几日，你却执意不回头！你目无朝廷，国法岂能容你！"

接着，袁崇焕列数毛文龙十二条罪状，不容其分辩，便令左右夺下其冠带。毛文龙大喊："文龙无罪！"

毛文龙当时心里还是很有底的，一品总兵官，没有圣旨，无人敢乱杀。但他没想到，袁崇焕随即请出尚方宝剑，高声说："你道本部院是个书生，岂知本部院却是钦命的将首？哪容你欺瞒！你毛文龙一介布衣，官至极品，满门封荫，却悖逆不思报国。今天诛尔以肃军，他日不能复辽，再请皇上以此剑诛臣。"

诸将看到袁崇焕的架势，都以为是皇帝的旨意，唯唯诺诺，无人敢反抗，毛文龙遂被斩杀于帐前。

袁崇焕杀了毛文龙后，立即告谕其余将士："诛止文龙，余无罪。"

第二天，袁崇焕为毛文龙举行祭奠，表示杀毛文龙是国事，祭奠他是朋友私情。接着，将毛文龙手下的将士编作四协，分别由毛文龙的儿子毛承祚、副将陈继盛、参将徐敷奏、游击刘兴祚统领，然后犒赏军士，安抚诸岛。

六月九日，袁崇焕返回宁远。

其实，诛杀毛文龙之前，袁崇焕与心腹商议的时候，何可纲就这样分析："生文龙，国不幸；用文龙，朝廷不幸；杀文龙，公不幸。"何可纲觉得毛文龙及其党羽是不会放过袁崇焕的，所以不建议杀毛文龙。

何可纲考虑的还是正常情况下的后果，而袁崇焕杀毛文龙并不属于正常情况。尚方宝剑其实很多时候不过是一份荣耀，代表着皇帝的信任，并不能真正用来先斩后奏。像毛文龙这种一品大员，袁崇焕提前没有请示皇帝，有尚方宝剑也算无旨擅杀。这样，后果就更严重了。

回到宁远后，袁崇焕上疏请罪："文龙大将，不是臣能随便杀的，请皇上降罪。"

朱由检看到奏疏的时候，非常惊骇：现在袁崇焕就敢随意诛杀一品大员，那么将来还有什么他不敢做的？但是，为了袁崇焕五年收复辽东的承诺，朱由检决定藏起自己的惊疑，让他"不必引罪"。不久，又下旨说毛文龙罪有应得，令人将其罪行公布天下，同时明旨袁崇焕安心任事。

袁崇焕见皇帝没有怪罪，还明旨公布毛文龙之罪，感动得不得了，直对左右说："知我者，当今圣贤天子也！"从此，袁崇焕下定决心：士为知己者死，哪怕肝脑涂地也在所不惜！

说袁崇焕情商低一点不冤枉。世上哪有几位君王能真正做到宽宏大量？他口中的"圣贤天子"朱由检就更不是个有气量的人，皇帝的暂时忍耐不过是因后金强敌在侧。袁崇焕擅杀大员，没有把君权放在眼里，这口气皇帝是迟早要出的。一旦袁崇焕对抗后金不利，就必然没有好下场。

袁崇焕在宁远加强宁锦防线的同时，多次上疏提醒皇帝加强蓟门一线的防御。他说蓟门是京师的肩背之地，如果兵力不足，万一敌人从那里入关，后果不堪设想。然而，那时陕西农民军的起义烽火已经点燃，朱由检除了下几道圣旨督促一下外，也调不出更多的兵马来加强蓟门的防御。

除了"守"这个正着外，袁崇焕还多次用和谈这个旁着来牵制皇太极。比如天启六年宁远大捷后，袁崇焕为了争取时间修复在战争中受损的防御工事，就曾多次与皇太极和谈。

皇太极与努尔哈赤不同，努尔哈赤对明朝还仅限于不时抢掠，而皇太极则是想取代大明成为整个中华的主人。为了这个远大宏伟的目标，皇太极从不急于一城一地的得失。他不断地加强其内部建设，一步步地征服周边弱小的部族和国家，在解除自己后顾之忧的同时，对明朝不断侵袭骚扰以削弱其国力。

本着这样的想法，皇太极也愿意与明朝和谈。继承汗位后，皇太极便积极与袁崇焕议和以争取时间来对朝鲜用兵。天启七年正月，皇太极派大军征讨朝鲜。明朝已经无力援助朝鲜，所以战争进行得很顺利，两个月后，朝鲜对后金臣服。

解决了朝鲜这一后顾之忧，当年五月皇太极便率兵攻打锦州、宁远。遭到失败后，他立即调整了自己的策略，又积极与明朝和谈。与此同时，皇太极加强对蒙古诸部的控制，漠南蒙古各部纷纷倒向后金。崇祯元年，皇太极联合敖汉、奈曼、内喀尔喀、喀喇沁等部攻打察哈尔，大败林丹汗。漠南各部摆脱了察哈尔的欺压，彻底向后金臣服。

朱由检登基后，碍于大国脸面，一直拒绝与后金和谈。袁崇焕督师辽东后，为了争取更多的时间整顿军务，镇抚蒙古，继续以和为旁着，派人与后金使者在沈阳开展和谈。

双方使者多次往返，皇太极要求以三岔河、大凌河为两国边界，袁崇焕要求后金退出辽东。双方的期待过于悬殊，和谈最后不了了之。

等毛文龙一死，皮岛无主，短暂的平静后，各支队伍开始相互攻杀。后来，四协并成两协，首领刘兴治杀陈继盛，据岛叛乱，后又被参将沈世魁所杀。参将孔有德、耿忠明、尚可喜等先后辗转投降后金。皮岛再无牵制后金的作用。

崇祯二年十月，皇太极见时机成熟，亲率后金八旗与蒙古约十万大军，避开宁锦防线，绕道科尔沁草原，分三路向遵化以北的长城各关口发起了进攻。

蓟门一带防守力量薄弱，后金和蒙古大军几乎没遇到任何有效的拦截，很快在大安口、洪山口、龙井关等处突破，然后长驱直入，合兵遵化城外。

十一月一日，京师戒严。

当天，袁崇焕从宁远赶至山海关，部署兵力准备在蓟州阻截敌人；同时，急命赵率教驰援遵化。赵率教率兵飞驰三昼夜，到达蓟州镇驻地三屯营，却被驻守的总兵朱国彦以天黑无法辨识为由拒之城外。不得已，赵率教继续带兵西行。

十一月四日，赵率教带兵来到遵化城下，日夜赶路已经筋疲力尽，结果还在城外遇到后金军，不得已背城而战。奋力拒战后，赵率教身中流矢而亡，全军覆没。后金军趁势攻占遵化城，游击彭文炳、守备徐联芳战死。城破后，巡抚王元雅、总兵朱国彦自尽而死。

袁崇焕见京师危急，来不及向皇帝请旨，便与祖大寿、何可纲率兵入卫。

十一月十日，袁崇焕等到达蓟州。朱由检得知后十分高兴，一面下旨赞赏袁崇焕，令其统帅诸道援军，一面拨发帑金犒赏将士。皇帝看似无以复加的信任让袁崇焕非常感动，立即部署各路兵马抗敌。

袁崇焕以原总兵朱梅、副总兵徐敷奏等守山海关；参将杨春守永平；游击满库守迁安；都司刘振华守建昌营；参将邹宗武守丰润；游击蔡裕守玉田、昌平；总兵尤世威镇护诸陵；宣府总兵侯世禄守三河，扼敌西下；保定总兵曹鸣雷、辽东总兵祖大寿驻蓟州遏敌；保定总兵刘策还守密云。

同时，袁崇焕命游击钟宇和中军王应忠、李应元为右翼，继张弘谟而进；中军何可纲，游击靳国臣、赵国忠、孙志远、陈景荣，都司刘抚民为中权，继朱梅而进；祖大寿为后援，继何可纲而进。袁崇焕自己率军居中应援。

朱由检不知所措之际，对袁崇焕井井有条的安排非常满意，再次下旨赞许："遣兵戍防，闻警驰援，忠猷具见，朕用嘉慰。"

到这里，朱由检与袁崇焕君臣之间的信任达到了保持平衡的最高点，再往前一步，这种平衡就会被打破，只剩下为臣的一厢情愿和为君的满腹猜忌。

皇太极带军一路顺利异常，听闻袁崇焕坐镇蓟州后，不想与其硬碰硬，便继续避实就虚地绕道而行，向离京城更近的三河、顺义等地进攻。最早赶到京城的满桂和侯世禄被派往顺义迎敌，被后金军大败。皇太极的主力部队一路烧杀掠抢，挺进离京城仅几十里的通州张家湾。

袁崇焕得知在蓟州阻截皇太极的计划落空后，未及请旨再次率兵驰奔京城。

十一月十六日，袁崇焕率兵紧追慢赶抵达了运河重镇河西务，离后金军和京城都不远了。

副总兵周文郁提醒袁崇焕："外镇之兵，未奉明旨入京城，难免让人产生疑虑。督师宜先留此处，大军能战则战，不能战则守，不宜再往援京师。"

袁崇焕认为皇帝对自己知心知意，如今京城有难，因顾忌自身安危而不去救援的话会于心难安。所以，他不听劝阻继续率军赶往京城。

当夜，袁崇焕终于赶在皇太极之前抵达京城左安门外。

袁崇焕带兵追了后金军半个月，一路赶来却从未交锋，在他自己看来是保存了实力可以凭京城这座坚城据守，救皇帝于危困，而在别人眼里却是曾经的"后金杀手"退缩不前。

于是，京城的左安门外，一片忠心勤王救驾，准备迎接胜利的袁崇焕陷入了死地。

忠魂依旧守辽东

后金军一路攻向京师的过程中，京城内早就是一片混乱。

十一月六日，遵化已经失陷两天了，京城的一众官员才得知这个消息。

遵化是京畿重镇，那里的陷落再加上巡抚王元雅，总兵赵率教、朱国彦等高级官员的死难，给整个大明朝堂带来的心理震动非常巨大。朱由检立即召开御前会议，商量应对之策，可内阁的辅政大臣不懂军事，其他大臣们也没有办法，所有人仓皇间都不知所措。朱由检看着一帮团团转的朝臣，心底再次泛起一阵阵失望。

后来，吏部左侍郎成基命倒是出了个还算靠谱的主意，他建议召回原兵部尚书兼东阁大学士、辽东督师孙承宗。他说孙承宗德高望重，对敌经验丰富，是主持京城防御的合适人选。此外，孙承宗的家乡高阳离京城不远，不日就可到京上任。

那时，孙承宗已经六十多岁，但事情紧急，朱由检已经顾不得这许多，即刻起复孙承宗为兵部尚书兼中极殿大学士，主持通州防务，并召其入京面圣。成基命因举荐得当而被加封为礼部尚书兼东阁大学士，入内阁办事。

按朱由检的一贯性格，凡事总要有人背黑锅。后金军入关进逼京城，当时的兵部尚书王洽自然有不可推卸的责任。再者，看形势危急，王洽却无半分对策，对朝臣充满失望的朱由检便拿他泄愤。十一月十日，朱由检不顾大敌当前以稳定人心为要，毅然投王洽入狱。

要说这个王洽倒真是冤枉得很。他本不懂军事，只因长得威严，御前召对时被朱由检看到，竟惊呼："好一尊门神！"随后就有旨意晋升他为兵部尚书，要他为国守护好大门。王洽苦恼不已，却也退却不得。同僚向他贺喜时，他沮丧地回答："百姓家的门神每年都换新的。我不知兵得此高位，必没有好结果。"一年后，他因后金军兵临城下而入狱，还真应了他自己说的话。

随着后金越来越接近京城，朝中不少勋贵在城外的庄园被洗劫一空，他们不停地抱怨这些都是袁崇焕防御不力的结果。后来，因为袁崇焕追赶后金军的时候一直没有与敌交战，他们又造谣是袁崇焕有意通敌，引敌而至。

这时，朱由检虽然对袁崇焕不经请示就斩杀毛文龙不满，但终究还是不信袁崇焕会通敌。袁崇焕在明朝已经位极人臣，而皇太极能给他什么？李永芳不过是个小小游击，努尔哈赤都得搭上个孙女，如果袁崇焕投敌，皇太极难不成要把大汗之位让给他？所以，投敌之说在朱由检看来不过是无稽之谈。

不过，有一点倒是触碰到了朱由检的敏感神经，那就是袁崇焕没打招呼就率军直奔京师。朱由检愿意相信袁崇焕是勤王心急，但是心里还是很不舒服。所以，他不得不有所提防，命乾清宫太监王应朝监视行营，密切关注京城周边的各支军队动态。

十一月十六日，孙承宗赶到京城，立刻被皇帝召见。朱由检问他保卫京师的办法，孙承宗说："情势危急，守城的将士还都饥寒交迫不是稳妥的办法，应当重加犒赏，稳固人心，然后整治器械，加强守御。"随后，孙承宗还讲了不少具体的守城策略，朱由检听后心中大安，说："卿不要去通州了，就留在京城为朕总督京城内外的防务，还可以参与筹划机务。"

既然皇帝如此信重，孙承宗顾不得年迈，只能拼尽全力。他从宫中出来已经黄昏，顾不上休息，立刻对京城内城和外城的防务都巡视了一番，一昼夜都不曾合眼。

当晚，朱由检得知袁崇焕已经带兵来到城下，犹豫一番后，还是觉得袁崇焕的兵马战斗力强，就传令下去让他统领京城防务，仍派孙承宗去镇守通州。

朱由检的善变让孙承宗有些糊涂，再者那时敌人已经越过通州，再去通州对京城的防卫已经意义不大。但不管怎样，守卫国土在孙承宗看来都是义不容辞。接到旨意，他就带着二十七名护卫赶往通州了。

十一月十七日，皇太极率后金军的先遣部队赶到京城，闻炮声而退，在通州北二十里扎营。

本来就传言纷纷，如今袁崇焕与皇太极前后脚赶到京城，怎么看所谓"引兵而至"都像确有其事，朱由检不由得又多了一丝疑虑。

十一月二十日，皇太极大军在京城北土城关立营，然后兵分南北两路开始攻城。

北面一路，由皇太极亲率大军五万，进攻城北的德胜门。德胜门外守卫的明军是侯世禄部和满桂部。侯世禄所带的军士一战而溃，只剩满桂独力支撑。城墙之上的守军用火炮支援满桂，却因发射失误而击中满桂的军士，满桂也被炸伤，溃退到德胜门的瓮城内休整。

南面一路，由贝勒莽古尔泰率军四万，进攻城南的广渠门。袁崇焕率九千关宁铁骑守在广渠门外。后金军从东南发起进攻，袁崇焕命祖大寿列阵于南，王成胤等列阵于西北，他亲自率军列阵于西，与诸将成品字阵型迎敌。

后金军先冲向祖大寿一队，力战后不敌又转攻向西面，袁崇焕挥军合击。双方展开殊死搏斗，袁崇焕身先士卒，肋间中敌数剑，却依然左冲右突如有神助。血战几个时辰后，袁崇焕的中军被冲散，他挥刀与后金军厮杀时险些被砍，幸亏部下及时格挡，才免于战死沙场。

有时，战死沙场未必不是一件好事，尤其是对袁崇焕来说，战死总比冤死要好上千万倍。

后来，孙承宗从通州遣还三千骑兵前来援助，与袁崇焕合兵一处，把后金军逼得败退至浑河。后金军仓皇渡河，兵马陷入河冰中，溺亡者无数。皇太极轻骑巡视后，感慨死伤过重，虽胜无益，于是下令撤兵。

十一月二十三日，战事稍歇，各地勤王部队也相继赶来，城内的朱由检稍微缓了口气，决定在平台接见袁崇焕、满桂、祖大寿、黑云龙等作战将领。

袁崇焕觉得自己督师辽东已有一年，寸功未建，反倒让敌人兵临城下，内心深感不安，所以，他并没有穿官服，而是身着青衣，头戴玄帽，做好入宫请罪的准备。

朱由检带着一众朝臣在平台召见了他们。袁崇焕见到皇帝，跪拜后即出口请罪，没等他说完，朱由检一把扶起他，见他穿得单薄，随手脱下自己的貂裘披在袁崇焕身上。接着，朱由检让满桂脱掉袍袖，查看了他身上的伤，对其也是一番慰劳加勉。

众将对皇帝的慰问很是感动，纷纷谢恩。

然后，袁崇焕开始跟皇帝商讨京城防御部署。他说后金兵强，不是一日可退，朱由检与众臣皆表示赞同。

袁崇焕又说，要打持久战，将士们需要好好休整，他的部下连日追赶征战，希望皇帝能按照满桂一部的前例，允许他们进城休息。对此，朱由检断然拒绝。

袁崇焕有些搞不清楚，前一刻皇帝还对自己客客气气，这一刻为何翻脸无情，对自己的合理要求拒绝得如此彻底。他不知道正是这个所谓的"合理"要求，逼得皇帝要对他下死手。

没有圣旨，私带军马进京，与造反无异。形势危急，朱由检选择了信任袁崇焕，可袁崇焕要带兵马入城，到底是要休整还是要逼宫，甚至还是要刺王杀驾取而代之？换了哪个君王对这样的要求都会起疑，何况袁崇焕有擅杀的前科，而朱由检又本就多疑。

提出入城要求的那一刻，朱由检就判定袁崇焕不再可用，就像当年袁崇焕判定毛文龙不再可用一样，剩下的只有一个字：杀！

袁崇焕手握兵权，朱由检当然不能就这么处置了他。召对过后，朱由检还是客客气气地把袁崇焕送出了宫。

接下来，朱由检开始紧锣密鼓地部署安排。他命司礼监太监沈良佐与内官监太监吕直提督京城九门与皇城的皇极门；命司礼监太监李凤翔总督忠勇营，提督京城的戍卫部队京营。一番调派之后，朱由检把所有京城和皇城的警卫力量都直接控制在了听命于自己的宦官手里。

顺天府尹刘宗周劝谏皇帝"自古未有宦官点兵而不误国者"，朱由检执意不听。刘宗周不明白，首先要保证皇城的绝对安全，皇帝才能继续做他要做的事。满朝文武，朱由检无人敢信，所以只能宦官点兵。

这期间，有一个流言在京城广为流传，即满桂身上的伤是袁崇焕命人开炮打的。

袁崇焕与满桂不和并不是秘密，但他们与后金军同时交战的当天，一个在城南，一个在城北，再者城墙上防守的军士并不是袁崇焕麾下，无论从技术上还是从人情上，袁崇焕都很难做到命人开炮打伤满桂。

如此漏洞百出的流言会盛传，只能说是有心人在利用无知百姓的爱憎为袁崇焕的结局铺垫舆论基础。那时，百姓对后金军恨之入骨，对袁崇焕防守不力也多有埋怨，根本没人会细辨此流言的真假。

许多百姓甚至守城的士卒受流言所惑，口口声声称袁崇焕为大明罪人，称辽兵辽将为奸细。面对后金军，京军不敢出城一步去杀敌，而对这些千里驰援的同袍，他们竟时不时地故意从城上投石杀害。

北京城外，寒风刺骨。袁崇焕带着关宁铁骑不得入城休整，还需要提防背后的投石。众军士愤懑不已，却只能背城而战，心底之冷比凛冽的西北风还要寒凉万分。

十一月二十七日，袁崇焕派五百人潜至后金大营附近，炮轰其营地，后金军损失惨重，皇太极下令再次撤退。京城周围的严峻形势得到进一步缓解。

十一月二十九日，有两个曾被后金军俘获的宦官逃回京城。他们说在后金军的营中无意听到后金撤军是与袁督师事先商量好的，因为大事不日可定。

这是《三国演义》中蒋干盗书的翻版，朱由检一听便知。不过不要紧，这么好的借口不用实在太可惜了。

十二月一日，朱由检再宣袁崇焕、满桂、祖大寿、黑云龙入宫平台召对。他让人宣称是入宫议饷，军饷不足一直是让人头疼的问题，所以袁崇焕接到旨意后，想都没想立刻奉旨入宫。

这是袁崇焕第三次平台召对，第一次皇帝期望殷殷，他意气风发；第二次皇帝客客气气，他丈二和尚摸不着头脑；而这一次大出其所料，皇帝冷着脸，见到他就接连发问：为何擅杀毛文龙？进京途中为何不与敌战？为何炮伤满桂？

这些都不是一两句话能解释清楚的，况且皇帝骤然发问，袁崇焕始料未及，一时竟被问愣了。

见袁崇焕无话可说，朱由检命锦衣卫将其拿下，关入诏狱，解任听勘。

成基命立即跪倒在地，替袁崇焕求情说："兵在城下，不比他时。"其他阁臣也极力劝阻，都说："临阵易将，兵家所忌。"但朱由检坚持说："势已至此，不得不然！"

袁崇焕下狱后，朱由检派遣太监车天祥慰谕辽东将士；命满桂总理各路援兵，节制诸将；命祖大寿、马世龙分理辽东兵马。

看似一切安排得周密妥当，但朱由检没有注意到，祖大寿见袁崇焕被绑下狱，是浑身颤抖着走出宫的。

十二月四日，惊惧愤懑的祖大寿与何可纲率入援的辽东精锐向东开拔，毁山海关而出，直抵宁远，朝野大震。

皇太极得知袁崇焕下狱，喜出望外，集中兵力攻掠畿南一带，明军接连惨败。后金军乘胜抵达永定门外，京城形势再次危急。

朱由检仓促间设置文武经略，由梁廷栋、满桂担任，各赐尚方宝剑，分别驻屯西直门与安定门。

当时，满桂正屯驻宣武门瓮城之内，称敌强援寡，不可轻战。但是，朱由检多次派人催战，满桂不得已挥泪而出，率五千军士在安定门外二里许扎营，列栅置炮，以待后金军。

十二月十七日，后金军至，满桂身先士卒，骁勇无比，但明军终因寡不敌众，节节败退。满桂旧伤复发，坠马而死，副将孙祖寿及参将周旗等三十余将战死，总兵黑云龙、马登云被俘投降。

后金诸将见明军将死兵败，纷纷要求攻城，而皇太极却说："城中皆是无能之辈，攻取城池易如反掌。但是，大明百年，虽死未僵，不是一朝一夕可以取代的。京城得之容易，守住难，不如简练兵马，以待天命。"于是，皇太极遣使议和，率部向东一路抢掠离去。

这一次的后金军入关侵扰京城发生在崇祯二年，是干支纪年法中的己巳年，史称"己巳之变"。

朱由检把袁崇焕下狱之后，并没有马上杀他。袁崇焕在狱中上疏申辩：满桂的事情他不知道，一路没有交战是战略需要，而擅杀毛文龙是与内阁大臣钱龙锡商量过的。

正常情况下，袁崇焕澄清误会，辽东战场还需要他，朱由检不是完全没有可能对他大惩小戒后，再放他回辽东战场的。然而，那时阁臣会推风波刚过不久，朱由检对东林结党疑心甚重。袁崇焕科考的座主是内阁首辅韩爌，老牌东林党人；袁崇焕在战场上的老师是孙承宗，身上东林色彩浓重；这回又自爆与东林党人钱龙锡有勾结，朱由检更怒气难消。

当年的年底，阉党余孽漏网之鱼，江西道御史高捷为攻击钦定逆案的主要办案人，上疏弹劾钱龙锡，说袁崇焕擅杀是钱龙锡指使，还说祖大寿等逃回辽东也是被钱龙锡挑唆。

钱龙锡上疏抗辩，同时引疾辞归。朱由检同意后，朝臣见他态度有变，继续攻击韩爌"主政误国，招寇欺君"，韩爌连上三疏致仕。继韩爌出任首辅的李标见皇帝对廷臣结党深疑不结，也连续上疏，辞归故里。朝中再无为袁崇焕说话之人。

崇祯三年八月，为讨好冉冉升起的政治新星周延儒，又有人攻击钱龙锡，说他收了袁崇焕几万两银子的贿赂，存放在姻亲徐本高家中。朱由检听闻大怒，给袁崇焕定下"欺藐君父，失误封疆"的大罪。

八月十六日，朱由检在平台召集九卿科道诸臣，宣布袁崇焕的罪行及对他的判决。

朱由检给袁崇焕定下的罪名是："有负君上托付，一味欺瞒；卖粮助敌；与敌议和，擅杀大帅；纵敌长入，逗留不战；遣散援军，强要入城。"朝臣无人说话，朱由检接着公布对袁崇焕的判决："依律处磔刑，家属十六岁以上者处斩，十五岁以下给功臣家为奴。特流妻子兄弟三千里，其余不问。"

宣判当日，对袁崇焕行刑，京城百姓都以为他是引敌入侵的罪人，对他恨之入骨，争着要吃他的肉。行刑者割肉卖钱，一片肉一钱银，百姓争相买肉就酒，边吃边骂。袁崇焕皮肉已尽，心肺之间叫声不绝，惨绝人寰。

袁崇焕为国征战拼杀，却落得如此下场，令人唏嘘。

《明史》中说："自崇焕死，边事益无人，明亡征决矣。"

这是后人看到的历史，当时的朱由检看不到，他眼中的真相是袁崇焕不可用，杀了也不后悔；当时的百姓也看不到，他们眼中的真相是袁崇焕是通敌叛国的罪人，杀了也不后悔。

每个人都有自己的真相。

而袁崇焕眼中的真相是自己一生守土护民、忠君勤王，所以他也不后悔。死期临近，他还留下了一首诗明志：

一生事业总成空，半世功名在梦中。

死后不愁无勇将，忠魂依旧守辽东。

剿不胜剿，山河破碎

袁崇焕下狱后的第三天，祖大寿就率兵逃回了宁远。

祖大寿生为辽人，世代守卫宁远。宁远是祖大寿的家，所有守卫宁远的人，祖大寿对其都心怀感激并打心底里敬佩。当年广宁失陷，王化贞跑了，但祖大寿不会跑，他逃到觉华岛，继续坚守。后来孙承宗来到辽东，袁崇焕再修宁远城，祖大寿就成了袁崇焕手下最卖力的将领。

再后来，高第放弃辽东，退守关内，而袁崇焕留下来誓守宁远，他与祖大寿等并肩战斗，共历生死。从那时起，袁崇焕在祖大寿心中的位置再也无人能够取代，哪怕袁崇焕让他赴死，祖大寿也绝无二话。

然而，袁崇焕千里驰援，城下拼死杀敌，皇帝却把他抓起来了。这样的皇帝让祖大寿很失望和惧怕，出宫之后，带上精锐撤回辽东，几乎成了祖大寿唯一的选择。

当时，京城之外的大敌未退，而精锐却撤回了辽东，朝臣都深感不安，安抚祖大寿和辽东军马刻不容缓。阁臣成基命知道祖大寿对袁崇焕有感念之情，建议朱由检派人用袁崇焕的手书招抚祖大寿。

于是，内阁六部等一众朝臣轮番到牢里劝袁崇焕写信，袁崇焕没有松口，他想不通为何要再拉自己的部下来蹚这趟浑水。后来，兵部职方司的余大成来到狱中，他跟袁崇焕不说别的，只谈民族大义。身陷囹圄，万念俱灰，袁崇焕什么都听不进去，可他唯独不能置之不顾的就是民族大义。所以，他写下书信劝祖大寿不要因私情念顾自己，而是要以大义匡扶国家。

信使贾登科追上祖大寿的时候，祖大寿已经快到锦州了。祖大寿见到袁崇焕的手书，当下落泪，立刻集合兵马返回山海关。

为了安抚去而复返的辽东军马，也为了重新整顿山海关内外的防务，朱由检命驻守通州的孙承宗仍以兵部尚书兼内阁大学士的身份移镇山海关。

　　孙承宗是袁崇焕的老师，但凡敬服袁崇焕的人无不对孙承宗唯命是从。孙承宗曾经派人告谕祖大寿，要他上疏检讨东奔的过失，向皇帝表示要立功为袁崇焕赎罪，祖大寿立即依言行事。当祖大寿等人得知孙承宗再镇关门时，都更加安心地赶往山海关。

　　到达山海关后，孙承宗立即筹措粮饷，抚军安民。然后，孙承宗又组织军民重新修复破败的城墙，疏通阻塞的壕沟。之前关城都是东面迎敌，但如今后金军后撤东返的话，又需要西面迎敌，于是，孙承宗又命人在城墙的西侧加设防护墙，架起火炮，这样山海关东西两侧的防御力量都大为提升。

　　崇祯三年正月，祖大寿率兵回到山海关，孙承宗以极其隆重的仪式欢迎辽东军士的回归，随后在督师府衙接见祖大寿、何可纲、张弘谟等将领，绝口不提退兵之事，众将感念，当场宣誓杀敌以报。

　　祖大寿归来后，孙承宗又召集了另外一位得力的将领，即马世龙。

　　马世龙，宁夏人，历任宣府游击，永平副总兵，后来被孙承宗赏识授署都督金事，出任三屯营总兵官。等孙承宗出镇辽东时，他被推荐为山海总兵，马世龙念及孙承宗的知遇之恩，在其帐下十分尽力。后来有人借故弹劾马世龙，又因孙承宗力保而幸免无事。

　　天启五年，马世龙误信从后金逃归的刘伯镪之言，派宁远中协副将鲁之甲、参将李承先率七千新兵袭取耀州，兵败后被弹劾，称病回乡。

　　崇祯二年都城戒严，马世龙被启用，祖大寿兵退辽东之时，孙承宗就是派他驰谕祖大寿听命。

　　马世龙接到孙承宗的调派，即刻率人前去山海关会师。辽东将士有不少曾是马世龙的部下，得知马世龙也要来山海关，众人都很高兴。

　　皇太极从京城撤离之后，京畿与山海关之间便烽烟四起。崇祯三年二月，皇太极的主力从迁安东北的冷口越过长城，但也留下不少兵马守在关内的遵化、永平、滦州、迁安，准备用四城做前哨阵地，方便以后再来进攻大明。

　　祖大寿重归于麾下，又有马世龙及四方援军，孙承宗不能任由皇太极在关内留有据点，开始积极部署，准备收复四城。

　　首先，孙承宗收复了建昌营。建昌营是永平城东北的一处关隘，位于山海关与马兰峪长城中间点，如果夺回建昌营，横向可使大明长城沿线的防守连成一线，纵向可以斩断后金南北相连的通道。

祖大寿到达山海关后不久，便被孙承宗派出收复建昌营。原建昌营的明军投降后金都是被形势所迫，见明军派人前来收复，就擒获投降将领并打开营门响应。祖大寿等人没费太多力气就收复了建昌营。

收复建昌营后，孙承宗又派关宁铁骑五百协助三屯总兵杨肇基，在遵化城北大败后金军，从而逼近遵化城。

在孙承宗的调派下，明军大体分为东西两路：东路为祖大寿部，驻扎在山海关及抚宁、昌黎、乐亭等地；西路为马世龙部，驻守在丰润、玉田一带。

马世龙主张乘胜攻取遵化，而孙承宗却不赞同。他认为后金军虽仅有四座孤城，守兵也只有两万，但四城都是城池坚固，易守难攻。另外，东西两路大军都是多次苦战的疲惫之师。所以，孙承宗决定明军当前应养精蓄锐，待其从容部署，以备他日一举收复四城。

孙承宗的意见获得了朱由检的赞同，批复他"一应进止，悉听便宜"。于是，孙承宗一边命大军驻扎休息，一边命何可纲、张弘谟带部分人马攻占开平，把重镇抚宁、昌黎、乐亭、开平连成一线，打通从海路向前线运送粮饷和装备的通道。

经过三个月的休息整顿和外围部署，孙承宗见收复四城时机已经成熟。崇祯三年五月四日，孙承宗率东路大军举行誓师仪式，经昌黎、乐亭向滦州挺进，同时命西路军赶来会合。

五月十日，祖大寿及张春、邱禾嘉诸军先抵滦州城下，马世龙及尤世禄、吴自勉、杨麒、王承恩等随后赶到。

明军包围了滦州城东、西、南三面之后，发起攻城。明军攻城两天，几轮苦攻下来，后金军抵不住明军的矢炮，向北出逃。出逃的路上，后金军又被明军伏击，溃不成军，仅有不到百人遁入永平城。

滦州城破的当日，奉命包围迁安的副将王维城等也在城中内应的配合下收复了迁安。

五月十四日，何可纲率部进抵永平城下，守城的后金军见大势已去，弃城北逃。当天，孙承宗等率部进驻永平，谢尚政率军抵达遵化城下。

五月十六日，明军进攻遵化。一阵利炮的掩护下，明军登上城墙，后金军不敌，从北门逃散。

至此，关内四城全部收复。

朱由检大喜，告祭宗庙后，加封孙承宗为太傅，再赐蟒服、金币等，子孙世袭锦衣卫指挥佥事。孙承宗已经见识了皇帝的反复多变，另外他已年近七旬，所以力辞太傅不受，并屡次上疏称疾乞休。

朱由检正准备依靠孙承宗再剿后金军，收复关外失地，所以对孙承宗的请辞优旨慰问，但坚决不批准，还命其代替袁崇焕总督蓟辽军务。孙承宗也只能勉力维持。

孙承宗着力恢复蓟辽防务的同时，命诸将率兵从长城诸关隘出击蒙古，惩处他们引导后金军越过长城进入关内的罪过。蒙古各部大败，不得不向北迁徙，近边三百里内再无蒙古各部踪影。

崇祯四年正月，孙承宗不顾年老体衰出关东巡，经由前屯、宁远抵达松山、锦州，巡视二十天后返回山海关。次月，又出关西巡，经由三道关、一片石、石门寨、燕河营等，巡遍三协十二路大小边堡。两次出巡回到山海关后，孙承宗上疏建言边政八事，朱由检一一允准。朱由检再次加封孙承宗为太傅，兼领尚书的俸禄，子孙世袭尚宝司丞，又赏赐蟒服银币等，孙承宗又辞太傅不受。

孙承宗的建议中有一项非常重要，那就是收复右屯并在大凌河筑城，以连接松山、杏山和锦州。右屯离海仅二十多里，便于运送粮草，攻守两便。孙承宗认为要恢复辽东必先收复右屯，而收复右屯的话后金军必然来攻，那时右屯就需要依托大凌河，与锦州保持联系才能固守。

当年三月，祖大寿率辽军移驻大凌河，兵部尚书梁廷栋随后派人领军协助祖大寿共同修建大凌河。开工后，辽东巡抚邱禾嘉也来到大凌河，他嫌大凌河城小就下令同时修筑右屯卫。结果，因工料不足，大凌河城的工期不得不一拖再拖。

五月，支撑修筑大凌河城的梁廷栋在朝堂的政治斗争中失败被罢官。新任的兵部尚书熊明遇不支持修城，邱禾嘉与祖大寿因修城而起了矛盾，邱禾嘉借势下令停止大凌河城的修建。

大凌河城最终也没修完，可明朝的君臣不知道皇太极见到明军修城是多么恐慌。皇太极生怕明朝的防线再度连成一片，所以在当年八月他亲率八旗军士进抵大凌河城下。他吸取了之前攻打宁远、锦州失败的教训，这次对大凌河只围不攻。

皇太极命人在大凌河四周挖了壕沟，竖起栅栏，把大凌河死死困住，然后围城打援。

孙承宗得知祖大寿在大凌河被围，派遣吴襄、宋伟前往救援，而辽东巡抚邱禾嘉却多次改变出师的日期，贻误军机。

后来，孙承宗赶往中右所，准备去宁远、锦州前线亲自指挥作战，而朱由检却下旨让他兼顾关内关外，孙承宗只好又返回山海关。

九月，朱由检又命孙承宗持尚方宝剑，与巡关御史王道直一同赶赴宁远，督促各将增援祖大寿剿灭后金军。孙承宗又起身出关，同时命山海关副将靳国臣率三千精骑赶往松山，又命驻守在锦州的邱禾嘉率吴襄、宋伟奔赴大凌河。月底，孙承宗与王道直到达锦州，命张春监军指挥各军同后金军交战。

后金军本就擅长野战，那时又已从大明偷师造出了火炮，战斗力倍增，再加以逸待劳迎战长途奔袭的明军，在战场上占尽了优势。明军四万人在小凌河与后金军两次交锋均以战败告终。后来，在大凌河东南的长山又被后金军大败，张春与张弘谟等三十多将领被俘，几乎全军覆没。

大凌河城被围没多久，城中就断粮了，士兵纷纷杀马充饥。被围期间，祖大寿与何可纲多次带人试图突围，都因寡不敌众而败回城内。

十月底，大凌河被围近三个月，城外援兵已尽，城内断粮绝薪。不得已之下，祖大寿等多数守城将士决定投降，而何可纲坚持不降。二十八日，祖大寿令人将何可纲推出城外斩首，然后率副将张存仁等出城投降。

皇太极与后金众贝勒大臣一齐隆重地迎接了祖大寿等人。投降后，祖大寿向皇太极建言，说自己的妻子儿女均在锦州城，趁锦州方面不知自己已经投降，愿带一支兵马去锦州，在城里当内应，配合后金军夺取锦州。皇太极同意了，放祖大寿离去。

祖大寿回到锦州就组织防御，对后金的催促虚与蛇委。邱禾嘉向朝廷参奏祖大寿率队献城投降，朱由检不仅没有降罪，反而提升祖大寿为左都督，镇守锦州。不过朱由检后来三次下诏，命祖大寿进京觐见，祖大寿都借故推辞，始终坚守在锦州。

皇太极得大凌河城后，下令拆毁了尚未完工的防御工事，又缴获了上千门火炮带回沈阳。从那之后，在后金军与大明的对战中，火炮再也不是大明独有的优势了。

长山一战，大凌河城失守，明军损失惨重。朝中大臣均弹劾孙承宗，说他与邱禾嘉因筑城产生矛盾，所以才会导致兵败。孙承宗见内阁被周延儒、温体仁等把持，只能营私，不能辅国，而皇帝猜忌多疑又摇摆善变，便再次以年老体衰为由申请致仕还乡。十一月，朱由检批准了孙承宗的辞呈。

孙承宗天启二年督师辽东，收复失地几百里，再建宁锦防线，为国家培养了辽东战场的接班人袁崇焕；崇祯二年救京师于危困，叫回迷途的祖大寿，安抚辽军，收复关内四城，整顿山海关内外军务。

可以说，孙承宗是明末唯一能扭转局面的巨人。然而，皇权之下，巨人与寻常老人一样无奈，眼看着时局日下，也只得在一旁束手而难有作为。但是，这不是孙承宗的谢幕，七年以后，他会以一种最辉煌也是最壮烈的方式退出历史的舞台。

清代官修的《明史》中，只有一位明朝的大臣单列一传，这位大臣就是孙承宗。孙承宗的敌人给了他帝王般的待遇，而这种特殊的致敬，他当之无愧。

袁崇焕被冤杀，孙承宗又辞归故里，关外明军人心惶惶，防线又被后金军搅得七零八落，从此，莫说收复故土，就连维持现状也是可望而不可即了。

后金军，再后来该叫清军，攻入关内一次比一次容易，每攻一次他们便壮大一分；相应地，大明的山河每被践踏一次，明朝的实力便被削弱一分。

一次又一次的山河破碎之后，等到清军第六次入关时，朱由检和他统治的大明都已不复存在，只留白云千载空悠悠。

第五章

反噬，力挽狂澜却掀起更大波澜

为政察察，举措乖张

朱由检一向自视甚高，觉得自己堪比尧舜，听不进任何人对自己丝毫的贬损，哪怕是赞美也大多不合他意。

最初，有臣子想拍皇帝的马屁，把朱由检比作汉文帝，结果却让朱由检十分生气。他认为汉文帝充其量不过是个中等偏上的皇帝，而臣下把他比作汉文帝是太贬低他了。

后来，又有臣子提起唐太宗，朱由检也很不高兴，他说："唐太宗扫荡群雄，朕自愧没有那样的才能；但要说到闺门无序，家法败坏，朕还羞于与其相提并论。"

可见，唐宗、宋祖一类的人物，朱由检并未放在眼里，只有上古的唐尧、虞舜才是值得效仿的君王。既然他常自比尧舜，说明他这个君王已经完美无瑕，其余的便是寻找良臣以辅佐圣君。

施政之初，朱由检感慨时政艰难，用人主张"先才后守"，即把才干放在操守前面，唯才是举。本着这样的想法，朱由检打破很多惯例，破格任用人才。

首先，朱由检从科举入手。

以往科考的策问大多泛泛而论，不涉及实际社会问题。朱由检觉得这样很难看出举子是否有解决现实问题的能力，于是，他亲自改动策问试题，以时局和社会各项矛盾等棘手的问题来考察应试举子。比如，崇祯七年，朱由检亲出的策问考题中就有这样一道："士大夫与朕共同治理天下，但如今士风不正，欲求无边而见识短浅。如何才能正士风以复古道？"

另外，朱由检还增设"裕国足民科""奇谋异勇科"以选择有实际才干的人。武举也增加了殿试，高中者如文举一样赐进士及第和进士出身。

其次，朱由检还打破了内阁必出自翰林的惯例。明朝有"非进士不入翰林，非翰林不入内阁"的惯例，而朱由检觉得翰林院的官员中很多都没有实践经验，不如经地方历练的官员熟悉社会民情，正所谓"猛将必发于卒伍，宰相必起于州部"。其实，从政务实际需要出发，选用熟悉业务的外僚入阁办事，对提高政务效率无疑是有益的。

然而，朱由检破格选用的第一个非翰林阁臣就是张至发。那时官场世风日下，张至发也是党同伐异、营私弄权的那一派作风，让朱由检大失所望。

再次，朱由检强调任用官员不拘资格。

明初，太祖朱元璋告谕吏部，选用官吏，不拘资格，那时进士、监生及荐举者都会被任用为官。渐渐地，官员任用就只以进士为主，监生等即便做官也是很低级的职位。

崇祯九年，山阳武举陈启新诣阙上疏，痛陈用人唯问资格之弊，朱由检提拔他为吏科给事中，历任兵科给事中。

崇祯一朝被破格任用的官员很多。《明史》中历数大明历史上由举人身份而出任巡抚的人：隆庆朝只有海瑞一人，万历朝有张守中、艾穆，而崇祯朝因破格求才而得九人。丘民仰、宋一鹤、何腾蛟、张亮以忠义著；刘可训以武功闻；刘应遇、孙元化、徐起元以勤劳致位，而陈新甲官最显。陈新甲由宣府巡抚升至宣大总督，最后官至兵部尚书。

最后，朱由检还进一步开放藩禁，允许宗室子弟应试授官。

明成祖朱棣以藩王篡逆获得皇帝的宝座，生怕其他藩王效仿，所以从那时起藩禁就愈来愈严格。各个藩王活动不得自由，甚至连出城扫墓也得提前奏请。藩王受封后也不得入朝，甚至国家危急时都不许藩王带兵进京勤王。

诸藩只能凭借其身份享受朝廷的供养，生子请名，成年后请婚于朝，身死则由朝廷负责丧葬。宗室子弟不许入仕为官，也不许丢了皇家体面去另谋生计。

时间一久，宗室子弟人口剧增至十几万，朝廷无力负担，宗室禄米常常不能按时发放，致使许多血脉疏远的宗室成员穷困潦倒，甚至衣食无着。万历年间，朝廷为省禄米，允许爵位较低的宗室子弟儒服就试，考中者量才授官。

之前朝廷允许宗室子弟考试选官不过是为了减轻经济负担，而朱由检这么做更多的是为了从宗室中选拔人才。崇祯四年，宗室子弟朱统饰考中进士，初选庶吉士，吏部以其为宗室子弟"不宜官禁近"为由，请改中书舍人，朱由检仍授朱统饰为庶吉士。

朱由检对宗室子孙寄予厚望，还命人拟定"议选宗才"的具体条例，准备选拔郡王子孙中文武堪用之人为官。

崇祯九年，礼部拟定了具体的选用、任官以及考核办法。按照此法，辽王的后裔朱术珣被选入京，授户部主事，负责管理草场。结果，朱术珣对这官职非常不屑，上疏抱怨说"奉旨亲召之官，一出宫门，却被户部尚书支去买草"。

由此可见，宗室子弟想的只是高官厚禄，真正能弯腰做事的人寥寥无几。朱由检的一片厚望大多都落了空。

求才若渴，让朱由检不知不觉地走向了另一个极端，很多时候选用人才竟如儿戏一般随意。

己巳之变，京城被围，急需军事人才，有人举荐庶吉士刘之纶及其友申甫和尚。此二人平时喜欢研究兵法，还一起设计了几种战车。朱由检见之大喜，以为是当世张良，直接任命刘之纶为兵部侍郎，授申甫为副总兵官并命其招募新军抗敌。

多少人在前线拼尽性命也未必做得了总兵官、兵部侍郎，而朱由检把这样的高位随意就给了寸功未建的刘之纶和申甫。很多现任的官员对此感到强烈不满，时时处处刁难他们，想方设法让二人难堪。

申甫临时招募的市井之徒未及操练就匆匆出城迎战，结果不战而溃，申甫阵亡。刘之纶协理京师防卫，不断受人挤对，义愤之下自己也招募了一支队伍出城抗敌，最后在遵化城外全军覆没，刘之纶战死。

如此随意用人，不但让刘之纶与申甫及他们招募的万千新军枉自送了性命，也很难让破格选用的人才给朱由检带来惊喜。

再者，朱由检在实践中对任何人都很难真正做到"先才后守"。他常觉得自己这个圣君已经具备，遇事不谐便都是臣子不够精明能干，气急败坏下他对所有臣下从来都是斤斤计较，事事苛求。

比如己巳之变，朝堂震动，如此大事，朱由检自然要按其一贯风格处置一大批朝臣。

后金军尚未围城之时，朱由检就把兵部尚书王洽投入大牢。后金军入侵关内，进逼京师，王洽没有应对之策，朱由检便迁怒这尊"门神"没挡住外敌，将其下狱。等京城之围解了，王洽已经死在了狱中，朱由检给他判处的罪行依然是死刑。

袁崇焕下狱后，祖大寿等逃回辽东，朝廷人心惶惶，那时各地的援军还在纷纷赶来，兵部对这些人马不知如何调派，朝令夕改，十分混乱。有些援军被调派地左支右应，疲惫不堪。

山西巡抚耿如杞带五千军士入援，第一天被派去守京城东面的通州，第二天又被派去守京城北面的昌平，第三天再调去守京城南面的良乡。混乱之中，山西军士没有得到任何补给，而每天又要赶一百多里的路，饥疲难忍下在京郊大肆抢掠。朱由检得知后，不问事情缘由，立刻把带兵的巡抚耿如杞和总兵张鸿功下狱，战后一并判处死刑。

己巳之变中被朱由检处置的官员还远远不止这些。

工部应该为守城军士提供武器和守城的器械，但时间仓促，一时无法备办齐全，朱由检便把工部尚书张凤翔和工部四个司的郎中全都抓起来，后来四个郎中有三个死在了狱中。

兵临城下时，京中一片慌乱，刑部大牢疏于防范，有一百七十多人越狱逃跑，他们准备越城逃亡时才被抓获。朱由检听闻怒不可遏，把刑部尚书乔允升、侍郎胡世赏还有提牢主事都抓到刑部监狱。

袁崇焕行刑后，受其牵连的钱龙锡不久被逮捕下狱，众臣通力营求后才改死刑为戍边。钱龙锡戍边十二年，两次遇大赦而不免其罪。钱龙锡的儿子请求交纳粟米为他赎罪，而恰逢周延儒再当国，也没被批准。直到南明弘光政权时，钱龙锡才得平反，恢复官员身份返回故里，不久去世。

己巳之变，后金军的入侵不仅给大明带来了巨大的经济损失和军事破坏，还给明朝带来了难以弥补的人才损失。皇帝朱由检也因此行事更加急躁乖张，最后他自己杀掉或惩处后弃之不用的大臣远比在战争中丧命的还要多。

朱由检行事急躁，对臣工求全责备，早被他的大臣看在眼里。内阁大学士谢升批评他："惟自用聪明，察察为务。"别人褒扬他如汉文帝，朱由检都不爱听，对这刺耳的批评又哪里听得进去。

崇祯九年，内阁大学士钱士升撰写《四箴》呈献朱由检，劝他："宽以御众，简以临下，虚以宅心，平以出政。"朱由检表面优旨赞赏，心里却非常不高兴。钱士升的中肯之语却被朱由检看成了沽名钓誉之举，等他再有事劝诫，朱由检就批示说："卿要沽名，之前的《四箴》就够了，何必汲汲。"此话吓得钱士升坐卧不安，立刻上疏乞休，朱由检当即批准。

朱由检对臣下刻薄寡恩，动辄还以祖制为借口，信重锦衣卫是依明成祖旧制，对大臣施以廷杖之刑也是依据祖制。

崇祯十一年，詹事府少詹事黄道周召对时不惧君王权威，坚持己见，因而被贬为江西布政司都事。江西巡抚解学龙见黄道周才学兼备，又向皇帝极力举荐。大学士魏炤乘与黄道周不合，便说解学龙滥荐。朱由检气愤之下，命人把解学龙与黄道周一同押送进京，各廷杖八十，关入刑部大牢。

户部主事叶廷秀上疏解救，被廷杖一百，削籍为民。太学生涂仲吉上疏称黄道周为"盖世大儒"，说这样的人不被重用，反被关牢中，为皇帝和天下百姓感到可惜。朱由检看到后立即逮捕涂仲吉，廷杖一百，罚其戍边。

再到后来，祖宗留下的廷杖制已经不能解朱由检心中气愤，他甚至不顾皇家的气度体面，命人在文华殿中行刑。

礼部郎中吴昌时曾为周延儒的复出四处奔走，多方活动。周延儒再次出任内阁首辅后，依照吴昌时的意愿，破格转任他为吏部文选司郎中。吴昌时得志，结交内侍，肆意弄权，惹得科道官员强烈不满。那时，恰逢锦衣卫在收集周延儒的罪证，他们就以吴昌时为突破口，准备置周延儒于死地。

崇祯十六年七月，朱由检带着众臣在文华殿亲审吴昌时。当时，朱由检身着素服，还特意带上了太子朱慈烺和定王朱慈炯。

朱由检质问吴昌时勾结内侍的罪行，吴昌时矢口否认："祖宗之制，结交内侍者斩。法极森严，臣不才，安能犯此？"

上疏弹劾吴昌时的是御史蒋拱宸，朱由检传他上前与吴昌时对质。蒋拱宸哪里见过这样的场面，早就被廷审的森严气氛吓倒，匍匐在地，一句话也说不出来。

朱由检斥退蒋拱宸，吴昌时见此情形愈发理直气壮地狡辩："皇上势必以此罪判处臣，臣不敢违抗圣意，自当承受。但是要臣屈招，臣是实在不能。"

见审问遇到障碍，朱由检当即便要动刑。阁臣蒋德璟、魏藻德出来劝阻，说："殿陛之间，无用刑之例，乞请将吴昌时交由三法司究问明白，按罪量刑。"

朱由检不听，说："此辈奸党，神通彻天，若离此三尺地，谁敢依法从公勘问？"

阁臣纷纷说："殿陛用刑，实三百年来未有之事！"

而朱由检却怒说："吴昌时也是三百年来未有之人！"众臣禁口，内侍随即在大殿之上对吴昌时行刑，直至其双侧小腿被夹断，呼号之声响彻殿宇。众臣都摇头叹息，感慨大明的元气耗尽了。

《道德经》中说："其政闷闷，其民淳淳；其政察察，其民缺缺。"就是说，政治宽厚清明，人民才会淳朴忠诚；相反，政治苛酷黑暗，人民就会因抱怨而变得狡黠。

这个道理朱由检也懂，但他一直觉得乱世当用重典，怪不得他。

朱由检一生为政察察，在位十七年，共赐死首辅两人，诛戮总督七人，巡抚十一人，兵部尚书换了十四位，而刑部尚书更是换了十七人。

刑部尚书十七人中只有胡应台得以全身而退，其他人或死或戍或下狱或罢官，都不能善始善终。再看兵部，尚书王洽因京城被围获死，而后来京城又三次被围，枢臣皆得以免罪，众人因而替王洽不平；尚书陈新甲更是死得不明不白，不过是皇帝为了遮掩自己议和的羞耻才拿他的命来堵众人之口。

袁崇焕被杀，刘鸿训、钱龙锡被贬戍边，韩爌、李标、孙承宗等辞归故里，而温体仁却能在阁八年，周延儒也两次出任首辅。朱由检如此行事，不但使唯才是举的政策大打折扣，更是让忠直之臣或被杀戮或被贬斥而渐渐地离开庙堂。所以，朱由检的朝堂，唯有奸佞之辈才能久居。

不算南明，大明立国二百七十六年，前二百六十年共出奸臣三位：胡惟庸、陈瑛、严嵩，而朱由检在位十七年就独得奸臣两人，即周延儒与温体仁。

有人说以往稍微有些名气的朝臣，都会留下其政绩恩遇，而崇祯一朝的众臣，都整日忙于补救过错使其免于被苛责，很少有人还能真正为国家考虑。这样，还如何拨乱反正呢？

这一切，都如刘宗周所说的那样，皇帝求治太急，用法太严，让诸臣畏罪饰非，不肯尽职业，以致形成了"有人而无人之用，有饷而无饷之用，有将不能治兵，有兵不能杀贼"的局面。

日理平台，官贪兵懈

皇帝与朝臣的见面一般有两种：一种是礼仪性的，比如朝会等各种国家典礼，这种场合下君臣虽然见面，但通常并无实际的交流；另一种是工作性的，比如召对，有些类似于现代社会中领导召开的集体办公会议，众人聚集在一起讨论问题，拿出方案。

明朝前期，皇帝通常在端门、奉天门、左顺门、文华殿、武英殿接见臣子，到了明朝中后期，则改成了建极殿的中左门。《汉书》中梁文帝为梁孝王所建的复道被称为平台，众人都觉得明代三大殿的回廊与其极为相似，所以建极殿的中左门那里又被大家称为平台。

弘治十三年（1500），明孝宗朱祐樘曾经在平台召见内阁大学士刘健、李东阳、谢迁。渐渐地，平台召对就成了皇帝召见宰执，面对面商讨国家大事的一种方式。平台召对的次数也成为衡量皇帝勤政与否的标准。

平台召对作为一种非正式典礼的召见，因为没有旁人的参与，只有君臣间的奏对，往往更能体现君臣的关系和性格，对于事情的讨论也更加深入。平台召对中，皇帝对臣子往往是抱有期待的，希望臣子能畅所欲言，解决实际问题。

夙夜焦劳、急于求治的朱由检对平台召对这种形式也极为偏爱，他在位期间举行的平台召对多不可数，然而他主持的大多数召对都流于形式，解决实际问题的效果并不理想。

比如就复辽问题，朱由检在平台召对袁崇焕，虽然时间不短，以致需要安排中场休息，但却没有深入地探讨复辽的具体策略和细节。袁崇焕一时脑热夸下"五年复辽"的海口，朱由检立刻喜出望外地许之以"不吝惜封侯之赏"的重利。君臣皆浮于表面，袁崇焕要便宜行事，朱由检便满口答应。复辽如此大事，不讨论细节，君臣间仅凭一次召对便轻易决定，结局不尽如人意便在所难免。

果不其然，朱由检因为对复辽的策略细节不甚了解，所以对袁崇焕的做法和要求只能被动答应，导致君臣间的怀疑日渐加深；袁崇焕也被五年之期困住，步步皆错，最后酿成悲剧。

同样是召对，有人拿道光皇帝与林则徐的召对与之作比。就禁烟一事，他们君臣接连八天，日日召对，最后道光皇帝对禁烟事项了然于胸，而林则徐感念君上的关怀也誓以死报。正是因为他们君臣的信任无间，禁烟才最后得以事成。尽管事后道光皇帝迫于压力仍将林则徐贬官，但实则是把他保护起来，使其得以善终。

再举一例，细看朱由检的平台召对。

崇祯四年，朱由检在平台召见廷臣和各省监司官，君臣之间虽然有问有答，但实际上简直是各说各话。

朱由检问："浙江、福建相连，如何防御海寇的侵扰？"

浙江按察副使周汝弼答："去年秋天海寇来过，但五天后就离开了。"

朱由检问："江西的宗亲禄米怎么没给拨发？"

江西布政使何应瑞答："江西山多田少，土地贫瘠，抚按在查核，有司尚未拨发。"

朱由检问："湖北去年夏天有民众闹事，是什么原因？"

湖广右布政使杜诗答："民变过后，现在还比较安定。"

朱由检问："福建如何防御海寇？"

福建布政使吴旸答："海寇与陆地盗贼不同，以招抚为主。不过官军以为招抚后就万事大吉，海寇又因招抚而更加恣意妄为，数年来一直没有真正平息。"

又问："那你们切合实际的招抚计划是什么？"

福建布政陆之祺答："需要海上官兵出死力，也需要有司练乡兵筑城，在要害位置多设火器，以战为守，才是上策。"

朱由检问："河南以收税耗重，相关人员要查办！"

河南布政贾鸿洙答："最近已经奉旨撤职了。"

朱由检问："广东负责宣化、大同的军饷几十万，筹办得怎么样了？"

广东布政陈应元答："最近已经押送过去了。"

再问："押送了多少？"

答："七千两。"

朱由检觉得相差太多，说："宣化、大同是军事重镇，又是急用，你们要认真办理，不能儿戏！"

接着，朱由检又问："山西那里流寇是否还那么猖獗？"

山西按察使杜乔林答："那些贼寇流动性很强，时而在平阳，时而在河曲，须得大力剿灭，只是兵也少，饷也少，很难办。"

问："前阵子你们不是说都荡平了吗？现在怎么又说难以对付？"

答："他们在山西、陕西边界忽来忽去的，如今把河曲也给占了。"

问："怎么丢的河曲？"

答："流寇没攻城，是内应配合才失了城池。"

问："内应是什么人？"

答："基本上都是些饥民。"

朱由检问陕西参政刘嘉遇："那些流寇和饥民相互呼应，官府该怎么办？"

刘嘉遇答："流寇遇到官兵就一哄而散，官兵退了又重新啸聚。"

朱由检说："流寇也是朕的子民，能招抚的话就招抚吧。"

刘嘉遇答："最近就在用招抚的政策。"

又问："之前的王子顺既已降，为何又杀他？"

答："王子顺投降后又出去抢掠，所以杀他。"

问："那最近流寇情况怎么样？"

答："延安、宜川一带比较猖獗。"

问刚刚升迁南赣巡抚的陆问礼："你要去南赣做巡抚了，那里盗贼猖獗，你打算怎么办？"

陆问礼答："那里主要是山区，和四个省接壤，最好的办法就是落实保甲制度并加强乡兵训练。"

朱由检说："这需要贯彻落实，空言无用。"

随后又问四川布政华敦复："乡绅为何要挟持御史？"

华敦复答："因为追缴拖欠赋税。"

又问："守臣为何不弹压？"

答："有司多为科贡出身，不敢弹压。"

朱由检勤阅奏章，从召对中不难看出他对地方上的事务很熟悉，但他逐一询问过后，对暴露的问题并没有过深探究，君臣均没有涉及切实可行的解决办法，很多大臣都以空对空，甚至答非所问，而朱由检也得过且过。

召对的最后，朱由检发表总结讲话，要求各位大臣要律己垂范，爱惜百姓，政绩好的自然有升职奖励，有贪赃枉法的，国法严明也绝不轻贷。这些仍是大而空的场面话。

召对过后，打发了众臣，朱由检又召见了闵洪学等人，强调了巡抚工作的重要性，说巡抚贤则百官都贤，又说吏部如果对官员加强考核，实心任事，则"天下不难为"。

话虽不错，但那时朝廷内外已经危机四伏，这样空来空去的召对举行再多也不过是浪费时间，毫无实际作用。

朱由检登基之初便要整顿吏治，严禁贪腐，然而他的禁贪没有具体措施，也仅限于在大殿中多次空喊"文官应不爱财"这样的陈词滥调，根本没有任何实际效果。

那时，整个官场贪污受贿之风愈演愈烈，卖官鬻爵屡见不鲜。史载一监司以五千金买边抚，但因资历太浅，又加两千金，最后如愿得官。浙海道标价五千金，买官的人舍不得，只出三千金，最后得一守令。如此花钱买官，得官后必然再贪。

明末的贪腐已经是结构化、制度化的，上至辅臣，下到小吏，只要与国家权力沾边，无人不贪。

兵部尚书傅宗龙被下狱，但监狱的每一道门都需要收费，等走到"天下太平"的门前，他已身无分文，但狱卒却无论如何都不让他进去。堂堂的尚书大人只好坐在门前，等家人再取钱送进来，才能奉旨入狱。

监狱如此，天子门前也不清明。御史们每次到会极门递交奏本，守门太监也会按例收取三钱银子，不交的话，奏本就会被拒收。一心肃贪的朱由检，自家门前尚且如此，就不要说去管其他部院衙门了。

御史本是监察百官，巡按地方，有纠贪肃贿之责，然而明朝中后期的御史也大行贪赃纳贿，到了崇祯朝，御史的贪墨比以往还要严重。

御史史范巡按淮扬，把库中赃罚银十余万两都装入私囊；兼巡盐课后，又悉数吞没前任贮库的二十余万赃银。他还为吏部尚书田唯嘉受贿八千金从中居间，自己向富人于承祖勒索万金。后来事发，史范带银钱进京疏通首辅薛国观，薛国观果然也极力为其辩解。

那时，朝中各部司所有经办之事均需有银钱打点，数额还都形成了定例。比如边塞或外地的将领进京请饷，有司都要按照惯例截留百分三十。如果请拨饷银一万两，则要留三千两给经办衙门或官员，所以当时还有"饷不出京"的说法。

军饷本就领不到满额，将官中间还有克扣，真正到军士手里的饷银便所剩无几了。军士只能要么逃亡，要么即使留在军营也忙于自谋生路。平时没有操练，又领不到军饷，这样的兵到战场上根本不会卖命，一战即溃。

如此军营废弛，朝廷几无可用之兵。凡事有兵事，均需另行招兵，招兵就要拨饷，旧饷之外再加新饷，本就疲敝不堪的国库更加难上加难。

崇祯七年，负责征剿农民军的五省总督陈奇瑜被下狱，十二月，陕西三边总督洪承畴，以功加太子太保、兵部尚书衔，总督河南、山西、陕西、湖广、四川五省军务，主持征剿。

与明军的官贪兵懈、士气普遍低下不同，农民军走到各处均受到当地百姓的欢迎，士气高昂。李自成用计率众摆脱车厢峡之困后，名声大显，农民军连克数地，百姓争相归附，瞬间又在陕西聚众二十余万。李自成部成为其中力量最强大的一支队伍。

农民军人多势众，让朱由检非常忧心。兵科给事中常自裕上疏称官军与农民军数量相差悬殊，征剿仿佛杯水车薪，请求皇帝调关宁、京营等各处精兵前往援剿。朱由检与廷臣反复商量了近一个月，于崇祯八年正月二十三日，最后确定抽调关宁、京营精兵以及各省兵力七万余人，拨付饷银九十余万，交由洪承畴节制调派，同时严令其限期六个月扫荡廓清农民军。

在朝廷调军筹饷期间，洪承畴命总兵贺人龙、左光先出兵夹击，农民军继续采取避实就虚的策略，分兵三路突出陕西：一路由陕州渡河，北上山西平阳；一路由武关经南阳进军湖广襄阳；一路由卢氏向东进攻河南诸县。

崇祯八年正月，为了应对官军的围剿，农民军高迎祥、张献忠、李自成等十三家七十二营将领聚集河南荥阳，开会商讨反围剿的作战方案。

这次大会，史称"荥阳大会"，改变了无数人的命运。有人甚至说李自成后来能带兵打进京城，最终推翻明王朝的统治，就是这次会议为其奠定了坚实的基础。

会上，农民军首领聚在一起分析了当前官军四处围剿的严峻形势，多数人都想像以往那样逃入深山，保命要紧。然而，张献忠却一针见血地指出众人想要逃跑不过是怯懦。李自成又说："一夫犹奋，况十万众乎！官兵无能为也。宜分兵定所向，利钝听之天。"

随后，李自成以其卓越的军事才能详细地阐述了联合作战、分兵定向迎敌的战略，建议大家尽力一拼，生死由天。众首领一致表示赞同。

按照分兵定向迎敌的作战策略，农民军以贺一龙、贺锦南抗四川、湖广之军；马进忠、横天王西挡陕西官军；罗汝才、惠登相扼守黄河一线，防御开封、归德之军；高迎祥、张献忠率农民军主力向东出击；马守应、九条龙为机动部队，策应各部。

李自成为农民军指明了今后的战略方向，其远见卓识获得大家一致的认可，他在农民军中的威望也更胜从前。

农民军主力向东进攻的方向是明王朝的中心腹地，历来少兵事，守卫力量薄弱，高迎祥和张献忠率农民军一路节节胜利，所向披靡，十余天连克固始、霍丘、寿州、颍州等数十州县，兵锋直指大明的中都凤阳。

凤阳之所以被称为"中都"，是因为那里被看作大明王朝的"龙兴之地"，明太祖朱元璋父母的坟墓在那里，他少年出家的皇觉寺也在那里。凤阳政治地位特殊，朝廷在那里设置了留守司，驻有班军、操军、护陵军等六千人。但是，由于风水的关系，朝廷一直没有在凤阳修筑城垣。凤阳没有坚城可守，再加上承平已久，守军也十分懈怠，这样的凤阳在农民军面前毫无防守可言。

农民军进军河南直逼凤阳时，南京兵部尚书吕维祺对兵部尚书张凤翼指出，凤阳皇陵防守单薄，应早做防备，而张凤翼并未重视，只敷衍地行文凤阳抚按加强防备，没有任何具体措施。给事中孙晋再提此事时，张凤翼竟讥讽地回答："你是南方人，怕流贼做什么？流贼起于西北，不食稻米，他们的马也不吃江南的草料！"

再看凤阳这边，巡抚杨一鹏身兼漕运总督一职，驻地远在淮安，巡按御史吴振缨昏庸无能，守陵太监杨泽贪虐，皇陵卫指挥侯定国恣横暴虐，总之，主管凤阳的官员中没有一人能主持大局。

凤阳虽有中都之称，但实际上非常贫穷。由于帝乡的缘故，朝廷免去了凤阳、临淮两县的赋役，但这种待遇仅限于两县的原籍人口，而凤阳更多的是遭贬谪之人，还有营建中都以后被迁居至此的外来人口。既然也是个"都城"，凤阳各种名目的营建和差役多不胜数，百姓大多苦不堪言。崇祯四年，钱士升告祭皇陵时见凤阳百姓困苦，向皇帝请求恩旨，朱由检以已有恩免为由并未同意。

穷困已久的凤阳军民对农民军早就翘首以盼，在农民军攻克颍州之时，凤阳留守司发生兵变，杀死了暴虐的侯定国。凤阳商民不满守陵太监杨泽苛剥，齐聚抚按衙门请愿，后来又放火烧了守陵太监衙署。杨一鹏、吴振缨见农民军即将入皖，而凤阳又兵变民乱，都手足无措，不知如何应对。

凤阳百姓又集众执香前往凤阳迎接农民军，他们向农民军献上图册，指明何处有富裕之家，何处无兵防守。农民军先派遣三百精壮扮作商人、僧道、乞丐等潜入凤阳城。

崇祯八年正月十五日，元宵佳节，凤阳城举城欢庆，守备也更加松懈，当夜，扫地王、太平王等部突袭凤阳城。在农民军的里应外合下，官军毫无抵抗之力，四千守城军士被歼灭，留守署正朱国相被杀，其余守军投降，凤阳城瞬间被占。

农民军很容易就占领了城池，十分得意，同时对大明王朝又恨之入骨，于是，他们打出"古元真龙皇帝"的旗号，放火烧了皇陵享殿和皇觉寺。三天后，四处官军赶来，农民军才从容撤离。

朱由检自以为勤政，日理万机，为国操劳，而实际上做的大部分都是无用功，官贪他治不了，兵懈他也没办法解决，国还未亡，祖上皇陵却先被焚，真是史无前例。

下诏罪己是最无力的表现

如果帮普通人看护祖坟，人家祖坟出事了都不好交代，现在皇帝家祖坟被焚，有看护责任的人是一定要掉脑袋的。

这道理不论是凤阳巡抚杨一鹏还是巡按御史吴振缨都明白，他们不用费劲就达成了一致，决定隐瞒凤阳皇陵被焚的消息。他们倒不是真的觉得最后可以瞒天过海，只不过是想着多活一天算一天吧。

就这样，朱由检被蒙在鼓里，洪承畴一边赶往河南，一边调兵遣将。二月初，朱由检才得知农民军入皖，凤阳危急，紧急命总兵尤世威从徐、淮赶赴凤阳增援，命杨御蕃率山东军前往守护皇陵，刘泽清防守曹、濮。吴振缨看再也拖不过去了，才上报了皇陵被焚之事。

二月十二日，皇陵被焚已经近一个月了，朱由检才收到了奏报，举朝震惊。主辱臣死，兵部尚书张凤翼惊吓得几乎晕厥，满朝文臣也觉得这是古今未有之奇变，等着承受天子的雷霆之怒。

然而，接到消息的当天，朱由检并没有发作。不是他没有震怒，而是作为天子，面对这样的奇变，他还有很多事要做，他需要给天下人一个交代。

当天，本来是经筵春讲重新开讲的日子，朱由检下令暂停经筵。他脱下了带有繁复刺绣的龙袍，换上没有刺绣的黑色素服；搬离乾清宫的正式寝殿，住到偏殿之中；同时下令降低自己的膳食等级，停止一切宫中娱乐。

民变多年不靖，祖陵被焚，皇帝素服、避殿、减膳、撤乐这一套是必不可少的，通常接下来该是皇帝下罪己诏了。然而，朱由检觉得自己登基以来兢兢业业，算得上少有的英明皇帝，如果下罪己诏以最公开、最难堪的方式向全体臣民承认自己有错，实在是不甘心。于是，朱由检根本没有提罪己诏的事，只简单含混地说皇陵罹变是其不德所致，同时要求所有朝臣自行修省。

朝臣对朱由检的性格已经比较了解，见他不情愿，也没人敢提让皇帝下诏罪己。群臣以内阁为首，会同五府六部及各个衙门共同上疏，向皇帝表示慰问，同时对国家的不幸痛感自责。有了全体朝臣为朱由检承担责任，他心里好受多了。

第二天，朱由检下令逮捕杨一鹏、吴振缨还有守陵太监杨泽，同时任命兵部右侍郎朱大典总督漕运兼巡抚庐、凤、淮、扬四府，移镇凤阳，主持修复皇陵并协助洪承畴征剿。

不久后，杨一鹏被斩首弃市，吴振缨远戍边卫，而杨泽惊惧自杀。

二月二十四日，朱由检身着素服，亲往太庙告祭祖宗之灵。随后，又派遣驸马都尉王昺和太康伯张国纪代表自己到凤阳皇陵进行祭慰。

皇陵被农民军焚毁，负责征剿的洪承畴等一众将领都攥了一把冷汗，据说左良玉连遗书都写了。不过朱由检这次并没有牵连过广，他知道要是把这些人都剁了，接下来的围剿就没人可以指望了。

皇帝没有降罪，众将放下悬在半空的心，开始全力围剿。

三月，洪承畴率陕西军主力在河南信阳大会诸将，部署大规模的围剿，而农民军见势又分路奔还陕西，等到四月已悉数归秦。那时，陕西因灾已经穷困至极，农民军一回，饥民纷纷加入起义队伍，使农民军人数又成倍增加。

有人形容当时农民军行军的浩荡阵势："千余西来，立马西郭麦田……大旗飘扬，遥望崖口而南，旌旗蔽空，甲光耀日，南尽南山，北尽河曲，波压云涌而至，惟闻马嘶之声。自朝至夜，连营数十里。"

四月，朝廷调集的大部分官军都赶到河南，洪承畴在汝州召集众将，决定针对农民军流动作战的特点，采取分兵围剿的政策，即所谓"分信地扼之，令不得流"。

洪承畴命左良玉、汤九州以五千兵马守住农民军从陕西进入河南淅川、内乡之路；尤世威、徐来朝以五千余兵马守住兰草川、朱阳关，防止农民军从陕西进入河南卢氏、永宁、灵宝、陕州；陈永福率两千兵马守卢氏、永宁诸隘口，以阻截遗漏的农民军；邓玘、尤翟文、张应昌、许成名各率所部守汉江南北诸隘口。洪承畴自己则亲率贺人龙、刘成功返回陕西，同时命令曹文诏赶来会合。

洪承畴的部署是想把农民军围堵在陕西，然而，官兵人数本就不占优势，又兵分几处，兵力更加分散薄弱，这个战略从一开始就有致命的缺陷。

另外，朝廷常年欠饷，征调的官兵普遍士气低落，不肯用命。洪承畴的命令发出之后，徐来朝部不愿守兰草川、朱阳关，士兵在卢氏发生哗变。不久，邓玘所率士兵因欠饷哗变，邓玘在慌乱中坠亡。洪承畴能指望的人马实在有限。

四月底，曹文诏赶到灵宝县会见洪承畴。

洪承畴认为在商州和雒南两地的农民军，如果听闻官军过去，一定会逃往汉中，那时大军再由潼关进入汉中，反而会落在农民军的后面。于是，命曹文诏从阌乡取山路到商州和雒南，直捣农民军的老巢，然后再从山阳、镇安、洵阳等地赶到汉中来，阻止他们逃跑。

洪承畴对曹文诏说："这次行军，路途遥远且迂回曲折，将军会很辛苦，我在此聚集关中的兵力等待将军的到来。"然后，洪承畴亲切地拍着曹文诏的后背为他送行，曹文诏二话没说就上马前去灭敌了。

五月五日，曹文诏抵达商州。农民军驻扎在距城三十里处，漫山遍野都是他们的营火。曹文诏素以勇猛见称，丝毫没有畏惧，半夜率领侄子参将曹变蛟、守备官曹鼎蛟和都司白广恩等突袭农民军营地，农民军大败，逃至金岭川。

曹文诏带兵一路追赶，农民军仗着险要地势以一千名骑兵出来迎战。曹变蛟勇冠三军，大声呼叫着冲进敌阵，逢人便砍，所过之处，立时人仰马翻，农民军又大败逃亡。后来，农民军一听说大、小曹将军，都非常畏惧。

常在河边走，哪有不湿鞋。曹文诏率军与农民军对战，向来以少胜多，但胜利之神没有庇佑他到最后，曹文诏终究还是吃亏在了人少上。

没过多久，高迎祥、张献忠率领农民军攻打凤翔，向汧阳、陇州挺进，曹文诏从汉中奔赴前线。奔向静宁、秦安、清水、秦州一带的农民军，兵力将近二十万人，而曹文诏加张全昌两部分人马合计只有六千。洪承畴觉得兵力相差过于悬殊，向朝廷告急，可是无人理会。

六月，李自成等部围攻宁州。曹文诏手下的副总兵艾万年、柳国镇带兵三千前往增援，结果在乱马川被农民军埋伏，前锋中军刘弘烈被俘。不久，又在宁州襄乐巴家寨遭遇农民军，官军寡不敌众，损失上千人，艾万年、柳国镇战死。

曹文诏听说后，瞋目大骂，立即向洪承畴请战。

洪承畴高兴地说："非将军不能灭此贼，但我的兵力已分派出去，没法再派人策应。将军出发以后，我会从泾阳赶到淳化做你的后盾。"

于是，曹文诏率领三千人从宁州出发进剿。

六月二十八日，在真宁的湫头镇同农民军相遇。曹变蛟率先登上城墙，斩首五百人，追敌三十里。曹文诏率兵跟在后面追击，一时杀得兴起，误入农民军的埋伏圈。

农民军数万骑兵包围了曹文诏，箭矢密如雨下。此时，曹文诏的部众已经被打散，而农民军并不知道围住的就是曹文诏。这时，有一名官兵被俘后正好看到了曹文诏，大呼："将军救我！"刚好被一名认识曹文诏的叛兵听到，指点给农民军说："这就是曹总兵。"农民军大喜，死死围住曹文诏。

曹文诏不愧明末第一勇将，单枪匹马被团团包围，拼杀了几里路，亲手击杀数十农民军，无人能挡。但农民军受曹将军杀威逼迫太久，好不容易有机会置其于死地，哪能轻易放过。所以，上千人前来围住曹文诏，被打倒一层，就再围上一层。

最后，曹文诏体力不支，自知难以突围，拔刀自刎。

站在农民军的角度上，曹文诏是杀人不眨眼的恶魔，他的死让农民军奔走相告、相互庆贺；而在朝廷的角度，曹文诏把忠诚和勇武都坚持到了生命的最后一刻，他的死让整个朝堂上下都极为痛心。

洪承畴听到曹文诏的死讯捶胸痛哭，朱由检也极为悲痛，追封曹文诏为太子太保、左都督，让他的子孙世袭指挥佥事，还命有司为其立庙，每年春秋两季予以祭奠。

几乎在曹文诏部受重创的同时，张全昌部也在清水受挫，洪承畴的处境更加艰难。农民军在湫头镇战胜后，趁势东进，直逼西安，洪承畴调兵遣将好不容易才守住西安，无力再行出征。

官军势弱，另一边农民军接连获胜，七月冲破朱阳关，当月底又攻破兰草川。八月，农民军再次进入河南到达永宁。

朱由检见洪承畴难以应付农民军，又有朝臣说洪承畴统辖太广，难以兼顾，八月底，以湖广巡抚兼右佥都御史卢象升总理江北、河南、山东、湖广、四川军务，与洪承畴共同围剿农民军。朱由检的部署是洪承畴督剿西北，卢象升督剿东南，如果农民军入秦，卢象升则督兵合围。

卢象升，天启二年中进士，初任户部主事，一路官运很顺，不久晋升员外郎，后来出任大名知府。他也是个军事爱好者，据说读史看到岳飞所为，不禁拍手称快，感叹："此乃大丈夫也！"

崇祯二年，京城危急，卢象升自募一万军士入京勤王。朝廷见卢象升肯担当，崇祯三年，升其为右参政兼副使，负责整顿大名、广平、顺德三府的兵备。他募集的那支部队也被保留了下来，称"天雄军"。

卢象升是很有天赋的人，史载其天生神力，射箭百发百中。他训练的天雄军虽然战斗力没有关宁铁骑强悍，但也足以令人生畏。

崇祯四年开始，卢象升带领着天雄军开始剿灭流窜顺德、真定间的农民军。每次上战场，卢象升都身先士卒，很受军士爱戴。

崇祯六年，卢象升渐渐声名大起。

那年，数万山西农民军涌入京师郊区，占领了临城的西山。卢象升率两千兵士打退了农民军的进攻，又在石城南部设下埋伏，大败农民军。后来，在青龙冈、武安又先后获胜，接连斩杀农民军首领十一名，收降、遣返农民军部众两万人。

然而，那时卢象升最为人称道的却不是这些战绩，而是他在战斗中展现出的勇猛。

交战时，农民军的兵刃砍到了卢象升的马鞍，他掉下马，就继续步行作战。有一次，他追赶农民军到悬崖边上，一人从山顶上放箭射中了他的额头，又有一支箭飞来把他的随从射死于马下，卢象升非但没有退缩，反而提着大刀，越砍越来劲。农民军都被他吓退，相互告诫说："卢廉使这个人，谁撞上谁死，不可碰他。"

从那以后，农民军称卢象升为"卢阎王"，再也不到他管辖的地区流窜，卢象升也因此愈来愈受朝廷器重。

崇祯七年，卢象升参与了陈奇瑜部署的围剿。农民军进入湖北，占领了郧阳府的六个县，朝廷命卢象升以右佥都御史的身份去接替蒋允仪抚治郧阳。当时，农民军驻扎在郧阳的黄龙滩，卢象升和陈奇瑜分路夹击，在乌林关、乜家沟、石泉坝、康宁坪、狮子山、太平河、竹木砭、箐口等地连战连胜，斩敌五千六百多人，汉南的农民军几乎被荡尽。

别人剿灭农民军后，地方上残败不堪，而卢象升征剿过后的郧阳地区却不是这样。卢象升向朝廷申请增加郧阳城的驻军人数，减免税赋，修补城郭，向邻府借贷稻谷，招募商人来采铜铸钱。经过他的一番治理，郧阳地区由乱而治。

可以说，朱由检对卢象升的选用是十分得当的。不过，卢象升接到任命后却十分忐忑，任命中他总理的五省军马不过数万，而随便哪一支农民军都有几万人，总计有数十万人，还经常流动作战，以他目前的兵力是没办法履行五省总理之职的。

卢象升连忙上疏推辞，说自己见识不及洪承畴的十分之五，才智不及其十分之四，精神不及其十分之一，希望皇帝另选贤明。朱由检明白卢象升的难处，不允许他推辞，但许诺他增调宁远参将祖宽率三千关宁铁骑配合他作战。

与此同时，战场上的坏消息接连不断传来。

九月，农民军蝎子块部攻打河南沈丘，俘获总兵张全昌，随后再克颍州，凤阳再度告急。十月，高迎祥、张献忠、一字王、撞天王等相继出潼关进入河南，留在陕西的只有李自成等不多的几支农民军。

之前给定的六个月限期早已过去，而洪承畴的围剿以彻底失败告终，朱由检觉得再不下罪己诏书恐怕难以挽回天意民心了。

崇祯八年十月，朱由检颁布圣谕，承认外辱民变、祖陵被焚都是自己的罪过；天下百姓、军士都在受苦，所以自己不能安享宫中，要避殿、素服、减膳、撤乐。朱由检承认自己错误的同时，也指责了文武百官夸大其词，不能实心任事，凡事少见功效，要求他们省察过往的错失。最后，朱由检激励军士，劝导全国官民配合洪承畴和卢象升平息民变。

与年初只是对朝臣口头说说自己"不德"相比，这一次朱由检颁布诏书公告天下，可谓走出了一大步。经过几个月的纠结与煎熬，朱由检最终还是选择放下了自己极为珍视的帝王尊严，不得不说他的罪己是发自内心的。

然而，朱由检也与大多数下过罪己诏的君王一样，承认自己的错误的同时没忘指责自己的臣子，那么，需要改过的究竟是君王，还是他的臣子？

再者，君王罪己本应是个知错改错的过程，如果只说不改，仅仅做些素服避殿的虚样文章，那么罪己诏就成了应急的挡箭牌，而一纸虚文又能挡住多少兵乱民变呢？

事实上也正是如此，针对皇帝在罪己诏中所讲的"征调未已""加派难停"，倪元璐上疏建议蠲免逋赋，减少苛捐杂税，救民于水火，而朱由检只赞其建言得当，却从不肯付诸实践。

第一次下诏罪己，朱由检这一步迈得很艰难。然而，只说不做的罪己诏不能挽回天意民心，后来各种问题矛盾越来越严重，下诏罪己也越来越频繁。等到临死，朱由检用鲜血写下最后一道罪己的诏书后，他才恍然大悟，原来下诏罪己不过是一个君王最无力的表现。

那个最不想归咎于自己的朱由检，最后成了历史上颁布罪己诏最多的皇帝。

面对钱的问题皇帝也犯难

崇祯九年初，卢象升在一封信中提到围剿的形式："两个月来奔驰于汝州、南阳、黄河、洛水之间，万分忙苦。贼多且肆横，前后擒斩虽有数千，却非尽荡之良策。须先剿尽闯王一股，余贼才可依次歼灭。"

那时的闯王还是高迎祥。

高迎祥曾以贩马为业，善骑射，膂力过人，早年追随王嘉胤、王自用，后来逐渐成为十三家七十二营农民军公认的首领。农民军首领中影响力较大的两位，一位是李自成，是高迎祥的外甥，在其麾下效力；另一位是张献忠，也听从高迎祥的调配。

高迎祥能成为公认的首领，是因为他具备非同一般的领袖素质。大部分的农民军首领拉起队伍作战都很随意，基本上没什么作战计划，而高迎祥的所有作战安排都有详细的部署。大部分首领胜喜败悲，而高迎祥却从不以胜败为意。

一直以来，受经费限制，大部分农民军的装备都很差。装备好一点的队伍用皮甲，装备差一点的队伍连皮甲也配不全。只有高迎祥用四处拼杀得来的财富武装了一支铁甲骑兵，每人配马两匹，跟关宁铁骑是一样的配置。更让人惊异的是，这样的精骑兵，高迎祥有约两万。

卢象升感慨，与高迎祥作战的难度不低于与清军或者蒙古察哈尔部作战，仅靠他的天雄军是没有胜算的，所以他才尽力争取到了关宁铁骑来配合征剿。尽管只有三千关宁铁骑，但对卢象升来说，已经足够了。

卢象升从关外请来的祖宽，最初遇到的是张献忠部。

祖宽是祖大寿的随从，跟随祖大寿征战多年，凭战功已经晋升到宁远参将，崇祯八年秋，被封为援剿总兵官，带三千关宁铁骑入关协剿。

当年十月，祖宽到达河南，与左良玉进驻灵宝。祖宽加左良玉的组合，无比强悍，他们一到河南，就在焦村挫败了张献忠。

不久，高迎祥、李自成来了，与张献忠一起攻打阌乡。祖宽赶去援救，张献忠看到关宁铁骑转身就撤退，进军灵宝，截断了左良玉和祖宽的兵力，让他们无法相互呼应。接着，就向东攻陷陕州，准备攻打洛阳。

左良玉和祖宽赶到陕州后，张献忠、高迎祥、李自成又都撤离了。左良玉与祖宽便分兵追击，祖宽负责的就是张献忠部。

祖宽派副将祖克勇等人直奔葛家庄，而他自己带兵去往九皋山埋伏。祖克勇等人追了一夜，在黎明时分追上了张献忠，大败之。

张献忠率部继续逃跑，跑到了几百里外嵩县的九皋山，而祖宽却在那里等候已久，伏兵冲出，斩获近千农民军。张献忠再次逃跑，不久，又被祖宽追上打得溃不成军，状况相当惨烈，农民军伏尸二十多里。

一跑再跑的张献忠再次遇上高迎祥和李自成的队伍，他决定不跑了，在龙门、白沙设下埋伏准备置祖宽于死地。祖宽一路追来，果然没有防备，误中了张献忠设置的埋伏，他的兵被截作两截，首尾不能相顾。

张献忠的兵力是祖宽的十倍，一般来说，这种情况把敌军一分为二再分而击之的策略是非常奏效的。可惜，他遇到的是惯于征战的关宁铁骑。队伍被分成两段，对他们没有丝毫影响，该怎么打还怎么打，一样左冲右突、乱砍乱杀。

祖宽更是面无惊色，见有伏兵，就亲自断后，同他的士兵拼力砍杀，从早杀到晚，又大获全胜。

张献忠只好再次败走，接连的惨败让他损失惨重，以后听到祖宽的名字都会绕路而行。

张献忠接连惨败的同时，高迎祥也并不轻松，因为他遇到了卢象升。

十一月，汝州、洛阳传来警报，卢象升率兵昼夜兼程赶赴汝州救援。卢象升带了一万多人马，而高迎祥那里有三十多万人，连营数百里，阵势异常强大。

双方不但兵力相差悬殊，还有一个情况让卢象升更为头疼，那就是他赶到后，发现军中断粮。大军断粮一天便会战斗力减半，断粮三天就会全军崩溃。然而，卢象升的军士断粮三天却没有一个人抱怨。原因很简单，那就是他们看到最高指挥官卢象升也是同样的待遇。卢象升非但三天没吃东西，连水都没有喝一口，即"水浆不入口"。

　　如此身先士卒，打仗的时候冲在前面，断粮的时候与大家一同忍饥挨饿。对这样一个与大家同进退的指挥官，军士回报给他的是前所未有的拥戴，上战场也都格外卖命，史书上记载卢象升至此"得将士心，战辄有功"。

　　卢象升知道一万对三十万，直面硬冲便是找死。经仔细探查，城西处高迎祥的队伍相对松散，卢象升便选择那里为突破口，率领副将李重镇、雷时声等用强弩射死高迎祥部一千多人。

　　其实，三十万人的队伍死一千多人，算不上什么大事。但高迎祥队伍中的弱点与其他农民军一样，就是家属过多，三十万人中至少一半以上是家属。农民军家属见到死了一千多精锐后，以为兵败，立时大慌，奔走相告，四散逃命。于是，高迎祥几十万人的队伍顷刻间溃不成军。

　　高迎祥也不简单，大军溃败之时，还及时收整了队伍，派人阻截追兵，向光州逃去。高迎祥和李自成占领光州后，又去攻打确山，卢象升与祖宽在那里又将其大败，斩敌数千人。

　　卢象升上任短短几个月，先后十余战，皆是以少胜多，共斩敌三万有余，大大扭转了征剿战场的局势。

　　崇祯九年正月，卢象升在凤阳大会诸将。会上卢象升总结了很多战场现象，他战绩卓著，当然怎么说怎么有道理，事后还把会议概况做了总结，上疏给皇帝。

　　卢象升上疏汇报的同时也提出了很多合理化建议和要求。比如他说不要等到民变严重再增派兵力，也不要先派兵后派饷，这样做事事都被动；他建议总督、总理应该有专兵和专饷，应把咸宁、甘肃、固原的军士调派给总督，把蓟州、辽阳、山海关、宁远的军士调归总理指挥；他还指出各省巡抚都有守土之责，不要一有紧急情况就请求增援，不响应的话好像大家不能同舟共济，而四处援应的话兵力又难以支撑。

　　另外，卢象升也有边臣都有的担忧，怕自己在前线作战，而言官在朝中拨弄是非。他说台谏大臣们不管事情难易，不顾将士死活，只是一味求全责备，这样的话，即使有再大的本事也很难施展。

　　多汇报是好事，但多提建议和要求则未必了。卢象升说的这些都正中要害，朱由检看了很满意，觉得他有军事才干，但在别人看来卢象升就是才高难驯。这其中有首辅温体仁大人，也有后来的兵部尚书杨嗣昌大人。两年后，爱其才者自顾不暇，妒其才者陷他于死地。

卢象升忙着开会的同时，高迎祥带人去攻打庐州，结果把庐州城围了几个昼夜没打下来。接着，他们又去攻打和州，然后进围滁州。

当年，明太祖朱元璋就是从和州开始，先打下滁州再攻下南京，从而走上人生的巅峰。然而，成功远没有那么容易复制，高迎祥在滁州就止步不前了。

滁州城并不大，守城的兵马也不多，高迎祥带了三十万人来围城，当时能打的农民军如李自成、张献忠等都在那里，滁州危急。

卢象升率领总兵祖宽、游击罗岱等两万余人去解救滁州。从兵力上看，高迎祥占尽了优势，但数量永远代替不了质量是经久不变的真理。

卢象升命人在城东的五里桥发动进攻，祖宽带着关宁铁骑冲在前面，进入高迎祥的军阵如入无人之境，来回砍杀。战争从早上开始，到傍晚结束，高迎祥遭遇了有生以来最惨烈的兵败。高迎祥溃逃之后，卢象升又追击五十里，从朱龙桥到关山，战死的农民军尸体填满了河道，河面宽广的滁水因之断流。

其实，开国皇帝的成功史高迎祥知道，卢象升就更熟悉了。早在高迎祥暴露出要攻南京的意图后，卢象升就布下天罗地网，所以高迎祥基本上是逃到哪里，哪里就有官军堵截。

高迎祥向寿州进军，准备在那里渡过黄河，重回河南地界，而总兵刘泽清正在那里等着他。刘泽清在黄河岸上驻防，烧毁了船只，封锁了渡口，高迎祥到了岸边无法渡河，只好带人调头回来。他们掳掠了考城、仪封后一路向西攻打归德，而永宁总兵祖大乐在那里加以拦截打击。高迎祥又向北逃往开封，而陈永福在朱仙镇打败了他们。

高迎祥处处受阻，最后来到了河南南阳的七顶山，而那里正是卢象升预留的决战地点，他与祖宽、祖大乐、罗岱等率兵等那里，只待高迎祥这支庞大的兵败疲惫之师。

到达七顶山的时候，高迎祥麾下还有十几万人，然而一场大战之后，这支庞大的队伍主力基本被歼灭，高迎祥仅带着千余人夺路而逃，跑进郧阳山区。

七顶山一战，高迎祥几乎输光了所有家当，又回到了一穷二白的状态。

卢象升得知高迎祥等进入郧阳山区的消息，立即派祖宽和祖大乐带兵追击。但是，这次卢象升没有调派得动关宁铁骑，理由冠冕堂皇：骑兵不善入山作战。

这个理由听起来很有道理，可细一想能随高迎祥逃入山中的也都是骑兵。实际上，关宁铁骑不愿意去的真正理由是没有好处。他们在辽东作战是夺回家园，自然责无旁贷，而到了关内，他们客场作战无非是为了多赚些好处。农民军打劫富户，他们便打劫农民军。既然农民军已经输光家当，再那么卖力就不值得了。所以，任卢象升掏心掏肺地百般劝说，关宁铁骑走走停停，就是不肯进山。

崇祯九年，对农民军来说是背运的一年，但对大明另一个敌人来说，却是崭新的开始。

一年前，后金军同蒙古作战时，缴获了林丹汗之子额哲保存的传国玉玺，后金举朝上下大喜，都以为得到了天命的眷顾。皇太极继承汗位之后，统一了黑龙江流域，朝鲜臣服、漠南蒙古驯服，后金的内政日益稳固，周边障碍也逐步扫清，他自己也觉得是时候顺应天命了。

崇祯九年四月，皇太极正式称帝，定国号为清，年号为崇德。

为了庆祝新朝建立，皇太极派清军第一猛将阿济格入关抢掠。

阿济格同样绕过了宁锦防线，从西峰口入关。那时，明军主力不是在宁锦防线，就是在内地征剿农民军，所以阿济格一路非常顺利，很快便危急京城。为了解京城之危，卢象升被调走了。

朱由检准备派兵部左侍郎王家祯来接任卢象升的职务。王家祯虽善谈兵法，但仅限于纸上谈兵。好在他有自知之明，接到任命后惶恐不安，接连上疏推辞。朱由检看他难当重任，便依其所请改任他为河南巡抚。

王家祯到河南上任没多久就发生了兵变，参与的人中还有王家祯的家丁，这在当时简直成了笑话，朱由检只好将其免职。

在卢象升离任的间隙，高迎祥出了郧阳，先来到河南，又聚起一支几万人的队伍，转战到陕西。在那里，高迎祥将遇到他命里注定的敌人——孙传庭。

孙传庭，山西代州人，万历四十七年中进士，授永城县令，天启初年，以政绩卓越被提拔为吏部主事，后又晋升为稽勋郎中，因不满魏忠贤专政，弃官回乡。

孙传庭回乡一住就是十几年。崇祯八年秋，见天下越来越乱，抱着平定天下之心，他向朝廷申请复职。官复原职后不久，孙传庭又被越级提拔为顺天府丞。然而，这些官职都不能给孙传庭平定天下的机会，于是，他耐心地等待。

不到一年，孙传庭的机会就来了。

崇祯九年三月，陕西巡抚甘学阔剿灭农民军不力，举朝哗然。其实，征剿不力的人很多，但能让举朝哗然的不多。这位甘大人不是一般的怯懦，据说他登上城墙观战时竟然都不敢睁开眼睛。这样的人确实不能再担任负有征剿重任的巡抚一职。

在和平时期，巡抚位高权重，是大家挤破头来争抢的官位，但现如今，陕西境内民变此起彼伏，那里的巡抚绝对是高危岗位，一不小心就算没被民变首领收拾了，也得叫朝廷法办了。所以，陕西巡抚职位出现空缺时根本没人愿意去，孙传庭一主动请缨，朝廷立刻就批准了。

孙传庭上任前，朱由检召见了他。

孙传庭向皇帝陈述兵力不足的问题，说："以往陕西军士都戍卫边镇，而陕西巡抚专管境内腹地，也不必忧虑手下兵力不足。但是现在形势大变，陕西境内民变四起，臣双拳难敌四手。"

朱由检无奈地答复："卿的顾虑朕知，但招兵难，筹饷更难。朕拨付卿饷银六万两，其余卿自筹之，朝廷不加干涉。"

连年战事不停，饷银只增不减，朱由检也真的很为难。另外，为应付民变，他一次又一次拿钱出去，杨鹤带走十万帑金，只换回了几个月的平静；洪承畴带走近百万饷银，最后落得损兵折将，勉强维持。所以，对眼前的孙传庭，朱由检实在没抱太大的希望，饷银是少了点，看看再说吧。

虽然没要来兵，也没要来将，更没有足够的饷银，但是皇帝给了他朝廷不加干涉的自由政策，这对孙传庭来说已经足够了。很快，他将凭借自己的才干召集军队，训练他们，供养他们，带他们走向战场，迎接辉煌的胜利。

所有人都以为这一切根本不可能，至少短期内绝对不可能。然而，世上只有难为之人，从来没有难为之事。

西安周边原有屯军两万多人，地两万余顷，后来豪门占地，而兵丁也只是虚设在花名册上，实际并没有那么多。孙传庭到任后，立即整顿军务屯田，经过一番梳理，得军士一万一千人，年可收税计银十四万五千两、米麦一万多石。

孙传庭得到的这支人马，被称为"秦军"，有人说他们战斗力在明末所有官军中排名第二，仅次于关宁铁骑。

兵马收拾停当，该上战场了，孙传庭给秦军选定的战场是子午谷的黑水峪。

高迎祥等再次进入陕西之后，河南西部的官军挡住了其东出中原的路径，形成关门打狗之势。消灭高迎祥等人的任务就落到了陕西官军的头上。

洪承畴与孙传庭进行了分工，洪承畴对付陕北一带的李自成等部，而孙传庭则对付退入陕南山区的高迎祥。高迎祥部在陕南荒山野岭无处觅食，人饥马乏。为了摆脱困境，他决定走小路，兵出子午谷突袭西安。

孙传庭料定高迎祥会突袭，便在其必经之路子午谷的黑水峪设置伏兵，以逸待劳。

崇祯九年七月中旬，高迎祥果然率部来到黑水峪，进入了孙传庭的埋伏圈，激战四天后，高迎祥溃败。恰逢天降大雨，高迎祥部已多日断粮，趁其兵马疲顿之际，孙传庭又用招降的办法来分化农民军。后来，高迎祥的部下"乾公鸡"张二、"一斗谷"黄龙等暗中投降，他们趁混乱支走高迎祥的部卒，牵走他的坐骑，致使高迎祥被官军俘获。

高迎祥自起事七年以来，驰骋西北，闯荡中原，中间有败落，也有东山再起，而这一次却再也没有翻盘的机会，他已经走到了人生的终点，很快就会被械送入京，献俘阙下，寸磔而死。

名不见经传的孙传庭一亮相便闪耀夺目，难住皇帝的钱财问题却没难住孙传庭。不被看好的他，把不可能变成可能，仅仅用了四个月。

西北遍地是烽烟

早在崇祯二年，皇太极第一次带兵入关进犯京师的时候就说过，大明百年，虽死未僵。

实际情况也确实如此，明末天灾人祸的双重打击下，大明的国力已经大不如前，但百年根基仍在，肯用命的文臣武将也大有其人。如果仅是后金军入侵，或者只是内地民变，大明朝廷应对起来虽然费力，但彻底击退外敌或平定内乱的可能性仍然很大。然而，内忧外患一起上阵，大明就应接不暇了。

朱由检第一次同时面临两线作战的窘迫形势是在崇祯六年。

那年秋冬之际，倪宠、王朴的京营兵，左良玉、汤九州的昌平兵，曹文诏带的三千陕西精兵，还有河南的本地军队在武安对农民军形成合围之势。那是朱由检剿灭农民军的第一次机会。然而，后金军蠢蠢欲动，他不得不抽调曹文诏去镇守大同，同时让倪宠去镇守登、莱。

崇祯七年春，皇太极果然集结兵力，再次避开山海关，取道蒙古，进逼宣府、大同。皇太极亲率八万大军，先兵分两路，西行进入蒙古，等大军都抵达长城附近后又兵分四路沿途焚毁龙门关，攻取怀来、保安等地。后金军攻克代州后，皇太极又率大军进攻大同。

朱由检担心后金军向东进军京师，宣布京城戒严，命总兵陈洪范守居庸关，保定都御史丁楚魁等守紫荆关、雁门关，急调宁远总兵吴襄、山海关总兵尤世威率兵两万，分道前去援守大同。

当时守大同的就是勇猛无比的曹文诏，然而守城不比野战，兵力相差悬殊，城池被攻陷只是早晚的事。那时皇太极带兵八万，而曹文诏守城的兵力不足两万，更要命的是其中精锐只有不到两千人马，大同危在旦夕。

曹文诏身经百战，立功无数，他知道如果大同被攻克，后果不堪设想，到那时再大的功劳也没用。皇太极命人连续攻城五天，曹文诏与众军士拼命死守。当年努尔哈赤率军进攻宁远，连攻两天城墙就被凿出洞了，由此不难想象曹文诏在皇太极的全力进攻下守城五天该是多么不容易。

曹文诏的坚持没有白费，他等到了援军。

吴襄和尤世威先后赶来，缓解了曹文诏的守城压力。吴襄在城外被皇太极大败，好在尤世威那一路军有猛将祖宽，众将在城外力战，皇太极率兵退却。好不容易保住了大同，但大同附近的边堡却多有所失。

皇太极没有和明军死耗，而是继续执行其壮大自己、消耗明军的策略，在关内抢掠三个月后就退军而去了。

崇祯七年的后金入侵告一段落了，但它给明朝带来的远不止经济的损失、兵力的消耗，比这些更严重的是，它让大明两面作战，顾此失彼。朱由检派曹文诏守大同，大同是守住了，但曹文诏的离开让明军对农民军的合围出现了漏洞。最后，合围以失败告终，朱由检也便痛失了彻底剿灭农民军的宝贵机会。

两年后，朱由检再次面临同样的困境。

崇祯九年六月，征剿形势一片大好之时，清军再次入塞，直犯京畿，朱由检不得不再次从征剿前线抽调兵将护卫京师。

为了炫耀新朝威风，也为了再次削弱明军，皇太极称帝后就派阿济格率十万满洲八旗精兵进逼宣府、大同，再次入关侵扰。朱由检针对清军进逼宣、大的路线，命宦官李国辅守紫荆关、许进忠守倒马关、张元亨守龙泉关、崔良用守固关。

六月，阿济格兵分三路进入西峰口，巡关御史王肇坤防守失利后，退守昌平。阿济格率兵进攻居庸关、昌平北路，大同总兵王朴急往驰援，虽有小胜，但最终还是在七月初被清军突入居庸关，进围昌平。

清军突破居庸关时，朱由检宣布京师戒严，命张元佐为兵部右侍郎，镇守昌平，派司礼监太监魏国征守卫明朝诸位皇帝陵寝所在的天寿山。同时，朱由检传召卢象升回撤精锐边兵入卫京师。

清军将沿途收降的两千明军释放，让他们返回昌平，退守昌平的王肇坤开城收留了他们。清军从西山抄小路进抵昌平，阿济格率兵攻城，有那两千归城的降兵做内应，昌平很快就被攻下。

阿济格命人放火焚烧了明熹宗的德陵后进军西山，攻巩华城。守将以火炮轰击清军，阿济格见城守坚固，不愿硬攻，决定继续南下。临走之前，再使反间计，写信给曾投降清军又逃回的黑云龙，约其为内应，想借明朝之手除掉黑云龙。

黑云龙得信立即上交朝廷以表忠心，朱由检当着众臣的面烧掉来信，并安慰黑云龙说："朕不会上当，卿只管放心！不过卿可将计就计，诱其前来。"黑云龙领命，依计在西山北设伏引诱清军，斩获颇多。阿济格用计不成，反受其害，带兵又向南侵扰良乡。

昌平叛变的降兵逼近西直门，驻屯清河、沙河的清军也陆续南下。朱由检惊慌不已，急命众臣分守京师各门，让兵部调山东总兵刘泽清率五千人，山西总兵王忠率四千人，大同总兵王朴、保定总兵董用文各率五千人，还有蓟州、密云等处一万七千人进京入援。

见皇帝忧急难平，一向怯战的张凤翼不得不自请总督各镇援军出师，与宣大总督梁廷栋互为掎角。朱由检立刻批准了，赐张凤翼尚方宝剑，赏功牌五百；同时，命监视宁远太监高起潜为总监，总兵祖大寿为提督，与山海关总兵张时杰一同归高起潜指挥。

张凤翼不是突然转性变得勇敢，而是实在逼不得已。按照朱由检的性格，如果清军兵临京城，兵部尚书是要即刻被问罪的，己巳之变时的兵部尚书王洽便是先例。与其等着被皇帝收拾，还不如自己下手来得自在。所以，张凤翼到前线后，并未与梁廷栋相互呼应作战，两人倒是不约而同先后服药而亡。

这边明朝君臣忙着调兵遣将，而阿济格那边却一直采取避实就虚的战术，下定兴、房山，克安肃，攻大城，战安州。八月，又攻克文安、永清，然后分兵攻漷县、遂安、雄县。不久，又从雄县奔赴涿州，遇刘泽清阻击后转攻香河，进河西务，再返回涿州，攻克顺义。清军再绕到京东北抵达怀柔、大安，攻陷西和，分兵屯密云、平谷，又返回雄县，再向北侵扰袭掠。

清军入塞不足两月，接连攻陷城池十二座，先后五十余战，所遇明军抵抗微乎其微。清军绕京城抢掠人畜数十万，金银不计其数，而大多数时候明军都是尾随，并不敢与之交战。

九月初一，清军携大批财物从冷口出塞，冷口守将戴秉德主张固守关口，阻断清军归路，但总监高起潜不许。最后，清军趾高气扬地从容离去，临走还斫树制牌，写上"各官免送"插在路边以羞辱明朝的将官。

不管怎样，清军总算退去，朱由检大松了一口气。这次，他没有像以往那样苛责百官，大肆杀戮，倒是忙着给高起潜等宦官大叙守京之功。但这样不问是非地信重宦官，反而更让百官心灰意冷，计六奇在《明季北略》中叹息："忠臣良将之心，于是乎灰矣！"

清军这次入侵带来的损失比上次更为严重，但是最严重的后果仍然不是财物的损失，而是入侵让朱由检惊惧之下把卢象升从征剿前线调离，让大明又一次丧失了彻底消灭农民军的机会。

等卢象升赶到京城的时候，清军已经出关，朱由检在温体仁的建议下，改任他为兵部左侍郎，总督宣大、山西军务。朱由检以为把能征善战的卢象升放在边镇，可保边境无忧，而实际上这样的安排是出于温体仁的私心，他想让卢象升身处险地，清军再来，边镇重地如有闪失便可将其问罪。

卢象升的离任给了农民军很大的喘息机会，高迎祥死后，闯王一部实力受创极为严重，但李自成也因此继承了高迎祥所有的政治遗产，收编了他的残余部队，成为新的"闯王"，继续与明军周旋。

崇祯九年，陕西、山西、河南等省的灾情还在蔓延。三月，山西巡抚吴甡奏报晋南闻喜、沁源等处大饥，人相食；河南巡抚陈必谦等相继奏报南阳、裕州一带树皮已经剥尽，村落荒凉；陕西仍是没有止境的旱灾、蝗灾。连年的灾荒，让源源不断的饥民加入农民军的队伍。

这一年的新科武举陈启新伏阙上疏，建议朝廷"速蠲灾伤钱粮，以苏屡岁无告之颠连"。朱由检接纳了他的建议，下令蠲免山西新旧二饷，蠲免畿内崇祯五年以前的欠赋。

五月，朱由检又下诏大赦胁从，准备瓦解农民军。然而，对饥民来说，减赋免罪没有任何意义，如果回乡依然不能有活路，也只能继续在造反的路上一条道走到黑。

在明军的打击下，虽然闯王一部势弱，但张献忠等部又渐渐崛起。崇祯十年正月，张献忠联合罗汝才、马守应、刘国能等自襄阳顺汉江东下，分攻江浦、六合、安庆等城，营火绵延数十里，军势极盛。后来，在安徽桐城、舒城、庐州被左良玉、刘良佐挫败，江淮危情才得到暂时缓解。

清军再次退回关外，而朱由检转过身，就又要面对西北遍地是烽烟的局面。朱由检不能松懈，但让谁来主持大局才能彻底地平靖民变，依旧是个让他头疼不已的问题。

第六章
双面，贤明的君主，嗜杀的帝王

剿匪出狠招

清军入侵，胆怯的兵部尚书张凤翼迫不得已请旨督军，后来在军中服药身亡。内忧外患之下，兵部尚书不可或缺，而朱由检环顾廷臣，觉得没有人熟悉军务，正为难时，他想起了杨嗣昌。

杨嗣昌，湖广武陵人，万历三十八年中进士，历任户部主事、山永巡抚、宣大总督等职。崇祯七年，陈奇瑜主持征剿农民军时，杨嗣昌目睹中原饥馑，民变四起，曾上疏建议朝廷开金银铜矿场，以分散啸聚的民众。后来，杨嗣昌又多次上疏力陈边疆事宜，部署方略，才气横溢。朱由检虽然还未曾见过杨嗣昌，却早已深信他是不可多得的军事统帅。

当年杨鹤因招抚农民军失败，被判处死刑，而杨嗣昌连上三疏求代父死，朱由检因感其诚孝才免了杨鹤死罪，就是为了有朝一日能让杨嗣昌为朝廷效死命。如今，朝内乏人，是时候用到杨嗣昌了。

那时，杨嗣昌正居乡守制，朱由检力排众议，下旨夺情，启用杨嗣昌为兵部尚书。杨嗣昌再三请辞不过，只能离乡上任。

崇祯十年三月，杨嗣昌来到京城，即刻便得朱由检召见。杨嗣昌博学多识，对历朝典故颇为熟悉，又为人机警，能言善辩，召对时沉着冷静，能与朱由检侃侃而谈，君臣甚为相得。

面对抵抗清军和征剿农民军两难的局面，杨嗣昌从全局的角度进行分析，提出"攘外必先安内"的战略构想。他将天下大势比作人的身体，京师是头脑，宣府、大同、蓟镇、辽东等边镇都是肩臂，而黄河以南、大江以北的中原地区是腹心。人身上最重要的是头脑，边境烽火燃于肩臂，而民变作乱于腹心。腹心之害更有甚于肩臂之疾，若听任腹心流毒，则脏腑溃痈，精血日益干枯；若腹心安然，脏腑无恙，就可以输送精血于肢体骨骸，拥戴头脑，护卫肩臂，可保无虑。所以，必先安内才可攘外，必先足食然后足兵，必先保民方能荡寇，如此才是求治的根本之道。

根据杨嗣昌的分析，清军攻势再猛，暂时还不会危及大明的根本，只是肩臂之患；而中原地区的农民军消耗了朝廷大量的兵力和饷银，还搅得人心浮动、城乡凋敝，使大明元气大伤，是心腹之患。所以，他认为朝廷应该对清军采取守势，甚至要想办法议和，以便集中精力应对农民军，等内乱平息之后，再去应对外患。

以往从来没有人透彻地分析过全国局势，更没有人能提出一个全盘战略，朱由检与朝臣们一直像救火队一样，哪里出事就奔向哪里。这种头疼医头、脚疼医脚似的应对，让人疲惫不堪而又收效甚微。如今，听杨嗣昌的一番系统分析，朱由检大有茅塞顿开之感，所以他发自肺腑地对杨嗣昌说："只恨用卿太晚！"

针对农民军分散流动作战的特点，杨嗣昌提出了"十面张网"的狠绝作战计划，即以主力兵团流动进剿和地方兵团固守协助相结合的方案：以五省总理和陕西三边总督率领各路援剿部队和三边劲旅作为主力在中原和西北两地集中剿灭大股农民军；以农民军活动的主要区域陕西、河南、湖广、江北为"四正"，由四地巡抚率地方军团一面固守辖区，一面配合主力围剿，即所谓"分任剿而专任防"；以农民军活动的非主要地区延绥、山西、山东、江南、江西、四川为"六隅"，由此六地的巡抚分防而协剿。

杨嗣昌认为"四正""六隅"的十面大网一旦部署完成，只需要三个月便可以彻底消灭全部农民军。

内部民乱一平，驱除外敌指日可待，那么十年来朝思暮想的中兴之治便不远了。已经太久没人给他这样的信心了，朱由检又一次被臣下描绘的美好图景打动，激动地对杨嗣昌说："非君莫能办之也。"

朱由检回想起上一次自己踌躇满志，还是九年前，阉党刚倒，袁崇焕跟自己许诺五年复辽，形势一片大好，只是后来结果实在让人大失所望。朱由检在心里暗下决心：这一次，一定会不一样！

按照杨嗣昌"十面张网"的作战计划，首先需要有足够的兵力，否则网大眼疏，收不到实效。所以，杨嗣昌建议五省总理和陕西三边总督各增兵三万人，湖广和河南两巡抚各增兵一万五千人，凤阳巡抚和陕西巡抚各增兵一万人，还有凤阳、承天两处祖陵各增兵五千人，总计需要增兵十二万人。

增兵必然就要增饷，经户部计算，增兵十二万人需要增饷白银二百八十万两。

不论增兵还是增饷，对朝廷来说都是极为难办的事情，但朱由检还是毫不犹豫地答应了，并且这次丝毫没打折扣。

朱由检多次召对群臣，商议筹措军饷之事。四月份的一次召对中，他指责朝臣："去年谕令勋戚之家捐助，至今抗拒，全没有急公体国之心！各省的乡绅也不捐助，等流贼赶来，全部都为流贼所有，何等愚蠢？"然而，愚蠢的何止勋戚和乡绅，朱由检自己也舍不得拿出帑金用于征剿。

皇帝、勋戚、乡绅都不肯出钱，那么增饷的重担最后只能压到百姓身上了。这就是著名的"剿饷"，一律按亩均摊，每亩加粮六石，每石折银八钱，再加溢地、事例等额外收入，共计白银二百八十万两。朱由检发布加派诏书的时候说："暂累吾民一年，除此心腹大患。"

不过，这剿饷跟之前的辽饷一样，说是临时加派，最后都长期固定了下来。百姓困苦不堪，又为农民军提供源源不断的后备力量。

杨嗣昌提出的十面张网的作战计划执行起来首先就违背了其"保民方能荡寇"的根本之道，所以计划一经提出就有人表示反对。

陕西巡抚孙传庭首先上疏反对。他认为各边精锐早已调遣一空，再征集十二万精兵是句空话，很难做到；再者连年加派增饷，海内民膏早已竭泽欲尽，再次增饷，很难如数征取；最后，农民军向来地利在秦，如尽全力剿灭秦地的农民军，则其余残部指日可灭，但若分散围剿，农民军必以全秦窟穴，十面之网便成空网。

孙传庭的反对不无道理，但那时无论是为美好图景心动的朱由检还是准备一展壮志的杨嗣昌都听不进去。杨嗣昌为此还对孙传庭怀恨在心，日后处处排挤他。

除了增兵、增饷之外，要执行十面张网的作战计划，还需要带主力兵团进剿的三边总督和五省总理有适当的人选。陕西三边总督洪承畴能征善战，经验和能力都让人敬服，自然不必调换。但是，卢象升离任后，接任五省总理的王家祯不堪大用，必须要调整。

就实际情况而言，卢象升人才胆略过人，把他调回原任无疑是最佳的选择。不过，杨嗣昌觉得卢象升才高难驯，并不是他心中的理想人选，他看中的是两广总督熊文灿。

熊文灿，贵州永宁人，万历三十五年中进士，历礼部主事、山东右布政使、福建巡抚等职。熊文灿自诩知兵，但实际上他所有的军功都得益于郑芝龙。

崇祯元年，熊文灿擢升右佥都御史，巡抚福建，海盗郑芝龙由厦门攻铜山，熊文灿将其招抚并任命为海防游击，征讨海盗李魁奇、刘香等。后来，郑芝龙依靠自己的海上力量彻底平定了东南沿海的其他海盗，熊文灿便因军功升任两广总督兼任广东巡抚。

朱由检曾怀疑巨盗刘香并未真死，也对屡建奇功的熊文灿为人比较好奇，便派亲信太监以采办药材为名去广东实地考察。

两广物产丰富，熊文灿常贿赂朝中权贵以确保自己留在两广任上。对皇帝身边的亲信，熊文灿更是大送财物，殷勤招待，与其痛饮十日。

一日，在酒宴上，双方相谈甚欢，那太监说起中原的民变，熊文灿酒后狂言："都是众臣误国，若是我熊文灿去了，怎能容忍那些鼠辈猖狂至此呢？"

太监听闻大喜，立即起身告知熊文灿来意，说："熊公真是当世之才，非公不足办贼。请大人做好准备，不日便会有旨意下来。"

熊文灿自知失言，一下子吓得酒醒了，推说征剿有"五难四不可"，但已经来不及了。负责考察的太监回朝后，在朱由检面前把熊文灿的胆识和才干用力吹嘘了一番，让朱由检觉得熊文灿大才可用。

太监考察熊文灿的事情被杨嗣昌知道了，觉得若推荐此人必定符合皇帝的心意，便大力举荐。果然，杨嗣昌一提，朱由检就欣然允准了，命熊文灿以兵部尚书衔兼右副都御史，接任五省总理一职。

熊文灿只好离开相对安适的两广，赶赴中原出任前途未卜的五省总理。想到坐镇指挥诸军，血战沙场，惜命的熊文灿便忐忑不安，于是特意请求以六千左良玉军为自己的亲兵，还另行从两广招募了两千精通火器的士兵用以自卫。

路上经过庐山的时候，熊文灿去拜访了熟识的空隐和尚。

空隐对他说："熊公误矣！熊公自度统率的兵士足以制农民军于死命吗？"

熊文灿答："不能。"

空隐再问："熊公手下的将领可有能委以大任、独当一面，不劳烦指挥就可获得胜利的吗？"

熊文灿答："没有。"

空隐说："熊公二者都不具备，将无法应对农民军，但皇上对熊公期望甚高，委以重任，一旦不能收获实效，恐有杀身之祸。"

熊文灿沉吟良久，说："若用招抚的策略，如何？"

空隐说："我料定熊公必用招抚之计，但农民军与海寇不同，熊公当谨慎行事。"

熊文灿就是这样带着招抚的心思前去赴任，一路战战兢兢。刚到安庆的时候，左良玉拨给他做亲兵的六千军士便不听指挥了，还与两广士兵发生械斗，熊文灿只好遣还两广士兵，另行请调边军为亲兵。有了这样的经历，熊文灿以抚为主的心意更加坚定了。

尽管不时有反对的声音，但在朱由检的支持下，十面张网的作战计划依旧紧锣密鼓地筹备着。半年后，兵、饷已经齐备，主帅已经到任，崇祯十年十月，杨嗣昌上疏皇帝请求下达围剿命令。他在奏疏中说以十二月、正月、二月为杀贼之期，"下三个月苦功夫，了十年不结之局，是在我皇上赫然一震怒间耳"。朱由检满怀激动地批准了"三月平贼"的请奏，下令即刻进剿。

杨嗣昌的详细征剿方案是以河南、陕西为主战场，切断两省农民军的联系，由陕西巡抚扼守商州、洛南，郧阳巡抚扼守郧阳、襄阳，湖广巡抚扼守德安、黄州，安庐巡抚扼守英山、六安，凤阳巡抚扼守颍州、亳州，应天巡抚扼守潜山、太平，江西巡抚扼守黄梅、广济，山东巡抚扼守徐州、宿州，山西巡抚扼守陕县、灵宝，保定巡抚扼守延津一带。然后，总理提边兵，监臣提禁旅，河南巡抚率左良玉、陈永福等部精锐，同心合力围剿中原地区的农民军。如果陕西的李自成、过天星等出潼关，则由陕西总督率左光先、曹变蛟、祖大弼等部出兵协剿。

不得不说，在十面张网的作战计划实施后，官军加紧了对农民军的围剿，在一定时间内还真取得了不少成效。

活跃于陕西地区的李自成、过天星从秦州取道徽州进军汉中，洪承畴率兵由栈道星夜驰往进剿，在汉中府城外大败李自成。

汉中失利后，李自成与过天星率部南下四川，先后攻克近四十座州县，兵临成都城外。朱由检接到奏报后，将四川巡抚王维章革职，御史陈廷谟降三级，命其戴罪杀敌，任命傅宗龙为新任四川巡抚，同时命洪承畴率军入川协剿。

洪承畴急率固原总兵左光先、临洮总兵曹变蛟两大主力部队进入四川，从东线阻截农民军，而傅宗龙则召集各路川军数万人在成都至阆中一带阻止农民军南下。

崇祯十一年初，李自成等人在官军的围追阻截之下又分路返回陕西。他们再回陕西时，分别行动，兵力分散，洪承畴与孙传庭又通力合作，将其各个击破。

五月，大天王、混天王部被孙传庭在合水击败，接受招抚。不久，过天星与混天星等经凤翔回到西安以北，孙传庭带人于澄城、三水将其击败，混天星被杀，过天星等投降。朱由检得知大喜，要给孙传庭加部衔，但杨嗣昌却故意拖延不办。

李自成出川后，向西在甘肃河州、临洮一带活动，洪承畴派人紧追不舍，三月间连续两次将其大败。李自成只好率部东返，再次回到川陕交界。八月，李自成在南江县又战败，率兵渡汉水时又遭左光先袭击。接连受创后，李自成部众仅剩千余人，沿秦岭山区退回陕西、四川、湖广交界地带。

孙传庭主张进山围剿，而洪承畴料定李自成出山后必去河南，建议孙传庭在其必经之路上设伏。于是，孙传庭在潼关南原部下三万重兵，专候李自成残部。

十月，李自成率千余残部走进了孙传庭的包围圈。官军以排山倒海之势围上，战争并无悬念，农民军几被全歼，仅有李自成等十八人杀出重围，逃往商洛山中。

至此，西北地区的农民军基本上被剿平了。

在河南、湖广地区最活跃的是张献忠一部。崇祯十年八月，左良玉在南阳大败张献忠，张献忠本人也受重伤，率部退往湖广北部。其他的农民军如刘国能、马守应、贺一龙等部仍在江北地区活动，不时也会向北流窜入河南一带。

十月，熊文灿到任，负责指挥诸将剿灭河南及江北地区的农民军。然而，到任不久，熊文灿就派人把粮食和民众全部迁入城内，凭城据守，同时，四处张贴招抚告示。这与十面张网主剿的战术南辕北辙，朱由检得知后下旨严责。杨嗣昌因曾亲自推荐熊文灿出任五省总理，也只好一味替他申辩。

杨嗣昌说："熊文灿上任仅三个月，而洪承畴已经出任总督七年。如今单是追究熊文灿追剿不力，而不说洪承畴多年纵容流寇。"

朱由检听闻有些不悦，说："总督和总理都要看是否及时平定流寇，不能拿任职时间长短做借口。"

杨嗣昌见皇帝生气，不敢再言，但朱由检也没有继续深究熊文灿主抚的策略。

崇祯十一年初，刘国能与左良玉作战新败，又怕被张献忠吞并，率部在随州向熊文灿投降。刘国能顿首告熊文灿说："愚民陷不义且十载，全赖熊公恩德重获新生。愿悉众入军籍，身隶麾下尽死力。"熊文灿大喜，温言慰抚刘国能并命其为守备，隶属左良玉部。

应该说到此时为止，熊文灿的好运还没用完，因为刘国能与反复假降的其他农民军首领不同，他受抚后便真心听从朝廷约束，不再有异志。

不过，刘国能并没因此落得一个好的结局。三年后，他兵败落到农民军手里，死状极惨。背叛，对任何人来说，从来不是一个好的选择。

早在刘国能投降之前，张献忠也派人向熊文灿表示接受招抚的意愿。随着官军征剿的形势日益严峻，刘国能投降后张献忠又势单力孤，为了让朝廷接受其投降，张献忠派人携大批财物贿赂朝中权贵。其中，送给熊文灿的珍宝就有一件一尺多长的碧玉和两颗径寸的珍珠。

熊文灿本就主抚，招抚张献忠不但平变之功唾手可得，还可借机搜刮财物，如此一举两得，何乐而不为呢？于是，熊文灿极力建议皇帝批准招抚。

那时，三个月的征剿之期已过，杨嗣昌正为没有完成征剿任务上疏请罪，引咎辞职。朱由检当然不肯放杨嗣昌离去，命其继续留任征剿农民军。所以，杨嗣昌见张献忠肯降，也乐见其成。鉴于张献忠多次降而复叛的前科，杨嗣昌提议命张献忠先去剿杀其他农民军，然后朝廷再接受其投降。

如果张献忠真的为朝廷去征剿农民军，那便是公然与农民军决裂，日后即使再叛也会在农民军中无法立足。那时，他面前就只有一条路可走，即全心全意地依附朝廷。这个建议虽然狠毒，但确实是防止张献忠再叛的好办法。

结果，哪曾想朱由检比杨嗣昌更心急。他已经厌倦了整日面对缺兵少饷的窘迫局面，比任何人都更想尽快地结束征剿。所以，对杨嗣昌的建议竟当面批驳："岂有他一来降，便说剿杀之理？"

有了皇帝批准，当年四月，熊文灿接受了张献忠的投降，命其精简部众，将余部安置在谷城外的白沙洲。

然而，张献忠投降后却拒绝接受朝廷的改编和调遣。他把部下四营分布在谷城的四郊，各设一名将领统率。在休整期间，张献忠组织部下集草屯粮，打造军器，招兵买马，训练士卒，只待东山再起。

刘国能和张献忠先后接受朝廷的招抚，在农民军中产生了一连串的连锁反应。十一月，罗汝才、过天星、混世王等部接受招抚。罗汝才与张献忠一样不接受改编和调遣，在房县周边屯田造器，准备再起。

崇祯十二年，农民军中只有马守应、左金王、贺一龙等少数几支队伍没有接受招安，但官军势强，农民军也很难有大的举动。明末的农民军战争陷入了前所未有的低潮。

熊文灿得意地上奏："臣兵威震慑，降者接踵。十三家之贼，惟革、左及马守应三部尚稽天诛，可岁月平也。"

招抚见效，很大程度上也是洪承畴、孙传庭等人全力进剿的结果，而不明就里的朱由检见到熊文灿的奏报喜出望外，把大部分功劳都记了在熊文灿头上，下旨对其不吝褒奖。

朝中不是没人能够识破张献忠等人的假降，但朱由检与熊文灿君臣都陶醉于眼前似是而非的平静，对持异议者痛加指责。倾尽全国之力征收的"剿饷"不知不觉都被熊文灿拿去用于招抚，狠绝的"十面张网"再也无人提起。

朱由检在位的十七年间，夸口之人都难逃厄运，袁崇焕逃不过，熊文灿逃不过，杨嗣昌也逃不过。虚假的平静非常短暂，他们很快都将为自己的失策付出代价。

第二份罪己诏

在中国古代，天子自称是上天的儿子，受天命而立，代表上天来管理百姓。所以，无论是哪个朝代，都会有一整套繁复的祭祀活动来表示君主与上天进行沟通。哪怕再不可一世的帝王，在上天的面前也会变得诚惶诚恐。

为此，不少古代的帝王都对道教笃信不疑，他们或者斋醮以禳灾祛病，或者乩仙以求神示，再或者炼制丹药以求长生。

明世宗朱厚熜就是这样的一位皇帝，他自封为道教帝君，对道教的迷恋远甚于对政务的关心。嘉靖年间，还有不少大臣就是因为擅长撰写献给天神的青词而获得宠信。

朱由检虽然没有他的祖先那样对道教沉迷，但对打醮祈禳等活动也表现得很热衷。

在古代，天降灾难一般都被看成是君主不德所致，所以为了表示对百姓的关切，每有大灾朱由检总会带头斋居自省。同时，他也强调朝臣需要反躬自省，悉心用事，从而感动神灵，使天下风调雨顺。

朱由检登基以来，每逢大旱，他总会斋居祈雨，少数遇巧祈雨成功便觉得自己是天命所归，欢欣鼓舞，而大多数时候则是祈雨失败，让其深受打击。他觉得自己不贪杯，不好色，忧国勤政，为什么上天竟对他的诚意无动于衷呢？

崇祯十年闰四月，天又大旱，朱由检祈雨未果，再次备受打击而无法排解的他，想到了下诏罪己的办法。

与第一次下诏罪己时的纠结不同，朱由检这次几乎都没有什么犹豫，他在诏书中说："帝德好生，降罚必有所致。久祈不应，乃朕躬之悃诚未能上达，朝廷之德泽不能下沾。"

接着，他便列举了官吏的种种过失："张官设吏，原为治国安民。今出仕专为身谋，居官有同贸易。催钱粮先比火耗，完正额又欲羡余。甚至已经蠲免，亦悖旨私征。"最后，得出结论："似此种种，足干天和。积过良深，所以挽回不易。都着洗涤肺肝，共竭悃诚，仰祗天意。"

朱由检的第二份罪己诏依旧是表面上说自己的过错，而更多的是在指责他的臣子。朱由检对祈雨不应的解释是大臣们不法谋私害民过多，所以上天还不能感受到他这个君主的一片诚意。

口口声声说着官吏害民太过，而朱由检自己苛索起百姓来也毫不手软。

崇祯初年，军士因欠饷而频频哗变，朱由检舍不得拿出内帑发放军饷，就提高辽饷的税额。原来辽饷的定额是每亩九厘，每年可收白银五百多万两，朱由检在此基础上每亩增加三厘，全国每年增收一百六十多万两。

为了减轻皇帝的心理负担，当时正得圣宠的兵部尚书梁廷栋竟说百姓的负担并不算重，人均缴纳的正税只有一钱多白银。朱由检明知百姓的负担在正税之外还有各种加征和私派，正税越多，加征和私派便也会成倍增长。但是，有了梁廷栋自欺欺人的说法，朱由检也就释然了。

崇祯十年，为了配合十面张网的围剿计划，朱由检批准再增剿饷，连年征收。

崇祯十二年，清军第四次入塞抢掠尚未离去，杨嗣昌提议各边镇练边兵总计七十余万人，以防清军侵扰。后来，副总兵杨德政又提议各州县练民兵以防农民军。朱由检又把练边兵和练民兵的费用合在一起做"练饷"，每年再向全国百姓增收七百三十万两。

到崇祯朝后期，每年的辽饷、剿饷、练饷加在一起，多达一千六百多万两，已经远超过了原有的全部正税数额。民间流行的谚语中又多了一条："崇祯崇祯，年年重征。"意思说，崇祯皇帝每年要收双倍的赋税。

如此苛待百姓，斋居祈雨、下诏罪己等做得再多也无济于事。朱由检的斋居、罪己，与其说是为了挽回天意民心，不如说是为了标榜贤明来寻求一份心理上的安慰。

崇祯十一年，又发生了月食火星的奇观。按照当时的主流观点，异常的天象是大灾大难来临的前兆。朱由检因此惶恐不安，立即在宫中素服减膳，斋沐祈祷，同时传谕众臣一律素服修省。

当时正蒙圣宠的杨嗣昌为开解皇帝，引经据典地说月食荧惑未必会有大灾。朱由检虽然理解杨嗣昌的用意，却仍然在他的奏疏上批复："枢臣不必深究。"在朱由检看来，身为天子便不能不重视灾异星象，另外他也不想放过任何一个戒谕群臣的机会。

随着国事每况愈下，朱由检为君之初的"天命在我"的自信被消磨殆尽，宫中各种名目的扶乩请神、打醮祈禳也就越来越频繁，甚至还闹出了不少笑话。

崇祯十二年，朱由检苦于无将可用，竟在宫中设坛召请天兵天将，希望借助他们的力量平靖内外的战乱。

经过一番虔诚的祈祷，朱由检扶乩的沙盘上出现了"天帝"的答复："天将皆已降生人间，无可应召者。"朱由检叩首再拜，问道："天将降生，意欲何为？尚有未降生者否？"答："只有汉寿亭侯受大明深恩，不肯下降，此外再无留天上者。"此后，朱由检便再怎么问也没有回答。

受大明恩惠的"天将"不肯降临凡间，那么其他没什么渊源的来到世间要做什么就不言自明了。请神没给朱由检带来任何希望，现实中又不断地损兵折将，不由得让他陷入更深的迷茫和失望之中。

崇祯十四年，朱由检还把当时全国最著名的大法师，江西龙虎山的张天师也请到京城，让他在宫中设醮除妖降魔，为国家祈福。张天师来到京城，朱由检亲自在灵济宫设宴招待，很少有人能够得到这样隆重的礼遇。张天师率道童三百，设坛执事，建醮四十九天。然而，宫外风雨无改，战事不停。朱由检失望之下，只好送张天师出宫。

朱由检不时斋居自省，频繁设醮扶乩，下诏罪己等不过都是虚招，并没有切实采取措施来解决现实的问题，很多朝臣对这套做法表示不满。礼科给事中张采上疏说："宗社之安危，必非佛氏之祸福。"户科给事中左懋第也上疏说要消灾弭祸就应该有实际的行动，请求皇帝"专以救荒为务"。

朱由检觉得朝臣的劝谏都很有道理，但无力面对现实的他很难停止对神异世界的张望。东方的神佛既然不灵验，他又把目光转向了西方的上帝。

明朝末年，不少西方传教士不远万里来到中国。他们为了传播教义，学会了中国人的语言，穿着中国人的服饰，研读儒家典籍，广泛结交中国的士大夫阶层。意大利人利玛窦是他们中的佼佼者，在万历年间还与明神宗建立了非同一般的关系。在他们的影响下，明末中国的各主要地区几乎都建立了教堂，教徒人数增多，其中还不乏有影响力的朝臣。

徐光启就受利玛窦影响很深，万历年间结识利玛窦后，对其带来的西方科学知识很感兴趣，跟随他学习西方的天文学、数学、历法等知识。

徐光启万历三十二年中进士后，仕途一帆风顺，到崇祯元年升任礼部侍郎，充任经筵讲官，崇祯五年，以礼部尚书衔进入内阁。在他的影响下，传教士瑞士人邓玉函、意大利人龙华民先后进京任职，参与制造火器和修订历法。后来，龙华民、汤若望等人甚至可以出入宫禁宣扬教义。

崇祯三年，御马监掌印太监庞天寿首先接受洗礼加入天主教，后来不断有太监、宫女甚至嫔妃受洗，到崇祯一朝中后期，宫中的天主教徒已经超过五百人，还有专门的圣堂供他们平日祈祷和做弥撒之用。

尽管到最后，朱由检也没有受洗，但他在天主教反对偶像崇拜的影响下，在宫中进行过多次撤像与毁像的活动。

崇祯初年，朱由检就下令对宫中供奉的各类偶像进行清理。除了几座正式庙宇中的佛祖、道君，还有据说显过灵的钦安殿玄武大帝外，一律命人移往宫外。

后来，为悼念心爱的皇五子朱慈焕，朱由检一度令人把移到宫外的偶像又搬回宫内。但是，崇祯十三年，为杨嗣昌筹军饷剿灭农民军的时候，朱由检又毫不犹豫地把宫中供奉的金银佛像悉数捣毁，充作军饷。

对罪己诏既看重又口是心非、只说不做，对宗教信仰既虔诚又莫衷一是、左右摇摆，这种矛盾的心理，在朱由检的生活中几乎无处不在。

在这样矛盾的心态下，朱由检对他所有的臣下也都有着截然相反的两种态度，不论是言官、宦官，还是他倚重的股肱之臣。

在传统的儒家观念中，乐于纳谏、保持言路畅通是作为一位贤明君主的必备条件。为了保持言路通畅，朝廷规定言官可以风闻奏事，不必背负其他的责任。所以，皇帝几乎每天都能接到言官的奏本，对各项朝政进行或温和或激烈的批评。

明朝的言官系统中，除了有负责监察百官的御史外，还有相互独立的六科给事中，他们是谏官，主要负责监督皇帝。尽管有这样的分工，但在明代的朝堂上基本是科道合流，都在职言事，每日纷扰不断。

朱由检面对大量言官的奏本，为了表示自己是位难得的圣君，总想表现出虚怀纳谏的姿态，下旨称赞他们清正耿直。然而，朱由检在内心对言官非常厌恶和怀疑，总觉得他们不是谋求私利就是沽名钓誉，时不时还会大发雷霆对言官严加惩治。

太子朱慈烺读书后，朱由检常带他一起阅读朝臣的奏章，还向他传授了对待言官奏本的要诀："凡阅读科道的奏本，要明确他们的真正用意，要么是为了讨好他人而荐举，要么是为了获得高名而施援，不要被表面铺陈的娓娓千言给欺骗了。"

崇祯九年清军入侵时，朱由检又派出大量太监外出监军，御史金光宸上疏请求罢去所有督军内臣。朱由检大怒，平台召对时特意召来金光宸厉声质问："为何做此沽名钓誉之举？"金光宸不服，辩解说："皇上称因文武诸臣不能实心任事才委任内臣，而臣却以为任用内臣只会使众臣更加推诿不负责任。"尽管金光宸所言在理，但朱由检对言官偏见在前，很难真正听进去，最后还是把金光宸官降三级调用。

朱由检在朝臣面前十分坚持任用宦官的决定，然而他自己在内心对任用宦官也很有顾虑。史笔无情，对信重宦官的皇帝大多颇有微词。所以，崇祯一朝对太监外出督军常常是派了又撤，撤了又派，反复折腾。

另外，朱由检虽然信重宦官，但对任何一个宦官也没有宠信过度，反倒对宦官整体上更加严厉。因为微小的过失被杖责、监禁、罚充净军甚至处死的宦官不计其数。被派到各地执行公务的太监，如果有过错被朱由检知道，受到的惩处也非常严重，等到他执政的后期，因地方上军事不利，还有大批的监军太监被处死。

对言官既赞赏又怀疑厌恶，对宦官既信重又严厉无情，如此双面的朱由检对朝廷重臣也是既倚重又频频弃用。

朱由检在位十七年，四处寻求忠臣良将，然而却很少有人能获得他自始至终的信任。不论是内阁还是六部的大臣，都如走马灯一样的频繁更换。他先后任用过五十位内阁大学士，人称"崇祯五十相"，创下了历史最高纪录。六部的长官更换也同样频繁到了让人瞠目结舌的地步，他共任用过户部尚书八人、礼部尚书十一人、工部和吏部尚书各十三人、兵部尚书十四人、刑部尚书十七人。

所有这些重臣的更换无不伴随着严厉的惩处，削籍罢官、下狱流放等都是常事，在崇祯朝多年为官而能得善终的实在是凤毛麟角。

朱由检一生共赐死首辅两人，诛戮总督七人、巡抚十一人，他们中罪有应得者少，含冤而死者多，这样的君王究竟是贤明还是嗜杀？

战场上不能瞑目的泣血英魂

对朝廷内外交困的局面，杨嗣昌第一次见到皇帝时就提出了攘外必先安内的战略。不过，碍于"夷夏大防"的传统观念，朱由检始终也没有明确地同意与清廷议和。

杨嗣昌出任兵部尚书后，为了全面实施对农民军的围剿，私下里让辽东巡抚方一藻派人去清廷试探口风。由于是私下接触，方一藻也实在无人可派，竟找了位算命先生周元忠充任使者。尽管使者地位低下，清廷还是热情地接待了周元忠，并让他带回皇太极同意和谈的意愿。

其实，这对明朝来讲不失为一个有利的消息。明朝的兵力虽然远远多过清军，但就战斗力而言，真正能战之兵并不多，就算没有内乱，与清军对决也未必能胜。两面作战的话，则是疲于应对，哪边也难取胜。

清廷愿意议和，当然也有借机削弱明朝国力的想法，但如果明朝借此机会，换来哪怕几年短暂的边疆和平、京师稳固，集中力量一举剿灭农民军还是有希望的。这就是为什么有了袁崇焕的前车之鉴，杨嗣昌还力主议和。

杨嗣昌得到周元忠的回报后，立刻上报给皇帝。为了说服皇帝，杨嗣昌还举了东汉开国皇帝光武帝刘秀的例子。刘秀先与匈奴议和，平定内乱后，大汉出兵塞外，一举击败匈奴。

朱由检熟读史书，对这段历史相当熟悉，非常期待历史可以重演，让他平定民变后再兵出关外，重振天朝之威。朱由检虽心里这么想，但一方面他仍放不下大国君主的脸面，另一方面他也害怕承担力主议和的罪名。所以，他给出的答复模棱两可，即让方一藻与高起潜"细酌"。

杨嗣昌明白皇帝的心思，但没有他的明确表态，和谈根本没法进行。

辽东方面，周元忠等人只好尽力拖延，几次往返之后，皇太极不再耐烦，亲自给朱由检写了封书信。信中语气极其蛮横，他说："我不愿见百姓生灵涂炭，屡次讲和，但明朝大臣竟无一应答，如此便是有意招惹祸乱。如议和不成，今年夏秋必举兵进犯。"

见到皇太极的威胁，方一藻上疏说"势危兵弱，边腹交疲"，建议朝廷与清廷议和。杨嗣昌也上疏说："练兵为正道，议和为权宜，如果不这样，以京城和祖陵来屡试敌人的兵锋是不值得的。"

崇祯十一年五月，见皇帝仍没有明确表态，杨嗣昌在《敬陈安内第一要务疏》中再次主张攘外必先安内，列举先朝典故，暗示应该议和。

结果，一石激起千层浪，朝臣纷纷上疏弹劾杨嗣昌。理由有两个：第一，他们以宋朝对辽、金讲和遭到后人唾骂为由，说杨嗣昌暗示议和是要陷国家于大不义；第二，说杨嗣昌守制期间出来任职是违背天理人伦，是大不孝，不孝者必不忠，不可重用。

朱由检对弹劾杨嗣昌的奏疏一概置之不理，当年六月，又命杨嗣昌进入内阁，参与机务。虽然通过提升杨嗣昌间接地表明了自己的态度，但毕竟群臣激愤，朱由检再也没有把议和之事摆到桌面上讨论。方一藻、高起潜在辽东也不敢擅作主张，最后与清廷的议和不了了之。

皇太极本来兵强马壮，想仗着这点优势通过和谈向明朝要些好处，但明朝不给，只好履行"必举兵进犯"的诺言，自己动手来抢了。

崇祯十一年九月底，皇太极发动第四次入关抢掠的战争，以睿亲王多尔衮为奉命大将军，率领左翼兵马，从青山关入长城；以贝勒岳托为扬武大将军，率领右翼兵马，从墙子岭入边；而皇太极则亲率兵马向山海关进军，牵制明军。

岳托率领的右翼军翻过墙子岭后直逼密云。当时，蓟辽总督吴阿衡与总兵吴国俊等人正在密云为镇守太监邓希诏祝寿，众人喝得烂醉如泥，仓促应战，被清军大败，吴阿衡也死于乱军之中。随后，岳托率兵在京东一带休整并等候多尔衮的左翼军前来会合。

十月初二，朱由检下令京城戒严，并按照杨嗣昌的建议调兵遣将部署京师防御：紧急征调辽东前锋总兵祖大寿率部入援，以山海关监军太监高起潜带关、宁兵为应援；命宣大总督卢象升为督师，赐尚方宝剑，统管各路兵马，并率宣府、大同、山西各军为左翼，调登州、莱州、天津、青州各军为右翼，夹击清军；同时，以山东总兵刘泽清从正面遏制清军；命京营各军加强守卫，护卫京师。

卢象升当年五月丧父，请求回家奔丧守制，朱由检不许，令其在职守丧。七月，又晋升卢象升为兵部尚书衔，夺情启用陈新甲为宣大总督，卢象升在原署等待陈新甲接任。

京城危急，卢象升只好披麻戴孝地率军誓师，然后急赴京郊。同时，卢象升再次上疏推辞说："臣本非用兵之才，凭愚心任事，按理不应回避艰难，但自从臣的父亲病逝以后，伤心过度，五官散乱，更加不比以往。如今以麻衣素服和枯槁之颜位居三军之上，不仅看起来没有威严，还可能会使号令不灵，难于取胜。"

后来，卢象升听说高起潜也身穿孝服来领兵，觉得他们二人与杨嗣昌都是不祥之身，就对自己的亲随说："人臣不管自己的父母，心中哪还会有天子？枢辅之臣杨嗣昌自己不守丧，也想让我与他一起放弃礼制受人指责吗？居心如此，怎么能跟他一同事君呢？"

卢象升又得知杨嗣昌与高起潜曾主持议和，更加气愤，只怕受朝廷深恩，不能死得其所，立誓如有不幸，以身殉国。

十月初四，卢象升带着这些不快与决绝来到宫中。朱由检本来对这位年轻的军事统帅十分欣赏，然而问到他迎敌的策略时，卢象升却答："陛下命臣督师，臣主战。"

朱由检内心正后悔没有听从杨嗣昌等的建议与清廷议和，如今战事已起，议和无门，是战是和哪还有选择的余地？卢象升的回答正是指责朝廷战和不定，戳中朱由检的痛处，让他很不高兴，沉吟良久才说："朝廷原本也没有主张议和，那不过是外廷的议论。"

这说法没有让卢象升信服，但君臣二人都不想就此话题继续深入。接着，卢象升表达了他对战局的看法，他说清军可能进攻的方向，处处应当防备。如果清军逼迫皇室陵寝则会震动人心；如果进攻京城则会动摇根本；如果分兵向京畿之南抢掠邻近州县，则能断绝我军粮道。朝廷的兵马如果集中兵力设防，就会有很多城池被攻陷，而分兵迎敌又力量单薄很难获胜。朝廷面临的是军队分合两难的局面，兵少而难以全面防备敌人，兵多又恐军粮不足而生乱，总之，御敌困难重重。

不过，卢象升最后也向皇帝表示，战局再难，既然来守卫京师，就必然以死报国。

现实如此，卢象升所讲句句切中要害，但他没有夸夸其谈地许给皇帝一个万全之策，也没有自信地给皇帝描绘一个不切实际的光明未来。朱由检感念卢象升的报国之心，但盼望救世主的心情下却得到这样沉重的回答，终归还是有些失望。

朱由检命卢象升与杨嗣昌再进一步讨论制定具体的作战方案，而卢象升却表示他在外枕戈待旦，只希望杨嗣昌不要事事掣肘。见卢象升执拗，朱由检也很无奈，激励了他几句，便结束了这场让人不愉快的召对。

这次召对没让朱由检对卢象升由欣赏升华到倚重和信任，卢象升的执拗倒是给他留下了难以磨灭的印象。

召对过后，卢象升见到了杨嗣昌。杨嗣昌让他不要冒失出战，而卢象升却反过来质问："公等坚持议和，难道不觉得城下之盟可耻吗？卢某获赐尚方宝剑，受命督师，如果唯唯诺诺从命议和，袁崇焕之祸立至。就算卢某不畏祸，但孝服在身，如果不能移孝作忠，奋身报国，将忠孝两失，还有何面目立身于人世？"

杨嗣昌申辩说："我从未说要议和。"

卢象升不信，问："周元忠到彼处讲和，数次往返，虽说由方一藻在前操持，但背后皆是受命于公，天下人都知此事，如何还要隐瞒？"

杨嗣昌见他不信，辩解无用，急说："督师这是要以尚方宝剑置我于死地了。"

卢象升回道："既不能奔丧，又不能作战，要杀也是杀我，怎能杀得了别人？"

两人不欢而散。

卢象升对杨嗣昌的误会更深，更加觉得无法与其共事；而杨嗣昌也觉得卢象升对自己的偏见难以消除，如果他日后得了势，必然对自己大不利。

卢象升回到军营后，见皇帝派人送了军饷犒劳士兵，还送了些马匹、武器等军用物资，觉得议和果然是朝臣的意见，与皇帝无关，下定决心以身报国。

那时，卢象升名义上总督天下兵马，但由于与杨嗣昌不和，没有枢辅重臣的支持，根本调动不了其他的兵马。跟随卢象升入卫京师的三位总兵分别是宣府总兵杨国柱、大同总兵王朴和山西总兵虎大威，此三人麾下只有不到两万人，而入关来援的关宁军总数近四万人，所以高起潜不愿接受卢象升的指挥。卢象升见高起潜、杨嗣昌事事牵制，便上疏建议分兵迎敌，他率宣大之兵驻守顺义，而高起潜带关宁之兵驻守通州。

十月十二日，岳托与多尔衮两军会师通州。杨嗣昌命卢象升赶往通州与高起潜兵合一处，而卢象升却主张于十五日月圆之夜兵分四路突袭清军大营。高起潜也反对主动出击，写信阻止说："只听过雪夜下蔡州，还没听过月夜搞突袭。"

十五日，趁着夜色，卢象升按原计划发动了对清军大营的突袭。

清军没有防备，立刻陷入一片混乱，卢象升身先士卒，在敌营内一阵乱砍乱杀，清军损失惨重。然而，杀着杀着，卢象升发现自己安排好的后军竟然没有跟上，而清军也逐渐回过神来，重整阵仗，胜败之势瞬间逆转。

事后，卢象升才知道自己的后军是被高起潜故意调走了，他很生气。然而，宫中的朱由检更生气，因为他得到的奏报是卢象升不听调派，擅自出兵突袭敌营而致兵败。几乎同时，朱由检还收到了高起潜部在卢沟桥被清军大败的消息，而兵败的理由是卢象升不肯合兵。

宣大军和宁远军算是明军中战斗力数一数二的军队，但他们却接连战败，让朱由检非常气恼，他把这一切归咎于卢象升的执拗。于是，下令把卢象升由兵部尚书衔降为侍郎衔，戴罪御敌。

兵败心慌的朱由检命各大臣分守京城九门，同时传召孙传庭出潼关，率延绥、宁夏、甘肃、固原征剿农民军之兵马入援。不久，又命洪承畴率兵进京。

清军入关一路并未遇到有力的阻截，继续向京畿南部抢掠。十一月，攻占良乡、涿州后，兵分三路继续南下，一路由涞水出易州，一路由新城出雄县，一路由定兴出安肃。兵锋甚锐，难以阻挡。

十一月九日，清军进攻高阳县城。十日，城陷。

高阳县城很小，守城的兵力也很薄弱，然而却能在清军的猛烈攻势下，坚守一昼夜，原因只有一个，那里是孙承宗居住的地方。

孙承宗与清军奋战一生，构建了宁锦防线，培养了袁崇焕，收复了关内四城，是个让清军头疼不已的角色，同时，也是个让清军由衷感到敬佩的角色。

为了表示对孙承宗的敬佩，清军进攻之前，曾派出使者劝降，孙承宗毫无疑问地断然拒绝。等清军兵临城下的时候，已是七十六岁高龄的孙承宗带领全家走上城墙抗敌。全城军民在他的感召下，团结一致，全力守城，清军的进攻被一次次挡回。

此时，手握重兵的高起潜，就驻兵在不远的容城，却选择按兵不动，袖手旁观。

一天一夜后，城中炮石已尽，清军终于爬上城墙，占领了高阳县城。孙家百余口遇难，孙承宗被俘。

孙承宗以卵击石般的坚守更让清军对其敬佩得无以复加，他们尝试了最后一次劝降，然后给了孙承宗一个俘虏能获得的最高礼遇，允许他以死明志。

孙承宗整肃仪容，最后一次向北面的京师叩首，然后，自缢而死。

消息传来，举朝哀戚。

卢象升一直敬佩孙承宗，闻讯悲愤不已，赴死之心变得更坚定了。

在清军南下的路上，卢象升一直率兵与之周旋，在庆都一带与清军交战数次，胜负相当。然而，卢象升手下的兵力却一再被抽调。十一月，陈新甲上任宣大总督，兵部命卢象升分兵一部由陈新甲统率。十二月，兵部又命大同总兵王朴带兵回防大同。最后，身为总督的卢象升，麾下竟只剩了五千人。

即便只有五千人，杨嗣昌仍再三为难，命人不再给卢象升提供粮草。

十二月十一日，弹尽粮绝的卢象升领兵进驻巨鹿县贾庄。高起潜统兵距离贾庄不到五十里，卢象升派遣军中赞画主事杨廷麟去求援，高起潜毫不理会，反而移军临清。

卢象升自知陷入绝境，出军帐对跟随他的将士说："我等俱受国恩，患不得死，不患不得生。"麾下将士皆失声痛哭，誓死相随。

附近百姓听闻，聚集营前，劝卢象升移军广平、顺德，召集义师御敌："三郡子弟喜闻公来，同心勠力，一呼而带粮相从者可有十万，怎能甘心陷无援之地而立死呢？"

卢象升流着泪，答谢父老盛意："我与流寇交战数十次，未曾一败。如今敌众我寡，粮尽力竭，就不再连累父老了。"

行军至蒿水桥，卢象升部被清军重重包围。卢象升率兵列阵，命虎大威护左翼，杨国柱护右翼，自领亲兵于中军架炮设弩，与清军决战。卢象升是孤军作战，而清军的援军却源源不断地赶来。

激战从辰时进行到未时，清军死伤惨重，卢象升也炮尽矢穷，部众所剩无几。最后，卢象升冲进敌阵，挥刀继续战斗，斩杀敌军数十人，自己身中四箭三刃，从马上跌落，壮烈殉国。

卢象升的亲兵为了护住他的尸首，伏在他身上，身中二十四箭而亡。

战后，杨廷麟及部下在战场上寻获卢象升的遗体，甲下尚着麻衣。三郡之民闻之，痛哭失声，声震天地。

卢象升死后，杨嗣昌怕他没死，以后会报复，还派人前去查验。顺德知府上奏卢象升的死状，杨嗣昌又故意刁难，过了八十天，卢象升的尸首才得以收殓。杨嗣昌在世期间，卢象升的家人再三请求，但朝廷却始终没有承认卢象升的报国壮举。

　　九年前，没人命令，卢象升自募军士，忠君勤王。之后，他训练士兵，得天雄军数万，征战农民军无一败绩，获得威名而震慑宵小。如今年仅四十，正当壮年，却被自己人抽兵断粮，逼入死地，战场泣血，以身殉国。

　　所以，卢象升虽存死志，却难瞑目！

对朝臣失去信任

离卢象升并不遥远的高起潜，听闻卢象升战死，全军覆没，吓得惊慌失措，率军仓促逃亡，结果路遇清军伏击，溃不成军。

清军击败了京畿一带战斗力最强的两支明军，攻陷了昌平、宝坻、平谷、清河、良乡、玉田、蓟州、霸州、景州、赵州等地，又挥师向西抵达山西地界，然后又调转方向挥师向东进入山东。

杨嗣昌急命山东巡抚颜继祖移师德州进行防御，而清军却避过德州，从德州以南的临清和东昌渡河，兵分两路攻向济南。济南的防守相当空虚，崇祯十二年正月，清军只用了不到半日就攻陷了济南城。山东巡按御史宋学朱、山东布政使张秉文等几十名官员被杀，城中的几位宗室郡王也被杀害，德王朱由枢被俘获押解回沈阳。济南全城被焚，十三万居民被屠戮殆尽，城内外积尸如山。

朱由检即位以来，城池被农民军和清军攻陷是常事，但像济南这种省城还是第一次失陷。亲王被俘，宗藩被杀，更是前所未有。这些消息让朱由检不仅惊惧难抑，还让他对满朝文武失望透顶。然而，战争还在继续，他除了亲去太庙向祖宗告罪外也别无办法。

接连的军事失利，杨嗣昌已经自请连降三级，但朱由检仍把他留在内阁和兵部任事。济南失陷后，在杨嗣昌的建议下，朱由检任命洪承畴为兵部尚书兼右副都御使总督蓟辽军务，主持北线的对清作战；由孙传庭总督保定、山东、河北军务，主持南线的对清作战。

孙传庭随即率部进入山东，杨嗣昌也从登莱赶赴山东，又命安庆巡抚史可法从徐州策应。那时，清军已经攻下东平、莘县、馆陶、阳谷、兖州等州县，饱掠已足，渐渐向沧州、青县、天津退去。

崇祯十二年三月，清军从迁安县青山口出塞，安全返回辽东。

此次清军入塞，历时五个月，深入两千里，先后败明军五十余阵，攻陷大小城池七十余座，一路烧杀抢掠，杀害上百名明朝文武官员，俘获亲王一位，人畜数十万，抢掠的金银财物不计其数。

清军此番入塞为祸最重，而朝中大臣前前后后的表现让朱由检十分不满。

最让他不满意的要数那些文不能治国、武不能安邦而又满口道德礼制的朝臣，在朱由检眼中，他们的代表就是理学大师黄道周。

黄道周，号石斋，世人尊称其为石斋先生。他学识渊博，在理学和易学方面颇有研究，为人耿直，节操高尚，被世人看作道德文章的楷模。

黄道周天启二年中进士，改庶吉士，历任翰林院修撰、詹事府少詹事。中进士后，黄道周曾充任经筵展书官。按照惯例，展书官需要跪着膝行向前为皇帝展开书卷，而黄道周认为这不符合古礼，所以展卷时起身而进，在旁的魏忠贤多次使眼色让他跪下，他却始终不动。

崇祯三年，阁臣钱龙锡被袁崇焕一案牵连，朝臣多不敢言，而黄道周却出于义愤勇于上疏为其辩解，还直言皇帝冤杀阁臣只会白白让国家受损。朱由检气愤之下，将其降职三级调用，但最终还是免除钱龙锡的死刑，改为戍边。

尽管因为耿直，黄道周的仕途多有不顺，但他始终不曾改变。

朱由检接连夺情启用杨嗣昌、陈新甲等人，黄道周从理学道义的角度看，这是违背天理人伦的；而杨嗣昌、方一藻等人私下与清廷议和，在他看来也是丢尽华夏脸面，有辱国体。

崇祯十一年六月，黄道周连上三疏。

一份是弹劾杨昌嗣夺情入阁，说他自己不能按制守丧，还推举居乡守丧的陈新甲出任宣大总督，阻挠丧父的卢象升奔丧，简直是猪狗不如。即便朝廷再缺人，也不能让这种不忠不孝之人以不祥之气秽及天下。

另一份是弹劾陈新甲夺情任职，说他贪图权势，不完成服丧之期，是"走邪径，托捷足"。

最后一份是弹劾辽东巡抚方一藻主持对清议和，有辱大国之体。他说事关国家大节，一定不能与清廷议和。退一步说，即便与之议和也不会获得成功，即便议和成功也不能持久和平，即便持久和平了，那么宁远、锦州、遵化、蓟州、宣府、大同之兵，又要撤到哪里？

朱由检看了这些奏章，气不打一处来。国家内外忧急，正是用人之际，而朝中无人建策，自己选用几位能臣干将还被说成天理不容。再者，外有强敌、内有民变，整日正愁兵少，何愁无处安置精兵？如果能罢兵免战，自然是国家百姓之福，为何偏揪住所谓的"大义"不放？

那时，适逢推举阁臣，黄道周的名字也在其中，最后却没被选用。三份奏疏都是在阁臣点用之后才进呈，朱由检以为黄道周是出于私怨才上疏弹劾，便想在群臣面前揭开他虚伪的面具。

七月五日，朱由检平台召对群臣，当着众臣的面，质问黄道周："朕幼年失学，成长又少见闻，只在经筵中略微学到了一点道理。凡圣贤之言，不过天理、人欲两端。无所为而为之，谓之天理；有所为而为之，谓之人欲。卿三疏都在点用之后而进，难道是出于公心而无所为吗？"

黄道周见皇帝质疑，自辩说："为利者，专事功名爵禄，事事为一己之私，便是人欲；为义者，以公心事事为天下国家，便是天理。臣三疏皆是出于公心，为天下纲常名教，不为一己之功名爵禄，自信是无所为而为。"

朱由检再问："陈新甲五月便已授职，劾疏为何要等到简用阁臣之后才上？"

黄道周说："今日不言，再无言之日。臣所惜者，是千古纲常名教、礼义廉耻，此乃根本。若无此根本，岂能做得成事？"

杨嗣昌出来争辩："纲常二字，不可不剖明。君为臣纲，父为子纲，君臣列在父子之前。臣入京，闻黄道周人品学术皆为人称道，以为必有持正之言使臣回乡守制。不料其奏疏中却自称不如杖母的郑鄤，郑鄤禽兽不如，黄道周又不如郑鄤，那还大讲什么纲常名教？"

黄道周曾在奏疏中说过自己"文章意气，坎坷磊落，不如钱谦益、郑鄤"，而钱谦益、郑鄤都是朱由检重罚之人，杨嗣昌在此故意提及此事是想让黄道周难堪，从而为自己和皇帝出气。

黄道周是理学大师，哪能轻易被难住，立刻出言反驳："匡章弃于通国，孟子仍以礼待之。臣说不如郑鄤，是指文章不如他。"

朱由检见其对答如流，气说："匡章不受父亲的喜爱，岂能与郑鄤杖母相提并论？陈新甲谙熟军情，如今内外交讧，不得不用他，你却说是走邪径。难道杨嗣昌一举荐就成了邪径？"

黄道周答："臣并不认识陈新甲，但人正则行正，心邪则经亦邪。夺情一事，杨嗣昌在边疆还可，在兵部则不可，在内阁则更不可；如果仅杨嗣昌一人夺情还可，但其呼朋引类使夺情为常事则不可。所以臣不得不言。"

黄道周一直振振有词，朱由检更加气愤地说："为达私欲，就在纲常名教上做文章。本念你尚有操守，还要用你，谁知竟如此偏矫恣肆？看在你是讲官的分上，出去候旨吧。"

黄道周没有依旨离去，继续固执地说："臣今日不尽言，是臣负陛下；陛下今日杀臣，是陛下负臣。"

朱由检大怒："你一生学问，只成就了一张佞口！"说罢便斥退黄道周，而黄道周偏不肯退下，又辩说："臣还要斗胆将忠佞二字剖析言之。人臣在君父前，独立敢言为佞，那么谗谄面谀的就是忠吗？忠佞不分，邪正混淆，如此怎能获得治世？"

再次斥退黄道周后，朱由检跟众臣检讨自己没处理好国事，才让大臣不能公忠体国，一心党同伐异，对朝廷用人百般诋毁。然后，宣布将黄道周连降六级，贬出京城。

朱由检发起这场辩论的本意是让黄道周当众出丑，进而树立君主威严，结果黄道周一通争辩，反把皇帝和杨嗣昌等人都放在了纲常名教的对立面加以批驳，为自己博得了直言进谏的好名声。

朝中大臣对御敌平变不发一言，而此时却都与黄道周站在一边，朱由检对他们除了失望，还是失望。

国家危急之时，纲常名教看似无用，而其中强调的君臣大义又是皇帝统治天下的基础。所以，朱由检内心即便再厌恶黄道周的说法，却也不能公然与纲常名教为敌。

单是夺情任用大臣便让群臣如此不容，更不要说是涉及"夷夏大防"的与清廷议和了。朱由检知道议和是唯一的可行之路，但是舆情如此，没人敢大大方方地推开这扇门，朱由检不敢，别人就更不敢了。

后来，议和不成，清军再次入塞来扰，战场败绩频频传来，朱由检环视廷臣，只觉无人可用。

清军入侵月余，不断攻城略地，内阁首辅刘宇亮见皇帝忧虑，自请出城督师。

朱由检听闻大喜，当时正值卢象升和高起潜新败，心想内阁首辅的煊赫身份或许可以振奋一下前线兵士的士气，便让刘宇亮写个正式的奏疏呈上来。随即，朱由检将卢象升革职听勘，由刘宇亮代其行使总督之职。

哪知刘宇亮的奏疏呈上来却只说申请出城督察各军。督察与督师，一字之差，意义却大不相同。督师是要指挥各军，冲阵杀敌，而督察仅是到各个军营当中查视军情。朱由检看了奏疏，知是刘宇亮怯懦而跟他玩起了文字游戏，不由得大怒，更觉得朝臣奸猾，不可信重。

气愤之下，朱由检坚持要刘宇亮前去督师，而杨嗣昌知道刘宇亮从没带过兵，让他督师无异于自取败亡。经杨嗣昌反复劝说，朱由检才收回成命，改让刘宇亮出城督察各镇援兵，降卢象升以侍郎衔总督军务。

刘宇亮到达保定的时候，得知卢象升战败身亡的消息，又有哨兵探报清军将至，他与随行部卒个个惊慌失措，急往晋州躲避清军。

晋州知府陈弘绪看不惯刘宇亮怯懦的做派，命人闭门不纳。刘宇亮怒发令箭，令其速开城门，否则以军法论处，而陈弘绪却派人传话："刘大人来到前线是为了御敌，敌兵将至，为何反而仓皇逃避？若是粮草不济，可向地方官要；若想进城，恕不奉命！"

后来，刘宇亮躲进孙传庭的营中，上疏弹劾陈弘绪。晋州的百姓竟纷纷赶往京城伏阙诉冤，愿代陈弘绪受过。朱由检得知后，觉得刘宇亮不但畏战，竟还到处拨弄是非，骚扰百姓，对他完全失去信任。

崇祯十二年正月，刘宇亮抵达天津，见诸将消极避战，上疏纠劾。奏疏中还提到总兵刘光祚带兵逗留不前。凑巧的是，奏疏刚送入京城，刘光祚便在武清打了个胜仗。刘宇亮的奏疏与捷报相互矛盾，朝中便一致认为刘宇亮"玩弄国宪"，建议将其落职闲住。二月，朱由检下旨命刘宇亮戴罪立功，待事平之后再议其罪。于是，刘宇亮历时半年的首辅生涯结束了。

理学名家黄道周引领群臣只论纲常，不论国事时情；首辅刘宇亮奸猾怯懦，督察各军竟也不能尽心尽力；总督卢象升执拗而兵败身亡，众将畏战而丢城失地……在朱由检眼中，偌大个朝堂，可信之人寥寥无几。

三月，清军饱掠之后，从青山口撤回辽东，京城解除戒严，朱由检命杨嗣昌主持核查工作，严惩失职官员。

经朱由检审批，把失职文武官员的过错分为五大类，分别是守边失机、残破城邑、失陷藩封、失亡主帅和拥兵观望。兵部和刑部按此五项罪行开列受罚官员名单，确定将蓟镇总监太监邓希诏、分监太监孙茂霖、顺天巡抚陈祖苞、保定巡抚张其平、山东巡抚颜继祖、蓟镇总兵吴国俊和陈国威、山东总兵倪宠、援剿总兵祖宽和李重镇，以及副将以下直至州县官员共三十六人判处死刑，于当年五月执行；将刘宇亮等百名大小官员遣戍、削籍、罢官、降级。

有诸多失望在前，这是朱由检即位以来因封疆失事惩治朝臣最严厉的一次。但是，身处内阁并兼任兵部尚书的杨嗣昌同样难辞其咎，却没有受到任何处罚，让不少朝臣感到不平。

给事中李希沆上疏说此前北兵三至之罪未正，言外之意是此次惩处不够公平。御史王志举更是直接上疏弹劾杨嗣昌误国，应按袁崇焕先例予以惩处。

在朱由检看来，杨嗣昌与众朝臣整日聒噪不同，是唯一的实心任事之人。杨嗣昌主张的与清廷议和一事，朱由检事后几番感慨："大事几成，为几个黄口书生所误，以至于此！"后来，尽管他在清军入侵过程中的指挥调派不尽如人意，但那是可以原谅的，所以不应追究。如今，言官又抓住这唯一的做事之人不放，朱由检大怒，下旨把李希沆降职、王志举削籍为民。

从那之后，朱由检再听不得任何人批评杨嗣昌，无论是谁。

祖宽、李重镇被杀后，蓟辽一带防守薄弱，杨嗣昌建议洪承畴率陕西的精锐之师驻扎在蓟辽边境。对此，孙传庭上疏反对，他说秦兵的妻子儿女都在陕西，在蓟辽久留必人心思归，不利于边境防守。另外，陕西的军事力量空虚也会让农民军再次趁机而起。

这不是孙传庭第一次反对杨嗣昌了，杨嗣昌觉得孙传庭事事都针对他，心里非常忌恨。京城解除戒严后，孙传庭提出要面见皇帝，杨嗣昌生怕他在皇帝面前专挑自己的毛病，从中百般阻挡，最后朱由检下旨不准孙传庭入京朝见。孙传庭恼火郁闷之下以致耳聋。

崇祯十二年，朝廷调孙传庭总督保定、山东、河南军务，他便以耳聋为由推辞。杨嗣昌趁机弹劾孙传庭"托疾乞休"，朱由检十分生气，下旨革去孙传庭的官职，同时派巡抚杨一俊去查验其耳聋真伪。

杨一俊回奏说孙传庭耳聋是真，朱由检仍旧不信，下令将杨一俊与孙传庭一同逮捕入狱。朝臣都知孙传庭是冤枉的，但也无人敢言。

信任是相互的，朱由检对朝臣信任渐失的同时，朝臣也不再信任他们的君王。朝堂之上，越来越难听到真话，朱由检的路便也越走越窄了。

事实与表象之间

崇祯十二年，清军退回辽东，民变又处于低潮，朱由检享受到了久违的平静。他以为自己终于等到了中兴的曙光，哪知那不过是夕阳下落前的最后一缕余晖，转瞬即逝。

五月，张献忠占领谷城，再次叛乱。当月，罗汝才在房县再次起事，响应张献忠。

其实，早在张献忠等再叛之前，明朝不少官员就看出了他们的不臣之心。谷城的地方官说张献忠"入据谷城，屡次不听调遣，将要待民间田熟，分其夏秋之粮，稍不遂意，必再起刀兵"；房县的县令也说罗汝才令其部众"带刀而耕，稍有不满，就将重新起事，铤而走险"。

湖广巡抚余应桂写信给熊文灿，说张献忠必反，建议趁其未发而图之，结果信件被张献忠截获，辗转告知熊文灿。熊文灿上疏弹劾余应桂破坏抚局，余应桂因而被罚戍边。

尽管余应桂被罚，但这些清醒的声音还是引起了朝廷的重视，朱由检命杨嗣昌调兵遣将，准备除去心腹大患。

四月，杨嗣昌命入卫京师的甘肃总兵柴时华部和宁远总兵祖大弼部南下湖广，命陕西总督郑崇俭率陕军出潼关赶赴襄阳、郧阳，四川巡抚傅宗龙率领川军入郧阳，配合熊文灿麾下的左良玉、陈洪范等部，准备对谷城、房县一带四面围剿。

张献忠一向上下行贿，对朝廷的动态十分清楚。当他得知洪承畴率秦军留在蓟辽，而孙传庭下狱时，便觉得是千载难逢的良机，不想错过。又见官军四处调兵、蠢蠢欲动，张献忠便立刻起兵，以免官军合围之势既成，陷入被动的局面。

张献忠在谷城周边已经营多时，不费吹灰之力就占领了谷城县城，知县阮之钿殉国。

占领县城后，张献忠四处张贴布告，公布接受他贿赂的官员名单、受贿金额及日期，借以宣告自己起义纯是被昏庸的官员逼迫所致。当然，这些官员中为首的就是熊文灿，所以再叛是"总理使然"。

五月二十三日，罗汝才等在房县起事，张献忠赶去与其会合，随即攻克房县。均州一带原本接受招抚的农民军也纷纷起事响应。

消息传到京城，朱由检惊怒，严旨责问熊文灿剿抚失当，下令革去其官职，让他留任戴罪立功。

熊文灿接旨后惶恐不已，强令左良玉带兵进剿，希望以胜免责。左良玉认为房县一带山多路险，运粮困难，不宜匆忙出兵，而熊文灿觉得自己大难临头，哪还顾得了那么多，坚持让左良玉出兵追剿。

左良玉无奈，只得以副将罗岱为前军，自己率兵继进，深入房县的深山密林。兵士地形生疏，行进缓慢，粮草很快又接续不上，只得以野果、军马充饥，士气非常低落。

七月底，张献忠、罗汝才在罗㬋山设下埋伏，佯败两阵后引诱官军进入他们的埋伏圈。张献忠等以逸待劳，而左良玉部饥疲不堪，又没有防备，战果不问而知。官军惨败，副将罗岱被杀，上万士兵被歼灭，左良玉仅率不足千人残部突围，连军符印信也在混乱中丢失了。

作为一个将领，无论在什么时候，丢失印信都是件十分丢脸的事情。印信通常都是随身携带，连印信都弄丢了，只能说明左良玉在战场上败得实在狼狈不堪。另外，印信不能随便补办，而没有印信日常行文下令又非常不便，可谓尴尬至极。

京城的朱由检听闻左良玉惨败，更迁怒于熊文灿，令人将其逮捕入京下狱，最后判处死刑，于西市问斩。对左良玉，官降三级，命其随军戴罪立功。

张献忠、罗汝才复叛，左良玉新败，熊文灿被治罪，这一系列事件让身居兵部尚书的杨嗣昌整日如坐针毡，接连上疏请罪，并举荐傅宗龙出任兵部尚书。

当时，征剿农民军比较著名的几位统帅中，卢象升已死，洪承畴驻镇蓟辽无法抽身，孙传庭又被下狱，朱由检正苦于无人可用，所以并未怪罪杨嗣昌，仍留他在内阁任职。

八月，傅宗龙到京上任后，朱由检在杨嗣昌的请罪奏疏上批示："辅臣屡疏请罪，足见悃诚。如今叛寇猖獗，总理革任。以辅臣才识过人，办此事应付裕如，可星驰往代，速荡妖氛，救民于水火。凯旋之日，忧叙隆酬。"不容任何商量和推脱，朱由检便命杨嗣昌以礼部兼兵部尚书、东阁大学士的官衔就任督师，赐尚方宝剑，节制各省兵马，征剿农民军。

九月初四，朱由检平台召对群臣，议定辅臣督师的相关事宜后，私下又特别交代杨嗣昌："张献忠曾惊祖陵，决不可救，其余抚剿互用。"也就是说只要重点打击张献忠一部即可，其余农民军各部杨嗣昌可视情况酌情而定，可以说给了杨嗣昌相当大的自由度。

两天后，杨嗣昌入宫辞行，朱由检还特地为他设宴践行。席间，朱由检三次向杨嗣昌举觞致酒，还亲为他赋诗一首：

盐梅今暂作干城，上将威严细柳营。
一扫寇氛从此靖，还期教养遂民生。

诗中连用"盐梅""干城""细柳营"几个典故，把杨嗣昌比作汉代平定"七国之乱"而匡扶社稷的周亚夫，还期望其得胜归来做贤相。朱由检很少为朝臣赋诗，诗中如此不吝溢美之词更是少见，对杨嗣昌的恩宠可谓无以复加。

杨嗣昌闻诗落泪，当即跪诵御诗，且拜且泣，立誓必剿平民变以报皇恩。对皇帝的隆宠，杨嗣昌非常自豪，出京后便竖起了"盐梅上将"的大旗，好不威风。

杨嗣昌离京一路疾行，九月底就赶到了襄阳。到达后，立即着手整顿军纪，加强襄阳城防。为了集中军权，伺机给农民军以重创，杨嗣昌决定军中设置大将，统率诸军。杨嗣昌心仪的大将人选便是左良玉，原因有两个：

首先，左良玉征剿农民军多年，虽说胜负参半，但对手下的兵将却驾驭有方，所以左良玉多次兵败后队伍不散，很快便能恢复战斗力。

其次，左良玉为人知恩图报，侯恂对其有知遇之恩，左良玉对侯恂始终极为敬重。他的队伍路过侯恂的家乡河南商丘之时，从不纵兵侵扰。

基于以上两点，杨嗣昌决定任用左良玉为大将。如果左良玉能够俯首听命，那么其他各营的将领便不难统御了。为了收服左良玉，杨嗣昌还特地向皇帝讨来了在内府封存多年的"平贼将军印"，以解其丢失印信的尴尬。

如杨嗣昌所料，左良玉对此果真感恩戴德，厉兵秣马，准备大战一场以雪耻报恩。

崇祯十三年初，经过一番准备后，杨嗣昌下令各部人马对张献忠展开围剿。

同时，杨嗣昌发起政治攻势，派人到湖北、河南、四川、陕西各省张贴榜文，许诺"能擒张献忠者赏万金，爵通侯"。结果，榜文贴出不久，杨嗣昌的督师衙门就接到了"有斩阁部来降者赏银三钱"的传单，吓得杨嗣昌惊魂不定，以为四周尽是农民军的奸细。

罗睺山胜利之后，张献忠为了避免与官军正面遭遇，已经转入四川、陕西交界一带的山区。杨嗣昌命陕西总督郑崇俭率陕军由汉中西乡入川追剿农民军，命左良玉率湖广主力驻扎陕西兴安、平利一线，等农民军回窜入陕西时再迎面阻击。

左良玉却不同意杨嗣昌的部署，他觉得入川进剿兵力太少，未必能收到理想的效果；再者，农民军也未必会折回陕西，一旦向西进入成都平原地带，局面将难以控制。所以，左良玉上报了自己的想法后，不等杨嗣昌再下命令，便率主力入川与郑崇俭合兵围剿。

二月七日，官军在四川太平玛瑙山与张献忠展开激战。这一次，轮到张献忠败得狼狈至极。他丢盔卸甲，连随身的兵刃"天赐飞刀"也被缴获，部众被歼三千余人，妻妾数人还有军师潘独鳌都被俘获。

玛瑙山一战后，官军紧追不舍，又在寒溪寺等地接连挫败张献忠，不少跟随他的小股农民军纷纷向朝廷投降。张献忠损失惨重，处境危急，只能再次逃入深山以避官军。

捷报传到京城，朱由检大喜，拨发白银五万两、锦帛一千匹犒赏三军，给左良玉加太子少保衔，还亲笔写了书信慰问杨嗣昌。

朱由检在信中写道："卿自昨年九月初六日辞朝至今，半载有余矣，无日不悬朕念，与行间将士劳苦备尝，而须发尽白，深轸朕怀。又闻卿调度周密，赏罚严明，深慰朕平寇安民之意。"杨嗣昌不愧为朱由检心目中唯一的忠臣良将，能让他对臣子如此亲切关怀，赞赏有加，这在朱由检十七年的帝王生涯中都可谓是绝无仅有的特例。

无论杨嗣昌有什么要求，朱由检都会一概照办。杨嗣昌请兵请饷，他就责成兵部、户部尽快筹划。有些要求兵部一时难以满足，杨嗣昌上疏弹劾兵部玩忽职守，妨害围剿。兵部尚书傅宗龙是杨嗣昌推荐的，但也忍不住反驳，说杨嗣昌徒耗国家军资，不图立功报效，专以势欺压朝廷大臣。朱由检恼火之下，竟将傅宗龙下狱，吓得接任的陈新甲战战兢兢地全力配合杨嗣昌。

不过，遗憾的是之前的胜利并不是出于杨嗣昌的"调度周密"。尽管有皇帝全心全意的信任，有兵部竭尽全力的配合，在杨嗣昌的调度下，战场形势还是很快就急转直下了。

左良玉虽然作战获胜，但没有像杨嗣昌期待的那样俯首帖耳，所以杨嗣昌上疏建议解除左良玉的平贼将军之职，改由陕西总兵贺人龙担任。但是贺人龙的实力和威望远不能同左良玉相比，杨嗣昌犹豫再三又请兵部收回成命。

这么一折腾，左良玉原本对杨嗣昌的那点感激之情荡然无存，而贺人龙又是空欢喜一场，所以杨嗣昌不但再也调不动左良玉了，连陕军也指挥不动了。

左良玉本来对张献忠穷追不舍，杨嗣昌的一番动作让左良玉开始迟疑。这时，张献忠又派亲信带着厚礼找到左良玉，劝他说："张献忠在，朝廷才会重视将军。将军平时听任部下恣意杀掠，杨阁部猜忌专横，如果张献忠不在了，将军的死期恐怕也不远了。"左良玉听闻，深以为然，随即称病且按兵不动，任由张献忠率残部逃逸。

没有了官军的围追堵截，张献忠才得以折回湖广兴山、房县一带山中休整。罗汝才与张献忠分开后转战川东，虽有小胜，但自己也损失不小，也选择返回房县与张献忠会合。两人兵合一处，决定再次入川。

入川后，张献忠等采取以走制敌的战术，有时一昼夜奔行二百里，川军防备不及，接连战败，其余各部兵马又以观望为主，杨嗣昌只好离开襄阳的行辕，亲自带兵入川围剿。

杨嗣昌主张集中兵力，一举重创张献忠部众，所以针对其快速流动作战的方式，采取尾随追击的战术。然而，张献忠那边的人马熟悉地形，轻装简从，转移起来迅速灵活；而杨嗣昌这边人员庞杂，辎重繁多，在泥泞的山道上行进非常缓慢，根本追不上农民军的队伍。再加各部人马堵截无效，农民军在四川境内如入无人之境，还特意编了首歌谣讥讽官军："前有邵巡抚，常来团转舞；后有廖参军，不战随我行；好个杨阁部，离我三天路。"

从崇祯十三年八月开始的半年以来，杨嗣昌率众连日在川内的山间奔波，疲惫不堪，而农民军却跑遍了大半个四川，接连攻克十几座州县，队伍日益壮大。第二年的年初，张献忠等攻下巴州、通江后，沿着长江北岸成功出川，回到湖北境内。

杨嗣昌把所有的失败都归罪于川、陕等处官员无能而堵剿不力。他说"蜀兵之脆，将领之愚，至不堪言"，在他的参劾下，颇有官声的四川巡抚邵捷春被逮捕治罪，后来被问斩，弃首于西市。陕西总督郑崇俭虽战胜，也因所谓的围剿撤兵过早被革职，最后被判成死罪。

实际上，围剿变得如此被动与杨嗣昌个人的行事方式密不可分。

首先，他自恃才智，听不进任何意见。监军万元吉见他与左良玉、贺人龙已经生出嫌隙，军心不一，建议分兵应敌，以前军追踪农民军，后军继进，中军抄小路扼守农民军归路。与全军疲于追击相比，这不失为一个更优化合理的部署，而杨嗣昌觉得分兵势弱，对此建议不予采纳。

其次，他统兵事无巨细，全部亲自决断。郧阳巡抚王鳌永上疏说杨嗣昌"用兵经年，不能荡平贼寇，并非谋虑之不长，只因其操心太苦。天下事，总挈大纲则易，独理万事则难。何况贼情瞬息万变，今数千里征伐机宜尽出一人之手，文牒往返，动辄旬月，坐失事机，无怪乎劳师耗饷而无捷报"。

王鳌永对杨嗣昌的评价可谓公允客观且一针见血，然而，自负其才、事必躬亲正是朱由检与杨嗣昌君臣高度相似的地方，也是他们君臣相得的深厚基础，由不得任何人评说。朱由检下旨申斥了王鳌永，继续全心全意地支持杨嗣昌凭其心意行事。

崇祯十四年，征剿战局终于发展到了不可收拾的地步。农民军从被围剿的守势转变为主动出击的攻势，在湖广和河南两地给大明带来更沉重的打击。

首先，有张献忠、罗汝才拖住官军的主力，沉寂了两年多的李自成一部再度活跃起来。

潜伏在湖广、四川、陕西交界一带的李自成，见官军主力入川，取道武官，进入豫西南的淅川、内乡。初到河南之时，李自成的队伍不过千余人，但饥民风闻来投，一些小股农民军也纷纷前来依附，很快李自成一部又壮大到数十万人。

前来投奔李自成的人中，还有一些失意的举子和江湖术士，如牛金星、宋献策等，他们劝李自成收拾民心，严明军纪，招揽人才，以取天下。李自成的队伍因此越来越强，目标也变得更为明确远大。

崇祯十四年正月，李自成率众相继攻克鲁山、郏县、伊阳、宣阳、永宁等地后，兵临洛阳城下。

洛阳不但是历代古都，还是控制着关中与襄阳、郧阳两个方向战守的军事重镇。当时，洛阳还住着明朝地位最尊贵的亲王，福王朱常洵。朱常洵是明神宗最心爱的儿子，当年明神宗与朝臣闹得不可开交的"争国本"事件，就是为了改立朱常洵为太子。最后，立嗣不成，朱常洵被封的藩地就是洛阳。他就藩之时被赏赐了大量财物和庄田，当地人都说明神宗"耗天下以肥王"，使朱常洵比皇帝还富有。

无比富有的朱常洵继承了他父亲的吝啬，河南连年大灾，他却不肯出一文钱赈灾。洛阳危急之时，住在城中的原南京兵部尚书吕维祺建议朱常洵出钱犒兵，速搬救援，但朱常洵宁死也不答应。

正月十九日，农民军开始攻城。

守城的士兵知道福王府的钱财粮食堆积如山，而自己却整日饥肠辘辘地守卫城池，愤懑之下都不肯卖命。二十日晚，总兵王绍禹带人打开城门，迎接农民军入城。二十一日凌晨，李自成的人马占领洛阳全城，活捉了福王朱常洵，世子朱由崧逃脱，后来成了南明的弘光皇帝。

李自成在福王府内亲审朱常洵，痛斥其不肯赈济灾民的不仁后，将其枭首示众。为泄民愤，李自成还命人将福王身上的肉割下，与鹿肉一同煮了吃，称"福禄宴"。

接下来，李自成打开王府仓库，分发粮食、钱财赈济灾民。各地百姓听闻消息，纷纷赶来洛阳，官道之上赶来的饥民如流水般络绎不绝。从此，李自成的声望空前高涨，所到之处一呼百应。

洛阳城陷不久，杨嗣昌的督师衙门所在的襄阳城就被占领了。

张献忠等出川之后，趁襄阳城防空虚，派人疾驰三百里赶到襄阳城下。他们拦截了督师衙门的差官，以二十八名骑兵伪装成官军，事先混入襄阳城内。

二月初四深夜，混入城内的农民军四处放火，趁守军慌乱之时，与城外的大队人马配合，一举占领了襄阳城。

襄阳城内囤积的大量军需物资、饷银尽为张献忠所缴获，他之前被俘的妻妾、军师也一一获救，此外，张献忠还俘获了襄王朱翊铭和贵阳王朱常法。

年逾七旬的朱翊铭论辈分是朱由检的族祖，襄阳城陷后却被十分狼狈地押到了张献忠面前。张献忠递给他一杯酒，说："我本来是要斩杨嗣昌的头，但他远在四川，今天只好借亲王的头一用，让杨嗣昌以失陷藩封之罪伏法。亲王请尽饮此酒。"随后，将襄王与贵阳王一同杀死。

与李自成一样，张献忠也开仓放粮，大赈灾民，获得了湖广百姓的诚心拥戴，为其后来转战大江南北，建立"大西"政权打下了坚实的基础。

洛阳、襄阳两座重城失陷，福王与襄王接连被杀，意味着杨嗣昌辛苦几年、劳师耗饷的围剿彻底失败。

杨嗣昌一路追击农民军劳心劳力，已染重病，出川后听此噩耗更是忧惧异常，病情变得更加沉重。杨嗣昌深感有负皇帝信重，一面上疏请死，一面断绝饮食，其绝望之情正如他写给湖广巡抚宋一鹤的信中所说："天降奇祸，突中襄藩。仆呕血伤心，束身俟死，无他说矣。"

达到荆州沙市后，杨嗣昌将军政事务全权交代给监军万元吉，三月一日，在沙市行辕中去世。

消息传到北京，朱由检痛惜不已，命人以辅臣之礼优葬之，还亲自写了祭文哀悼杨嗣昌。此后，每与诸臣谈及此事，他都连声哀叹："杨嗣昌死后，廷臣再无能剿贼者！"

杨嗣昌已经去世，但朝中诸臣并没有打算放过他。

陷城失藩的消息传到京城后，朝臣就纷纷上疏弹劾杨嗣昌，朱由检迫于压力也下旨让人议罪上报。众人见有旨议罪便更加落井下石，甚至要以嘉靖朝仇鸾之例对其剖棺戮尸。朱由检当然不会那么做，他对群臣说："杨嗣昌是朕特简任用的，用兵没有成效，朕自会鉴裁。"

没过多久，朱由检当众宣布了他的鉴裁结果："故辅杨嗣昌奉命督剿，无守城专责，且对伪装入城、趁夜偷袭等均再三严申军令。守官置若罔闻，待违令致城陷又归罪于督辅，非持平之论。嗣昌身临前线两载，屡著捷功，尽瘁身亡，勤劳难泯。"

朱由检还为杨嗣昌之前的劳苦叙功，加太子太傅衔，赐祭一坛，命有司护其灵柩归葬故里武陵。

对杨嗣昌，朱由检认为他是有劳无过，而朝臣认为他是祸民误国，实际上，他们都没有错，因为事实和表象在每个人那里都会不同。

杨嗣昌建议的征兵、加派、十面张网，甚至他对朝臣的诸多弹劾，在朱由检看来都是表象，而真正的事实是杨嗣昌忠于自己，始终没变。

不管怎样，朱由检有一点的确没有看错，那就是杨嗣昌是大明最后的帅才，在他之后，再也无人能对农民军组织起大规模的围剿。大明的江山也如西下的斜阳，任谁也再无回天之力了。

第七章

飘摇，三分天下，握不住的皇权

贤臣良将，你在哪

杨嗣昌死后，督师之位再没有合适的人选，朱由检环顾廷臣，无奈之下选中了陕西三边总督丁启睿。于是，丁启睿被晋升为兵部尚书，称"督师"，代杨嗣昌总督陕西、湖广、河南、四川、山西及大江南北诸军，同样赐尚方宝剑和督师印。

崇祯初年，丁启睿曾因罪被贬为陕西副使，但到了陕西之后，他的官运就越来越顺畅了。崇祯九年，宁夏兵变的时候，丁启睿逮捕了带头兵变的六个人，让军中安定下来，他也因功升任右布政使。崇祯十一年，孙传庭入京勤王之后，丁启睿代他巡抚陕西。两年后，丁启睿经杨嗣昌推荐升任陕西三边总督。

尽管丁启睿到陕西后平步青云，也有跟随孙传庭征剿农民军的经验，但他实际上并没有多少才干。在他出任督抚期间，陕西旱灾频发，境内百姓多起事造反，长武、白水、长安、临潼、咸阳等地农民军多如猬毛。好在丁启睿一向小心谨慎，也没惹出太大的疏漏，所以能够多年无功无过地在官场上混日子。然而，担负督师这样的重任，专门负责对付李自成等农民军主力，丁启睿实在力不从心，不知所措。

李自成进入河南后，在几位谋士的筹划下，提出了"均田免粮"的口号。当时农民苦于赋役苛重，而李自成实行的"免粮"即不催科、三年免征，此政策一出就立即受到广大农民的热烈欢迎。百姓们编成民谣宣唱："吃他娘，喝他娘，打开大门迎闯王，闯王来时不纳粮！"李自成的队伍滚雪球般壮大，很快便有号称百万之众。

相比之下，官军的实力与农民军相差太悬殊了。丁启睿督师帐下连同左良玉部在内不过数万人马，还不及李自成大军数量的零头。作为督师，丁启睿无力收拾眼前的烂摊子，但也不想以卵击石，所以对农民军是能躲则躲。

攻克洛阳后，李自成得知开封府的城守副将陈永福率兵往援洛阳，使开封的防御力量变得十分薄弱，便率大军南下，先是佯攻汝州，然后转头向东北准备袭取开封。

开封曾是五代梁、晋、汉、周与北宋的都城，地理位置十分重要。如果开封失守则整个河南不保，河南不保则将中原尽失，中原尽失则会切断河北之咽喉，进而危及全天下。

崇祯十四年二月，李自成率军抵达开封城下，立即大举攻城。李自成没想到的是，开封城在历代的修整之下，城高墙厚，城墙地基深入地下数尺，极为坚固。河南巡抚高名衡动员城内所有力量凭城固守，李自成大军连续攻城七昼夜未果。

又遇陈永福回师来救，背城而战，斩杀农民军两千，李自成只好下令撤退，转战到密县、登封、嵩县一带。

得开封者得中原，坚毅的李自成注定还会回来。他会锲而不舍地一次次地进攻、围城，直到征服这座城池。

丁启睿受命出潼关后，没有奔赴李自成活跃的河南地区，而是由承天赴荆州，准备去接管杨嗣昌的军队。湖广巡按汪承诏得知丁启睿的前进方向后，对他说："农民军的主力在河南，荆州、襄阳相对平静，不需要劳烦大军。"随后，汪承诏命人将汉水沿岸的船只全部藏匿起来，不让丁启睿渡江。

丁启睿在汉水岸边盘桓了五天，无奈折往邓州。邓州军民也不欢迎丁启睿，闭门不纳。丁启睿的部队经过内乡时，知县嫌其扰民，不给他们提供补给。他们只能行进荒山之间，杀马充饥，狼狈至极。

李自成聚兵数十万围攻开封，丁启睿不敢前往援助，但听说张献忠在光山、固始一带，力量较弱，可以一战，就跟诸将商量说："皇上命我剿杀河南的贼寇，张献忠就是河南的贼寇。"避重就轻，众将皆点头赞同，随即左良玉对张献忠发起进攻。双方在麻城展开激战，张献忠大败，左良玉斩敌一千二百人。

开封告急时，朱由检催令丁启睿前往援救，而丁启睿却说："臣正与张献忠激战，分身乏术，恳请陛下另择良将。"

朱由检无奈，只好释放狱中的原兵部尚书傅宗龙，命其为陕西三边总督，领兵专门征剿李自成。

傅宗龙，云南昆明人，万历三十八年中进士。水西土司安邦彦在贵州叛乱后，傅宗龙巡按贵州，大败安邦彦，声名大振，借平乱之功升任太仆少卿。崇祯三年，经孙承宗推荐，朱由检提拔傅宗龙为兵部右侍郎兼佥都御史，总督蓟门、辽东、保定军务。后来，傅宗龙因小事被罢官，居乡多年。

崇祯十年，李自成大举进入四川，攻下三十多个州县，朱由检又想起了傅宗龙，说："假使傅宗龙巡抚四川，贼兵怎么能猖狂到这种地步！"傅宗龙因此被重新起用，入川征剿起义军。崇祯十二年，因为杨嗣昌的推荐，傅宗龙被召入朝中担任兵部尚书。

傅宗龙生性耿直，每次陛见总是不停地讲百姓穷困、国家财竭，惹得朱由检很不高兴，常对人说傅宗龙所奏多是迂腐之言。从那以后，傅宗龙的请奏大多被驳回。

熊文灿罢官以后，傅宗龙曾上疏请命征剿农民军，建议总理只管辖湖北、河南，陕西总督兼管四川，凤阳总督兼管安庆，各自统率所属部队征剿辖地农民军。傅宗龙承诺一年取得成功，还推荐湖广巡抚方孔炤来接替熊文灿。但是，朱由检对他的请命和建议均不予理睬，执意用杨嗣昌担任督师。

杨嗣昌担任督师期间，傅宗龙弹劾他劳师费饷而无功于国，朱由检被激怒，把傅宗龙下狱，一关就是两年。

崇祯十四年，新任兵部尚书陈新甲又推举傅宗龙，朱由检一时没有答话，过了很长时间才说："他倒是朴实、忠厚。朕以愧疚之心再用他，他应该能够不计前嫌，为朕效死力。"就这样，傅宗龙被释放，以兵部右侍郎兼右佥都御史的职衔去接替丁启睿，总督陕西三边军务。

傅宗龙来到陕西，与陕西巡抚汪乔年商量，打算集合关中的全部军队，带上全部粮饷出关开战。但是，所属府县发生旱、蝗灾害，不论是兵还是粮，都再难征集，傅宗龙只能率两万川兵、陕兵出关。汪乔年前来送别时，两人百感交集，都以泪洗面。

九月四日，傅宗龙与保定总督杨文岳在新蔡会师，然后由贺人龙、李国奇率领陕西部队，虎大威带领保定部队，一起架起浮桥，东渡汝宁，合兵开赴项城。

早在两个月前，罗汝才因与张献忠不合，率部到河南淅川与李自成会合。有记载说："自成之兵长于攻，汝才之兵长于战，两人相须如左右手。"所以，李自成与罗汝才的强强联合，如虎添翼，军势更盛。

李自成、罗汝才侦察到官军的动态后，一面在上游架起浮桥，装作要进攻汝宁，一面把精锐兵力都埋伏在孟家庄附近的树林中，那里是新蔡通往项城的必经之路。

九月六日，见农民军渡桥进攻汝宁，傅宗龙下令全军追击。正午，大军追至孟家庄，贺人龙与虎大威都称人困马乏，非要原地休整，明日再战。官兵就地解甲觅食，而李自成的伏兵突起，杀声震天。官兵仓促间不战而溃，贺人龙、虎大威、李国奇三人不整军再战，而是率部卷甲而逃，仅剩傅宗龙与杨文岳率残兵驻扎在火烧店。

农民军派兵攻打傅宗龙的营寨，官军点燃大炮退敌。天黑后，农民军暂时撤退。傅宗龙率兵守在营寨西北，杨文岳守在东南，凭战壕死守。当夜，杨文岳在副将的挟持下率保定军逃往项城，傅宗龙只好又分兵守东南战壕。

九月九日，傅宗龙传令贺人龙、李国奇回兵来救，二人不应。傅宗龙悲决地说："他们避死，想必不来了，我难道也避死吗！"然后，他对部下说："宗龙老了，今天陷入敌围，当与之决一死战，必不像他人一样卷甲而走。"将士听闻，无不动容，均发誓与傅宗龙一同死守。接着，傅宗龙命令裨校李本实堆起战垒拒敌，而营寨外的农民军挖了两重战壕来包围他们，准备将其困死。

九月十一日，傅宗龙的部队粮食吃完了，开始宰杀骡马充饥。

九月十八日，营中的火药、铅子、箭都已用尽，傅宗龙清点士卒，除死伤外，还有六千兵士。当天深夜，傅宗龙率领这些兵士偷袭敌营，杀敌一千余人而突围。没有马匹，傅宗龙等人突围后只能步行边战边走。

九月十九日，傅宗龙等人走到离项城只有八里的地方，被农民军追上。力战不敌，傅宗龙被俘。农民军想用傅宗龙骗开项城的城门，傅宗龙坚决不从，被农民军在城下斩首。

消息传到京城，朱由检感念傅宗龙的朴忠，恢复其兵部尚书官衔，加封太子少保，谥忠壮，予以厚葬。

又一位忠臣倒下了，而农民军却日益气盛。

李自成、罗汝才很快攻破项城，当年十月，又向西北攻陷叶县，斩杀投降朝廷的刘国能。十一月，攻下南阳，俘杀唐王朱聿镆。十二月，接连攻克开封周边十余座县城，第二次进围开封。

这一次，农民军改进了攻城方案。

他们先在城墙下挖地洞，然后用火药爆破，试图炸开城墙。但是，开封的城墙实在太坚固了，农民军炸墙不成，反倒炸伤了不少自己人。李自成在巡视战况的时候，还被陈永福射中左眼，很快再次撤离开封。

农民军撤离开封后，将左良玉部包围在郾城。新任的陕西三边总督汪乔年用计解了郾城之围，而自己却难逃惨死的命运。

汪乔年，浙江遂安人，天启二年中进士，初授刑部主事，历任刑部郎中、陕西按察使、青州知府等，因治行卓异，升迁登莱兵备副使。为父丁忧后出任平阳知府，后调任陕西右参政，又因政绩、品行突出，升任陕西按察使。崇祯十四年，朝廷提拔他为右佥都御史，巡抚陕西。汪乔年自认是用兵之才，闲时总是练习骑射，并时常在野外风餐露宿来让自己适应行军生活。

傅宗龙被农民军杀害之后，朱由检升任汪乔年为兵部右侍郎，让他接替傅宗龙担任陕西三边总督。任命过后，朱由检就一再催促汪乔年带兵出关作战。

当时，关中精锐已在项城消耗殆尽，汪乔年感慨说："军士疲惫，粮饷又缺乏，如今就是以这样的状况去抵挡军势正盛的敌人。我出关作战，便如拿肉喂虎，但我却不能不出去收拾中原的民心。"

汪乔年召集逃散的士兵，征调边防军士，想尽办法才勉强凑到骑兵、步兵三万人。崇祯十五年正月，汪乔年率领总兵贺人龙、郑嘉栋、牛成虎出潼关，二月到达洛阳。

见郾城危急，汪乔年对众将说："郾城危在旦夕，但若直往救援，敌军锐气正盛，难与争锋。襄城距郾城只有一百二十里，又是敌军老营，我等舍郾城不打而去攻襄城，敌军必然回师来救，郾城之围可解。然后，我等与左良玉前后夹击，可一举破敌。"

众将都赞成这个策略，于是汪乔年把步兵、火器留在洛阳，亲率一万精骑星夜奔赴襄城。

二月二日，汪乔年进占襄城，把贺人龙、郑嘉栋、牛成虎分作三路，驻扎在城东四十里，靠向郾城，以策应左良玉。汪乔年自己则统兵驻在城外。李自成果然解除对郾城的包围，回师来救襄城。

汪乔年曾奉命掘李自成祖坟，李自成对其恨之入骨，亲率数十万大军赶往襄城，准备置汪乔年于死地。见李自成来势汹汹，没等大军到来，贺人龙、郑嘉栋、牛成虎三人便率部逃走。左良玉解围之后也没派兵来援，汪乔年寡不敌众，大败后率仅剩的千余步卒退守城内。

汪乔年叹说："此乃我死地也。"

二月十七日，城破。汪乔年在巷战中被俘，大骂农民军，被李自成割舌后寸磔而死。

明知不可为而为之，汪乔年兵败身死，但历史从不嘲笑有勇气的人。襄城的百姓敬佩汪乔年的为人，后来还特地修祠祭奠他。

　　就在李自成、罗汝才所向披靡、围攻开封的时候，朱由检见朝中无人能够御敌，不由想起了狱中的孙传庭。

　　当年，孙传庭出任陕西巡抚，既无兵将，又无饷银，却只用了不到半年时间，汇聚秦军劲旅，一举消灭昔日鼎鼎大名的闯王高迎祥。后来，孙传庭自恃谋略过人，多次反对杨嗣昌的策略因而被朱由检厌恶，入卫京师也未得召见。清军退去后，孙传庭被撤职下狱，一关就是三年。

　　如今农民军兵势难挡，朱由检也顾不得之前的好恶，特赦了孙传庭，命他为兵部右侍郎兼右金都御史，还在文华殿召见他，向其征询"剿贼安民"的方略。入狱前，孙传庭曾多次想觐见皇帝陈述战守之策，但都被杨嗣昌阻挠，未能如愿。如今终于有机会面圣，孙传庭自然倾尽平生所学，尽诉胸中韬略，听得朱由检不禁嗟叹，后悔之情溢于言表。

　　朱由检问他需要多少兵马可以破敌，孙传庭不知道农民军的实力早已今非昔比，竟毫不犹豫地回答："五千精兵足矣！"朱由检听闻大喜，即刻命孙传庭率领五千京营军士驰援开封。

　　然而，战场形势瞬息万变，那时李自成已主动撤离开封，转攻郾城、襄城，擒杀了汪乔年。于是，朱由检又命孙传庭改赴陕西，接替汪乔年出任三边总督，继续围剿李自成。

　　短短半年左右的时间，统兵进剿李自成的两位总督接连折损，孙传庭因而回到他阔别三年的陕西。这次，孙传庭也没能再创奇迹。

　　崇祯末年，明朝尽管有傅宗龙、汪乔年、孙传庭这样忠君死国的大臣，但更多的人则像丁启睿、贺人龙、左良玉那样不听朝廷派遣，只图保存自己的实力。所以，征剿农民军的战场形势一坏再坏。

　　登基十几年来，一切的一切，在朱由检看来，都是因为"战场无良将，朝中无贤臣"。所以，他一直在苦苦地寻觅救世的良臣，结果频频更换将相之后，局面却越来越坏。朱由检除了哀叹时运不佳外，实在没有其他办法。

　　然而，命运留给朱由检哀叹的空隙也不多了，中原战场一团糟乱的同时，辽东战场也让人打不起一丁点精神。

血战之后更加虚弱

皇太极继承汗位后，就定下取大明而代之的宏伟目标。为此，他对内加强政权建设，对外统一黑龙江流域，征服蒙古、朝鲜，还不断侵扰大明以削弱其实力。

然而，由于宁锦防线的存在，皇太极入塞侵扰的道路并不畅通，每次出兵都须绕过辽西走廊，从路途遥远、地势险峻的长城各关口爬山破城进入大明内地。等到第四次入塞侵扰结束，皇太极认为大明的国力已经到了强弩之末，是时候突破宁锦防线来扫清入塞的障碍了。

在此之前，努尔哈赤、皇太极两代人在宁锦防线上最大的突破就是成功夺取大凌河城。大凌河以西四十里便是锦州，锦州身后大约每隔二十里依次是松山、杏山、塔山一连串坚实的堡垒，再往后就是军事重镇宁远。这条扇形排开的防线，依山傍海，互为掎角，稳如磐石。

几次入塞时，皇太极都曾派兵侵扰锦州以牵制大明兵力，但锦州防御之坚固根本不是几次突袭就能撼动的，要想夺取锦州，就一定要集中优势兵力并做长期打算。

崇祯十三年，皇太极的谋臣为他筹划了"剪枝伐树"之计，即取代大明犹如砍伐大树，必须先从两旁斫削，然后让大树自然倒伏。军事上，此策略主张先屯驻广宁，逼临宁锦，使明军耕作废止，进而破坏宁锦防线，夺取山海关，最后挥兵直取大明京师。

"剪枝伐树"之计与皇太极一贯主张的消耗大明国力的想法十分贴合，但皇太极没有选择驻屯广宁，而是挑中了位于锦州和广宁之间的义州。义州距锦州只有九十里，土地肥沃，十分适宜耕种，并且便于轮换调兵、运送器械。

当年三月，皇太极命和硕郑亲王济尔哈朗任右翼主帅、贝勒多铎为左翼主帅，率兵前往义州筑城、屯田。清军进驻一个多月后，便建起堡垒，将义州东西四十里之内都种满庄稼，并不停往义州运送军士、武器做围困锦州的准备。

五月，皇太极亲自巡视义州，命人将锦州城外的庄稼割掉，断绝城内守军粮食的补给，同时摧毁锦州周边明军的堡垒，使锦州变为一座孤城。此外，皇太极决定以半数兵力驻屯义州，每三个月换防一次，长久围困锦州。

清军的一系列动作引起了明朝的高度重视，朱由检派蓟辽总督洪承畴出山海关，北上督师，加强宁锦防线的防御。

洪承畴对辽东战场的看法与熊廷弼、孙承宗、袁崇焕等一脉相承，即主张以守为主的积极防御政策。他在给皇帝的奏章中说："今日筹辽非徒言守，必守而兼战，然后可以成其守；而战又非浪战，必正而出之以奇，然后可以成其战。"所以，洪承畴的守不是一味死守，战也是主张出其不意，稳扎稳打地逐步推进。那时，不论是皇帝朱由检还是兵部尚书陈新甲都很赞同洪承畴的策略。

洪承畴出山海关后，命宁远总兵吴三桂出兵塔山，驻守锦州的总兵祖大寿、副总兵祖远泽出兵松山、杏山，以相互接应。

随着清军逐渐扫清锦州周边的城东五里台、城北晾马台、城西九台、小凌河西岸二台等哨所，对锦州已形成合围之势，洪承畴也调兵遣将来解锦州之围。

七月，洪承畴率东协总兵曹变蛟、援剿总兵左光先、山海关总兵马科与吴三桂等领军五万与清军在杏山城北的黄土台激战，明军不敌，战败后退回，清军也退回义州不再出战。

九月，洪承畴命人将粮食抢运到锦州、松山、杏山、塔山后，让曹变蛟、左光先、马科率所统兵马入关休整，以图再战。同时，命吴三桂率兵往返松山、杏山之间，伺机进取。

见清军集中兵力准备打持久战，洪承畴也请奏朝廷调集邻近边军备战，并说明至少要备足一年粮草，朱由检一一照准，并责成兵部、户部从速办理。

崇祯十四年三月，洪承畴正向宁远集结兵力，锦州的守城局势却变得越来越严峻了。

皇太极亲率四万精兵巡视锦州，见清军离锦州三十里外扎营，大怒说："如此离城远驻，敌必多运粮草入城，何时才可得锦州呢？"于是，济尔哈朗采用明朝降将张存仁的建议，在锦州四周的明军炮火射程之外驻营，绕营挖掘一圈深壕，沿壕筑垛口，各营间有长壕连通，巡逻探哨之士兵往来不绝，把锦州围得严严实实。

完成对锦州的坚实包围后，济尔哈朗还策反了驻扎在锦州外城的两位蒙古将领。这情况被驻守锦州的祖大寿发现后，率亲卫军士与蒙古军队在内外城之间大战一场，清军趁乱占领外城，而祖大寿被逼回内城。锦州岌岌可危了。

四月，为解锦州之围，洪承畴率八大总兵，即宣府总兵杨国柱、大同总兵王朴、密云总兵唐通、蓟州总兵白广恩、玉田总兵曹变蛟、山海关总兵马科、前屯卫总兵王廷臣、宁远总兵吴三桂，统兵十三万集结宁远，然后徐徐逼近锦州，且战且守，步步为营。

大军行至松山与杏山之间时，洪承畴下令在松山城附近的石门南北列阵：命吴三桂、王廷臣、杨国柱守石门之西；曹变蛟、白广恩、马科守石门之东；王朴驻兵东西石门之中，左右接应。

那时，清军在东西石门屯兵，并在松山周围设伏备战。两军相接，展开激战。清军失利，明军获胜后在松山西北立营。祖大寿在城内听到炮声，知道援军到来，率军突围夹击清军，清军向北退去。

五月，锦州之围虽仍未解，但祖大寿派部卒溜出锦州向洪承畴报告说："城内粮草尚可支撑半年，希望大军以车营紧逼，不要轻举急战。"

朱由检见锦州被围已久很忧急，召见陈新甲询问锦州解围之计。陈新甲曾担任过宁远兵备金事，对辽事比较熟悉，但一时也想不出什么好的对策，与阁臣兼兵部侍郎吴甡商量后，决议派人去宁远当面与洪承畴商量对策。朱由检只好允准。于是，兵部职方司郎中张若麒被派往宁远。后来，朝廷又增派马绍愉到军前赞画机务。

当时，官军征剿农民军失利，杨嗣昌新死，朱由检心情极差。陈新甲知道这位皇帝向来急功近利且专横残暴，臣下稍有失误便绝不轻饶。如果辽东战事不尽早结束，官军就不能腾出手来专门对付农民军，那样皇帝的心情就只会越来越差，作为兵部尚书的他便难逃厄运。所以，张若麒离开京城后，陈新甲时刻寝食难安。

六月，清军与明军又有几次交锋，明军胜多负少，还击毙了清军将领数人，在战场上获得了些许主动权。

消息传回京城，兵部极为振奋，陈新甲随即提出了一个主动出击、速战速决的方案。他建议以松山为中心，兵分四路：一路出塔山经由大胜堡，攻敌营之西北；一路出杏山绕过锦州，抄锦昌堡而攻敌营之北；一路出松山渡小凌河，攻敌营之东；一路作为主力，直接由松山进攻敌营之南。

陈新甲素以干练知兵著称，但心情忐忑之下，这次提出的作战计划根本就是纸上谈兵。他在兵力对比和地形上的判断都是正确的，但明军的战斗力已远不能与清军相比。勉强凑在一起的十三万大军，若分兵与数量将近的清军决战，就是自讨苦吃。

朱由检不明就里，见有速战速决的方案，便对洪承畴且战且守的策略变得迟疑，就派人把兵部的意见送去前线让洪承畴参详。

陈新甲糊涂了，可洪承畴没有糊涂，他对自己统辖的军队十分了解。他上奏说八大总兵中只有白广恩、吴三桂、马科三人可以独当一面，其余将领只可配合作战。如果把三位敢战之将分作三路，则恐怕寡不敌众，胜负难料。如果让其余五将辅佐相助，那么将用谁来担任先锋呢？分兵势弱，更难取胜。

另外，洪承畴对战场上取得的几次胜利并没有抱太多的乐观态度。所以，他仍然坚持稳扎稳打的策略，在写给皇帝的报告中说："久持松山、杏山以资转运粮草，况且锦州守备坚固，不会被轻易撼动。若将敌军拖过今秋，不但其自身势穷，就连向其供应粮饷的朝鲜也会随之穷困。此为可守而后可战之策。如今兵部尚书议战，臣不敢拖延，只怕粮饷转运困难，鞭长莫及。事关国体，不如稍待，使敌自困而后得。"

朱由检见到奏疏，又觉得洪承畴说得有道理，便表示同意。

七月，清军已经围困锦州一年有余，出兵助饷的朝鲜已被拖垮，征调来的蒙古骑兵也多有怨言，不断出现逃亡现象。清军内部的粮饷难以为继，骑兵一日两餐，而步兵一日只有一餐。正如洪承畴预料的那样，如果秋季攻不下锦州，清军就只有撤兵一条路。然而，清军为了掩盖其困境，扬言要再次入塞侵扰，借以恐吓明朝君臣。

清军的狂言陈新甲信以为真，生怕清军再次兵临京城之时，皇帝拿他问罪泄恨，便写信讥讽洪承畴。信中说洪承畴用兵一年有余，耗费饷银数十万两，而锦州之围未解。若内地再受困，那时洪承畴不返回山海关则内地空虚，若撤兵入关则在辽东无功而返，将以何面目来报答皇上的圣明与百官的厚望呢？

与此同时，陈新甲不断向皇帝陈述速战速决的必要。前线的张若麒也密报清军势弱，不可错失良机，建议迅速进军，一举消灭清军。本就有些迟疑的朱由检再也沉不住气，以为期盼多年的大捷就在眼前，密旨洪承畴克期进兵，重创清军。

洪承畴对兵部的作战意见可以反驳，对兵部尚书的讥讽也可以不放在心上，但对皇帝的命令，除了服从之外，别无选择。

七月二十六日，洪承畴不敢再拖，在宁远誓师，全军出动，往援锦州。

洪承畴没有按陈新甲的方案兵分四路，而是将全部兵力集中在一起，保持整体的优势。另外，他命人把全军的粮草辎重屯集在杏山和塔山之间的笔架山，那里正是宁远与锦州的中间位置，可使全军处于进可攻退可守的从容状态。

七月二十九日，洪承畴率军抵达距锦州不足二十里的松山，见清军屯聚乳峰山之东，即传命诸军抢占乳峰山之西后，环山扎营。同时，命各镇兵马分别攻击东西石门，干扰和分散清军兵力，使其腹背受敌。此外，还命人立车营，四周围以木栅。

八月二日，洪承畴部署略定，命令诸军出战。清军误入车营，阵亡百余人，清将固山、牛录等二十余人被击毙，明军夺取了正红、镶红、镶蓝三旗的清军营地。明军这边，宣府总兵杨国柱阵亡，洪承畴命山西总兵李辅明代领其军。

祖大寿见大队援军已至，分兵三路出城突围，闯过两重包围后，在第三道防线上受阻，只得退回锦州。

此后的几天，双方又有几次争战，明军胜多负少，清军接连受挫后急向沈阳请援，而后便退守营垒不再出战。

随军的张若麒见初战告捷，立刻向朝廷奏报喜讯。朱由检见后，更加催促洪承畴乘胜追击，以图全歼敌军。

实际上，洪承畴初战小胜后更加小心谨慎，心里依旧主张与清军对峙来将其拖垮。他命步兵在乳峰山与松山之间立起七座大营，沿着大营掘壕设垒，同时让骑兵分驻大营东、北、西三面，自己率兵进驻松山城，准备与清军打持久战。

然而，洪承畴的布营看似坚固，却有一个致命的漏洞，那就是粮道上的防御力量薄弱。位于松山北面的长岭山脉虽长却并不险峻，骑兵可绕山路而过，切断明军的补给线。

大同监军张斗建议洪承畴派遣一队人马驻守长岭，以防敌军包抄后路，洪承畴不理，反说："本人做了十二年总督，还要你个书生来提醒？"

有人说正是洪承畴这致命的疏漏导致了后来的惨败，其实，早在他全军出动的那一刻就已经注定了败局。

洪承畴统率八大总兵，所辖共计十三万兵马，看似无比威风，实则敢战之将只有三人，而敢战之兵不及十分之一。当初，孙承宗定下了辽人守辽土的战略，才使辽东战场二十年未有大的变动。如今的十三万兵马多是外镇兵马，在辽土作战并不卖力，如果清军全部出动，战败的一方必是明军无疑。

　　另外，洪承畴早在出山海关之时就定下了且战且守的策略，只有在清军自己势穷之时才能大举进攻。洪承畴已经与清军僵持了一年有余，只要再拖上三五个月，清军必然不战自溃。那时，才是明军进攻的最佳时机，而在那之前，全军一出便是功亏一篑。

　　然而，兵部再三催战，君命也是如此，洪承畴再不愿意也只能进攻而不能退守。

　　张斗的话听起来有理，但执行起来很难。长岭山脉绵延数十里，派兵少了，没有任何用处，但若派足够的可战之兵防守，那么前方用谁来抵挡清兵？

　　这些，洪承畴可以在上报的奏疏中说，却不能对部下言明。否则，必败之言一出，更无丝毫取胜的希望。所以，对张斗，洪承畴除了斥责之言外，也真是无话能说。

　　那时，洪承畴正陷于战守两难之地，有苦难说，只好祈祷清军第一不要全军出动，第二不要发现这个的漏洞。

　　不幸的是，现实中洪承畴的两条期望都没有如愿。

　　皇太极听闻前方战报，立即倾巢而出，投入全部兵力。那时，皇太极已经身染重疾，鼻血狂流数日不止，但他知道如果这次倾尽全力还不能突破宁锦防线，那么这个难题就只能再留给下一代人，入主中原恐怕就希望渺茫了。所以，皇太极带病坚持亲率三千近卫赶往锦州督战。

　　八月十九日，皇太极一到松山就发现了洪承畴布营的漏洞，命人陈师松山与杏山之间。二十日，皇太极派其弟多罗武英郡王阿济格率军攻打笔架山，夺取了明军屯集在那里的十二堆粮食。随即，在明军身后挖掘了三道深八尺、宽丈余的壕沟，人马皆不得过，切断了明军的粮草补给线。

　　这时，洪承畴进退两难的境地变得显而易见：欲战则力不支，欲守则粮道已断，出路只有一条，那就是突围。

　　八月二十一日，全军只剩三日粮草，洪承畴激励将士："守亦死，战或可得生，诸军尽全力破敌，在此一举！"

　　洪承畴命曹变蛟与王廷臣率两镇兵马坚守松山，命王朴、白广恩、唐通率三镇兵马为左路，吴三桂、马科、李辅明率三镇兵马为右路，约定第二天决战突围。

　　王朴是地道的公子哥，历来畏战。最初靠父荫做上了京营副将，在河南包围农民军时收取贿赂放走了敌人；后来随卢象升入卫京师，自己却先一步撤回了大同。如今见清军倾巢而出，自己军粮已断，心中畏惧不已，突围的部署会议解散后，天一擦黑他就带着人马率先逃跑了。

有人先跑，其他几队人马唯恐落后，争相沿海岸向西而逃。结果，人马自相践踏，死伤不计其数。皇太极却早命人在明军的归路上设下埋伏，以逸待劳进行截杀。慌乱之下，明军毫无战斗力可言，在清军面前有如待宰之羔羊，任人屠杀。

深夜，光火照亮了海面，大明将士的鲜血染红了沙滩。遗憾的是，怯懦之血无谓地流掉，带不回胜利的光芒，更换不回生的希望。

洪承畴的十万突围之军，不等天明就溃败殆尽，几位总兵官仅以身免，先后逃回宁远。张若麒与马绍愉也趁乱逃到小凌河口，然后搭海船回到宁远，喘息未定便向朝廷报告洪承畴指挥失当至兵败，以逃脱罪责。

未逃的曹变蛟、王廷臣与辽东巡抚丘民仰撤入松山城内，誓与洪承畴同守。洪承畴留一万人守城，率两万兵马突围。行至尖山石灰窑，与清军相遇，激战后清军暂退。不久，清军又合兵来战，使大队明军无法退回松山城，只好移驻海边，又遇海水大涨，淹死明军无数。最后，洪承畴只带几百人撤回松山。

洪承畴率领一万多残兵固守松山城，眼见突围无望，派人东走小凌河，绕道漠南蒙古，向朝廷请救兵解围。但是，朝廷哪还有兵可派？

一年多来，朱由检调动大批军队出山海关，然后再三催战，期待大军血战一场，尽雪前耻，哪料十三万大军顷刻败得七零八落，被困的孤城还从一个变成了两个。

等到崇祯十五年，松山、锦州、塔山、杏山相继落入清军之手，由朱由检亲自发起的松锦之战正式结束。自萨尔浒之战后，松锦之战是明朝对清作战的最大一次失败。此战，让辽东边防的明军精锐丧失殆尽，使宁锦防线荡然无存，大明从此在山海关一线再也无力与清军对抗。

谈迁在《国榷》中这样描述松锦之战的失败："九塞之精锐，中国之粮匄，尽付一掷，竟莫能续御，而宗庙以墟矣！"

松锦之战后，本就苟延残喘的大明变得更加虚弱，朱由检君臣能走的路不多了。

会议只是一场秀

朱由检得知锦州之围未解，而松山又被围困时，既震惊又忧虑，急召陈新甲询问对策。陈新甲曾力劝速战，如今兵败，一心只想免祸，根本想不出有效的办法。

九月二日，朱由检急着保住锦州、松山二城，命松山城内的洪承畴极力死守，丘民仰伺机出战，突出重围，返回宁远。同时，命杨绳武代替洪承畴总督蓟辽军务，调刘应国水师八千渡海援救松山。

朱由检的作战指挥圣谕完全不切合实际，当时松山被重重围住，又粮饷断绝，洪承畴难出松山一步，丘民仰就更难突围了。

松山惨败后，朝廷损兵折将，士气低落，无人有再战之心。朱由检多次催促，竟发不出一兵一卒。他下旨严责："围城望救急切，已有屡旨剿援，至今未发一兵，未通一信，抚镇道将，料理何事！"可是，严旨抵不住满朝文武的敷衍，君命难出京城，孤城盼救望眼欲穿。

十月，朱由检再命叶廷桂为兵部右侍郎兼右佥都御史，巡抚辽东，但仍无济于事。

朝廷还要依靠那几个令人生厌的武夫，无可奈何之下，朱由检对那几个逃跑的总兵也不敢深究。在兵部的建议下，朝廷还给吴三桂晋升提督衔，命其收拾残兵，整顿军务，以图再举。

对此，朝中议论纷纷。大多数人认为六镇总兵一起逃跑，应治重罪，而吴三桂反得晋升，实在说不过去。那时，朝廷已经调派不动兵将，对仅存的还算得上精锐的部队就更不能得罪了。最后，为了平息议论，仅逮捕了带头逃跑的王朴。王朴手下已经没有什么兵将了，朝廷不用有任何顾忌地判他死罪，次年问斩。

既然救援不成，着急也没用，朱由检君臣也只好沉住气，从此没人再提解围之事。

十一月，辽东已天寒地冻，地面积雪深达丈余。

松山城内粮草已尽，火药缺乏，城破是迟早的事。像对锦州一样，皇太极命人对松山也是围而不攻，静待其粮尽兵溃。洪承畴知道朝廷不会再派援军来了，先后组织五次突围，但都没有成功。天气一天比一天寒冷，城内明军的心也彻底凉透。

但是，城外清军的日子也并不好过。他们同样受冻挨饿，想撤兵东归，又舍不得到手的战果化为乌有。于是，清军派降丁入关表达议和的意向。

在崇祯一朝，议和这条路从来都没有走通。

袁崇焕在天启年间用议和来争取时间，没有任何后果；而在崇祯初年，他跟皇帝打过招呼，用议和来拖延敌军，修复宁锦防线，最后还是被冤杀。从那以后，议和几乎成了大明禁忌，无人敢轻易触碰。

崇祯十一年，杨嗣昌深得皇帝信重，大胆主张攘外必先安内，让方一藻与清军议和，避免大明内外两线作战。后来，群臣激愤，朱由检无力也无心力排众议，议和不了了之，为此清军入塞报复，让大明元气一伤再伤。

此时的议和，既没有袁崇焕当年的主动择时，也没有杨嗣昌当年的内外平衡考量，而是战败之后的完全被动，明朝君臣除了接受之外并没有多少选择的余地。

即便如此，大明君臣从上到下仍旧放不下脸面。只有极少数清醒的大臣能认识到议和是唯一的出路，却很难有所作为。

少数清醒的大臣中就有时任兵部尚书陈新甲、前任兵部尚书傅宗龙，还有内阁的诸位辅臣。

早在松山尚未被围之前，傅宗龙被释放出狱任陕西三边总督，陈新甲便私下与其商议，二人都觉得只有议和才能腾出手来应对内乱。傅宗龙离京之前，又将议和的想法转告内阁大学士谢升。

崇祯十四年底，锦州、松山的形势日益严峻，陈新甲听闻清军议和的意向，以为可行，私下向张若麒等前线人员询问。张若麒回报皇太极确有议和意向，宁前道副使石凤台也从清军守将处得知清廷的议和意向，还特地将此事密奏朝廷。

朱由检正为解松山之围调度不动兵将恼火，见到石凤台的奏报勃然大怒，立即以"私遣辱国"的罪名将其逮捕入狱。

尽管皇帝的态度如此，考虑到关外的实际形势，谢升对其他辅臣说："我军已经精疲力竭，同清军议和，才能集中力量剿灭农民军，石凤台的建议不无道理，这是眼下唯一的可行之策。"各辅臣均表示同意，决意让陈新甲选个适当的时机再委婉地向皇帝进言。

崇祯十五年的正月初一，朱由检接受了百官朝拜后，又特地在皇极殿召见了内阁全体成员。

周延儒、贺逢圣、张四知、魏炤乘、谢升、陈演六人行过叩拜之礼后，朱由检命他们在殿内西侧排班。按照朝仪惯例，文臣应位列东侧，所以周延儒等人对皇帝的指示有些摸不着头脑。

只见朱由检走下宝座，对诸位阁臣客气地说："自古圣贤帝王都崇尚师道，至今天子称讲官为先生，仍是尊师的古意。卿等即朕的老师，今日正旦，当行师礼为敬，就教于各位先生。"说罢躬身恭敬地给他们做了个长揖。

这时，周延儒等才明白，皇帝让他们在西侧召对是按民间把家庭教师称作"西席"的惯例，以示对阁臣的尊重。这是皇帝对大臣少有的尊重，在向来自负的朱由检身上更是史无前例，众臣受宠若惊，连忙跪伏叩头不已。

朱由检又说："经书上向来宣讲修身尊贤，敬体大臣，今天朕行此礼也并无不妥。自古君臣一心，天下可治。执掌政务在各部院，主持决断在朕，而居间调和就靠各位了。"

皇帝的一番虚礼客套，颇有收拾人心、图强振奋的意思，内阁众臣自然感动，但谁也不敢保证皇帝的态度能不能落到实处。不过，有一点可以肯定，那就是皇帝心情不错，所以在随后的御前会议上，内阁诸臣向陈新甲使了眼色，让其依照约定面奏议和之事。

陈新甲见气氛甚好，确实是难得的时机，便上前说："如今锦州、松山两城被困，朝廷支援乏力，非得用间不可。"

所谓"用间"，原本是使用离间之计，而此时陈新甲口中的"用间"不过是议和的另一种更为体面的说法，当然朱由检君臣对此都心知肚明。

这次，朱由检没有发怒，他也深知除此之外别无其他办法。于是，他心平气和地问："城池被围已久，消息断绝，有何间可乘？可款则款，不妨便宜行事。"说罢，问及各辅臣意见。

周延儒等虽同意议和，但害怕事后被皇帝怪罪，皆沉默不语，只有谢升在一旁附议。

无人对此提出异议，议和之事便这样确定下来了。朱由检沉思半晌后，命陈新甲负责此事，并反复叮嘱他不要被外廷知晓。

这时，议和已是君臣内心都想办的事情，但这场御前会议的出色表演中，好像一切只是陈新甲提议，谢升附议，而皇帝不得已才同意。嘴上说着君臣一心，一到具体事项上便如此羞羞答答、遮遮掩掩，众人都明白议和之事前途未卜，更没人敢多说一句。

陈新甲也什么都明白，但不得不硬着头皮做下去。不然，关外城池被围，内地民乱不止，他这个兵部尚书随时会被拉出去问罪。他想皇帝当着内阁诸臣的面允准此事，应该不会有太大后患。然而，陈新甲有一点不明白，既然是表演，那便是不作数的。事后，皇帝不会认，内阁大臣们也不会认。

御前会议之后，陈新甲推荐赞画军务主事马绍愉执行谈判任务，朱由检依奏晋升其为四品兵部职方郎中，特赐二品服饰，出任谈判使节，与清廷秘密和谈。

正月初七日，马绍愉带着参将李御兰、周维墙驰往宁远，与清将先行接洽。鉴于明朝历次的议和都出尔反尔，清将要求必须先出示大明皇帝同意议和的敕书，才能开始和谈。马绍愉赶紧请命于朝，经兵部奏报之后，朱由检顾忌大国皇帝的脸面，迟迟不肯发出正式敕书，倒是手诏数次告诫马绍愉等不得泄露和谈之事。

时间一天天过去，马绍愉在前方焦急地等待，松山和锦州两座孤城内的将士更是度日如年。

内无粮草，外无援军，洪承畴带兵数次突围皆未成功，只好紧闭城门，决心静待死期。然而，洪承畴再一次没能如愿。二月，松山副将夏承德暗中降清，以子为质，与清军相约于十八日攻城。

二月十八日深夜，清军依约来攻，城内守军早无斗志，再加上夏承德的配合，松山被轻易占领。城内守将无一例外都被俘获，除洪承畴降清被押解回沈阳外，巡抚丘民仰，总兵曹变蛟、王廷臣等二百余名大小守官皆被处斩。松山城被夷为平地。

身居宫禁的朱由检听闻松山战报，还以为洪承畴也战殁疆场，深切哀悼一番后，命人在城外为其建祠，还亲往祭奠。后来，知道洪承畴没死，而是投降了，朱由检竟少有的没有发怒，也没有拿他的家人泄恨，大概也是理解洪承畴的诸多不得已吧。

松山失陷，锦州的守军失去了最后的希望。当年三月八日，祖大寿率人开城投降。

那时，祖大寿困守孤城已满两年。无论是大明还是后来的清朝，都没人指责他的投降，因为所有人都知道他已经尽力了。

松山、锦州相继陷落，朱由检见败势不可收拾，想尽快议和。三月中旬，他自欺欺人地写了一道"谕兵部陈新甲"的敕书，盖上玉玺送去前方给马绍愉。

朱由检在敕书中写道："据卿部奏，辽沈有休兵息民之意，中朝未轻信者，亦因以前督抚各官未曾从实奏明。今卿部累次代陈，力保其出于真心。我国家开诚怀远，似亦不难听从，以仰体上天好生之仁，以复还我祖宗恩义联络之旧。今特谕卿便宜行事，差官宣布，取有的确信音回奏。"

敕书通篇充斥着大国君主居高临下的傲慢语气，以对陈新甲训谕的形式，间接表示接受对方议和的请求。既是内部训谕又何必盖上印玺拿出来示人？皇太极见敕书后，立即识破朱由检想议和又放不下架子的心态，明确指出其"执滞不通，自以天之子，鄙视他人，口出大言"。

随即，皇太极以敕谕阿济格等诸王的形式，间接地对明朝做出答复。他说大清无意起兵，全是被明廷逼迫所致，相信"有德者受命，无德者废弃"之理，表示愿意修好。

马绍愉将皇太极的敕书回奏朝廷，朱由检见之气堵，但前线形势危急，只好再以敕谕陈新甲的形式，准其便宜行事。同时，派出以马绍愉为首的百余人使团前往宁远，继续和谈。

两方君主敕谕往来之时，天气也在慢慢变暖。清军不愿放弃适宜进攻的好时机，于四月九日炮轰塔山，歼灭城中守军七千余人。二十一日，又炮轰杏山，城内守军投降，杏山被夷为平地。

五月，大明使团到达沈阳，皇太极命人以对待大国使团的礼节热情地接待了马绍愉等人。清廷的诸位王公大臣出城二十里迎接使团，随后又殷勤设宴款待。同时，为了显示议和的诚意，清军还后退三十里，暂停对宁远的进攻。

表面上看，议和进展顺利，实则和谈的双方各有各的小算盘。明朝这边，想议和息兵却始终不肯公开承认，见不得光的和谈之下能做出的让步十分有限。清朝那边，战场上顺风顺水，和谈不过是想借机多讨些好处，进一步削弱明朝国力，所以提出的要求大多在明朝可接受范围之外。

就这样，双方就和谈条件讨价还价多日，直到六月才勉强有个初步方案。清廷以战胜国的姿态，提出让明朝每年支付岁币黄金一万两、白银一百万两；以塔山为界划定两国边界；在锦西开通互市；双方国内如有叛逃之人，相互遣还归国等一系列条件。最后还表示，如明朝答应所提条件，则应从速遣使送来国书，否则就不必再遣使致书，只等九月刀兵相见。

马绍愉等人将谈判的结果奏报朝廷，然后返回宁远，等候皇帝的进一步指令。

朱由检见到奏报后，召见首辅周延儒，询问他对和谈条件的意见。周延儒向来对和谈没有异议，但让他作如此的关键表态是万万不能的。他两次担任首辅，对皇帝的性格了如指掌，如果表态，事败后皇帝必然拿他顶罪。所以，任凭皇帝再三追问，周延儒都拿定主意一言不发。

还没等朱由检再找其他的重臣商议，和谈的消息就瞒不住了。

其实，早在马绍愉一行从沈阳返回之前，朝中便有人听到了风声。有一天，言官们在朝房遇见辅臣谢升，谈及议和之事，谢升怕言官多嘴，便对他们说："上意主和，诸君请勿多言。"

明朝的言官惧怕皇帝的极少，所以谢升的话非但没有止住众人的议论，反倒坐实了议和的传闻属实。言官们受"夷夏大防"的观念所限，对与清廷议和感到震惊异常，退出朝房后纷纷上疏借弹劾谢升，以反对议和。

弹劾谢升的奏疏多达数十份，面对这些奏疏，朱由检感到很无力。他没有勇气去跟朝臣说清楚情况，只好将谢升免职以平息议论。

不料，一场风波刚刚平息，一个偶然的事件就又把局面给搅乱了。

七月，陈新甲看过马绍愉的和谈密报后，匆忙入朝视事，随手将密报放在几案之上，家童误以为是塘报，命人抄传。百官得此密报，纷纷上疏弹劾陈新甲，都称"堂堂天朝，何至与东虏议和"！

对此，朱由检十分恼火，下旨让陈新甲自陈其过。陈新甲便写了一份详尽的自辩书，将议和的始末交代得十分仔细，多次援引圣谕，以证明议和并非自作主张。

朱由检看到后更加恼怒，直接将陈新甲下狱，翻出其出任兵部尚书以来的边城失陷、藩王惨遭屠戮的旧账，以"失误军机"之罪判其死刑。

其实，细看和谈密报的泄露事件，就不难发现，此事绝非偶然。

现实中，和谈密报与普通的军事塘报绝不会弄混。凡是有些保密常识的政府官员都不会随意处置密报，更何况是堂堂的兵部尚书。既然不是偶然，那么最大的可能就是陈新甲有意为之，而他这样做最合理的解释就是他在做垂死挣扎。

和谈虽是秘密进行，但马绍愉上百人出使辽东，朝廷这么大动作不可能一点风声也不走漏。然而，外廷听到风声，皇帝和内阁无人出面解释，而是把谢升这样位极人臣的内阁辅臣说免职就免职了。谢升事件让陈新甲意识到，和谈无论成功与否，他都难逃一死。

如果和谈成功了，那么陈新甲就是力主和谈辱国的罪人，会遭百官唾弃，皇帝会毫不犹豫地拿他的命去堵悠悠众口。如果和谈不成，清军会再次兵临城下，那么皇帝也依然会杀他这个兵部尚书来平众怒。

见到和谈条件后，陈新甲就明白朝廷一定不会答应。所谓的割地赔款虽过分，朝廷却也还可勉强接受；而那些承认清廷与大明对等地位的条款虽合理，朝廷却必然不能接受。和谈不成，清军便只能兵临城下了。

如果这期间陈新甲什么都不做，事到临头，他不但会因失职丢掉性命，还会背上辱国的骂名。相反，如果有机会让百官清楚议和的来龙去脉，让他们知道一切都是皇帝在主持，而他这个兵部尚书一直为国操劳，或许还有一线生机。

就这样，才有了密报泄露事件。这点小把戏，肯定会被精明的朱由检识破，他一定希望陈新甲主动包揽所有事情，所以给陈新甲机会说话。陈新甲正是要借这个机会说明议和的前后过程，希望在朝臣的营救下，皇帝迫于压力免其一死。

然而，陈新甲还是低估了皇帝的执拗程度。

事情确如陈新甲期待的那样，朝臣明白原委后果然有不少人上疏力陈兵部尚书罪不及死。首辅周延儒与辅臣陈演等人也向皇帝求情，他们绝口不提议和之事，只说："按照国法，敌军不兵临京师之下，不应该诛杀兵部尚书。"

朱由检坚持己见，反驳道："我大明七位亲藩受辱，岂不比兵临城下更甚吗？"

九月，陈新甲终归难逃一死，被押赴西市斩首。

大明与清廷的议和又一次无果而终，明朝失去了通过政治方式争取暂时和平的最后一线希望。

清军入侵的宣言如利剑般悬在头上，让朱由检君臣时刻心惊胆战。

开封的泪水

崇祯十五年五月，李自成率部再次回到开封。

李自成吸取了前两次攻城失败的经验，命人先后攻克睢州、归德、杞县等州县，扫清了外围后，对开封城采取围而不攻、长期围困的战术。

朱由检得知后非常头疼，这套围而不攻的办法皇太极刚刚用过，耗尽了大明在辽东战场的精锐，摧毁了宁锦防线，如果在中原战场上类似的戏码再演一遍，大明可就真要亡了。

尽管明白中原战场的重要性，朱由检忧急之下，还是没有吸取松锦之战失败的教训，仍是不得要领地乱指挥一气。历史没有简单地重演，中原地区的战役会更加惨烈。

朱由检严命督师丁启睿从速带兵救援开封。丁启睿怯懦，又畏于皇帝严旨，只好尽可能地多带兵前往。

五月中旬，丁启睿与保定总督杨文岳，总兵左良玉、虎大威、杨德政、方国安等率十八万大军赴援开封。官军汇聚在开封西南的朱仙镇，李自成率兵南下阻截，双方结营对峙。

丁启睿希望速战，而左良玉建议稍做等待以避农民军锋芒。二人相持不下，左良玉怒而回营。回营后，左良玉发现李自成的大军筑起三座土山，占据高地炮轰左军，连忙命人拔营撤退。

左良玉部狂奔八十里，又遇上农民军事先挖好的壕沟，广深一丈六，马越不过去，左军纷纷弃马过沟，场面十分混乱。这时，农民军追到壕沟前掩杀，左军大败，尸伏遍野。左良玉仅以身免，逃至襄阳。

明末军队中士气普遍低下，一有逃跑就会像瘟疫一样迅速传播开来。前往救援开封的其他队伍，见到左良玉大军逃跑，也纷纷开逃。丁启睿、杨文岳在杨德政和虎大威的护卫下，逃往汝宁。四下逃散的官兵溃不成军，农民军追击四百里，俘获官军数万。丁启睿的督师敕书、官印、尚方宝剑也都在混乱中丢失。

朱仙镇之役，官军不战而逃，中原可用之兵损失殆尽。

朱由检得到战报后，愤怒异常，立即将丁启睿逮捕下狱，杨文岳革职。然而，三位逃跑的总兵下场却很不一样：左良玉率先逃跑，但因其兵多势重，朝廷未予追究；虎大威后来中炮身亡，也免于问罪；只有杨德政手中再无余兵，被毫不留情地以不战而退之罪问斩。

其实，不论辽东战场逃跑的六大总兵，还是中原战场逃跑的三位总兵，朝廷处置他们的逻辑都一样，即无兵者要按律问罪，而手握重兵者可得法外施恩。朝廷这么做本是万般无奈之举，但无形中又在告诉武将们：只有保存好自身实力才能活命。所以，战场形势越坏，越是没人去打硬仗；越是没人打硬仗，战场形势越坏，大明像是陷入了无解的死循环。

朱仙镇之后，开封仍被围困。六月，在首辅周延儒的建议下，朱由检释放狱中的侯恂，命其为兵部右侍郎兼右佥都御史，总督保定、山东、河北军，统辖左良玉等镇援剿官军，对李自成进行南北夹击，以解开封之围。

侯恂对左良玉有知遇之恩，所以哪怕侯恂因罪入狱，左良玉也未曾与之断绝来往。大家都知道这段渊源，以为用侯恂来督促左良玉必见奇效。不幸的是，朝廷的做派教会了左良玉时刻要保持实力，侯恂来了也不能改变。

侯恂命左良玉率军援救开封，左良玉客气地说粮饷不足，不敢轻易调动大军。事实也的确如此，左良玉麾下大致有兵二十万，而朝廷连两万人的兵饷都给不足，如何能调得动左良玉大军。再说，左良玉新败，损失不小，再进军若是真把家底都搭进去了，朝廷绝不会轻易饶过他。这样吃亏的事情左良玉是不会做的。

侯恂的解围计划最终不能施行，他本人也被再次关回大狱。朱由检只剩下了最后的王牌——孙传庭。

孙传庭就任陕西三边总督后，朱由检给他的第一个任务就是诛杀援剿总兵贺人龙。

贺人龙，陕西米脂人，早年征剿农民军作战十分悍勇，人称"贺疯子"。但是，随着时间的推移，贺人龙变得越来越骄横跋扈，比左良玉有过之而无不及。崇祯十三年，贺人龙与左良玉在玛瑙山大败张献忠部，杨嗣昌因左良玉不听调派而许贺人龙为平贼将军。后来，杨嗣昌出尔反尔，贺人龙就不再听从他的调派，学着左良玉的样子拥兵自重，时时保存自身实力。

随傅宗龙、汪乔年先后出关征剿李自成时，贺人龙都是不战而逃，让两位总督独立无援而后被俘杀。所以，朱由检对贺人龙恨之入骨，曾想公开将其抓捕问罪，被孙传庭以其部下都在陕西为由拦下了圣旨。但是，孙传庭也深知贺人龙不杀，陕西的兵他是调不动的。

孙传庭到陕西后，传命各总兵会集西安。贺人龙早年曾随孙传庭作战，又见孙传庭帮其开罪，就没有丝毫怀疑。结果，孙传庭在招待各总兵的筵席上，突然命人拿下贺人龙，当着众人面痛斥其罪后，把他推出去斩首。

贺人龙的万余部众都被孙传庭收作亲兵，副总兵高杰被提拔为总兵领统该军，以安军心。众将皆受震慑，一时都很顺服。

然而，孙传庭很快就发现了时局的巨大变化。农民军早不是三年前的样子，已远非几千精兵可以征剿。

六月，孙传庭上疏奏明征剿农民军"非练兵两万、饷百万不可"。朱由检见后大怒，认为孙传庭持兵要饷，在其奏疏上批复："但得饷一月，便当卷甲出关，共图歼荡，不得过执取咎。"

其实，侯恂督军之前就劝过朱由检，说："寇患积十五年而始大，非可一朝图。"但那时的朱由检已经像赌徒一样，接连的惨败让他输红了眼，只顾不停地押注，别的根本听不进去。孙传庭说："兵新募，不堪用。"朱由检也不听，只要孙传庭不出兵，他就接连不断地催促。

九月，孙传庭再也推脱不得，只好以高杰为中军，另调左勷、白广恩、郑嘉栋、牛成虎等勉强出兵，向东出潼关抗敌。大军尚未到达潼关，就传来了开封全城被水淹没的消息。

开封被围半年，城内粮饷断绝，巡抚高名衡下令搜刮百姓粮食以供守军。很快，城内便被搅得十室九空，白昼行人断绝，鼠雀全无。

这时，有人向巡按御史严云京献上一条"奇计"，即掘开黄河大堤，以洪水淹灌驻营在黄河故道上的农民军。严云京深以为然，极力向巡抚高名衡和推官黄澍陈说，称水到敌尽，可保城内无虞。

外援无期，固守又无粮草，巡抚高名衡正在犯愁，听闻以水退兵之计大喜，决议从速付诸行动。

为保万无一失，高名衡劝说城内的周王朱恭枵一同招募百姓修墙护城。周王与一毛不拔的福王不同，为守城甘愿出钱出力。农民军初围开封时，他就曾拿出王府库银百万募兵杀敌。所以，这次周王也没有丝毫犹豫，立即出钱募民修筑羊马墙，墙厚如高岸，轻易不会被洪水冲垮。

然而，人算不如天算，高名衡等人的如意算盘没有打响，反倒让开封的百姓有流不尽的眼泪。

九月十五日深夜，高名衡命人凿开了朱家寨口大堤，李自成得到消息后立即移军高地，反过来派人挖掘马家口大堤来灌开封城。

大雨连绵十数日不止，河水暴涨，滔滔之声百里可闻。两处河堤均被大水冲垮，农民军有万余人溺水而亡，而开封则是全城被淹。护城的羊马墙被冲垮，黄河水从开封城北门涌入，贯东南门而出。

城内仅有的船只都被高官贵戚占据，周王合府家眷连同侍卫尽数乘船出城，高名衡等一众官员也毫发无损。只有城内的百姓没有防备，数十万人命丧洪水之中。

滔天的洪水过后，开封这座繁华了数百年的中州古都变作一片汪洋，城中令农民军艳羡不已的美色财富均随洪流而去，明朝也失去了在中原地区对抗农民军的最后一个坚实的堡垒。

朱由检得知后，痛惜不已。丢城失地，数十万百姓无辜惨死，朱由检非但没责怪守城的大臣，反而顾念起他们的辛劳，命人为他们叙功。那时，战败未必无功已成常事，大家早已见怪不怪。

开封既已被淹，孙传庭出潼关后，调转方向往南阳进发。

十月初，孙传庭率大军来到郏县，得知李自成领兵西进，命郑嘉栋、高杰、左勷分别设下伏兵，然后由牛成虎领兵作战。两军相遇后，牛成虎率部佯装败退，引农民军进埋伏圈，各路伏兵四起，大败农民军。官军追敌三十里，斩敌千余人。

李自成随即下令轻装撤退，命人尽弃辎重于道路两旁。官军赶至，天降大雨而不复再追，又为抢夺辎重而乱作一团。农民军回师反击，罗汝才也率后续部队赶到，前后夹击，农民军反败为胜，斩杀官军数千。

郏县一战，孙传庭大伤元气，不得不率残军退回潼关。路上，大雨滂沱，粮草无法按时送达，官军只得采摘青柿充饥，所以此战又称为"柿园之役"。

李自成等乘胜再一次攻占洛阳及周围州县，在河南省黄河以南的广大地区站稳了脚跟。至此，在中原地区，莫说要剿灭农民军，官军连与之正面抗衡的实力也没有了，只能眼见着他们的力量日益壮大。

十一月，马守应、"革里眼"贺一龙、"左金玉"贺锦、"争世王"刘希尧、"乱世王"蔺养成为首的革左五营来到河南，与李自成、罗汝才会合，农民军更加势不可挡。

农民军以为杨文岳带兵守在汝宁，随时可以在他们身后发起进攻，是非常危险的因素。为除此后患，农民军决议联军围攻汝宁。

杨文岳因解开封之围不力正戴罪防守汝宁。他令监军佥事孔贞会率川兵屯守城东，自己率保定兵屯守城西，准备东西呼应，背城死战。结果，农民军到达汝宁后，逐个击破，先集中力量击溃城东的川兵，而后转战城西，用火炮逼杨文岳退守城中。接着，农民军四面环攻汝宁，破城而入，全歼守军，击毙杨文岳，生擒崇王朱由樻。

攻取汝宁后，农民军随即占据河南全境，然后挥师向西，直逼湖广重镇襄阳。

左良玉大军在朱仙镇溃败后，退居襄阳，以军饷不足为由，对百姓烧杀抢掠，人称"贼过如梳，兵过如篦"。所以，左良玉大军在襄阳休整期间，引发了当地百姓的强烈不满，所造战舰均被百姓烧毁。

十二月，为了躲避李自成，左良玉又抢商船，率军顺汉水而下经由武昌逃至九江。农民军轻易占领了襄阳后，又攻下枣阳、宜城、谷城、均州、荆州等湖广的广大地区。

随着战果逐步扩大，李自成不再流动作战，开始着手内部政权建设，派官管理所占地区。

与李自成联合作战的罗汝才、革左五营的马守应和贺一龙等都想保持相对的独立性，但随着形势的变化，李自成越来越不能容忍他们的存在。最后，一场农民军内部的火并后，贺一龙、罗汝才相继被杀，马守应离开了李自成的队伍。

崇祯十六年春，李自成统一内部组织后，改襄阳为襄京，设奉天倡义文武大元帅府，自任文武大元帅，以牛金星为丞相，下设六政府分理政务，在地方上设防御使，设各级官员管理所辖地区。

李自成的农民军不再是大明朝廷称呼多年的"流寇"，而是一支占地辽阔、军力强盛、组织严密的敌对势力。

李自成，从驿卒开始，一步步走来，距彻底推翻大明的统治已经为期不远。

朱由检，那个曾经意气风发的少年天子，已过而立之年，朝乾夕惕求治不得，开始不时念叨："朕非亡国之君，而事事皆亡国之象！"

第三次罪己诏

崇祯十五年的九月，皇太极并没有如期出兵。因为他正在试图招降吴三桂，希望不战而获宁远及宁西四城。

松锦之战后，朝廷没有对吴三桂追究责任，命其收拾残兵，守卫宁远。吴三桂一面收编残兵，一面挑选精壮辽民，很快又组织起一支有四万人的精锐队伍。

吴三桂不愧为洪承畴口中能独当一面的将领，除了加强宁远城的防御外，他还特别重视宁远中右所、中后所、前屯卫、中前所等宁西四城防御工事的加固，使宁远一线的防守再次变得坚固起来。

坚固的宁远一直是清军入塞路上的障碍，鉴于历史上硬攻效果都不理想，皇太极让手下的汉官联名写信给吴三桂劝降，还让吴三桂的舅父祖大寿亲写书信陈明利弊，但均未获效。

十月，劝降不成，皇太极只好再次迂回入边，命贝勒阿巴泰率十万大军讨伐明朝。十一月，清军分作两翼从抚宁北面的界岭口和蓟州北面的黄崖口毁边墙而入，接着攻下迁安、三河、蓟州等重镇，京城再度戒严。

此前，为了防范清军，朱由检在山海关至京城一带设置了宁远、山海、昌平、保定四总督；宁远、永平、顺天、保定、密云、天津六巡抚；宁远、山海、中协、西协、昌平、通州、天津、保定八总兵。如此部署，看似防御严密，但事权不一，再加将帅怯懦，竟让清军如入无人之境，一路势如破竹。

清军兵临京城时，朱由检君臣大为恐慌，急命勋臣分守九门，并征调各路兵马入京勤王。然而，京城周边的各路兵马，或未遇敌军就先行逃窜，或避开敌军正面攻势，远远观望，总之，没有一队人马敢战。好在清军仍无意攻取京城，他们绕京城而过，沿京郊南下抢掠而去。

惊魂稍定的朱由检，回想这一年，实在太过漫长：二月，陕西总督汪乔年被杀，蓟辽总督洪承畴被俘；三月，失锦州；四月，连失塔山、杏山；五月，李自成三围开封；七月，议和事泄，兵部尚书陈新甲入狱；七月，贵妃田氏病故；九月，开封被淹；十月，孙传庭兵败；十一月，失河南全境，清军再次入侵。

极度失望和无奈之下，朱由检想不出还有什么办法可以挽回天意民心，只好第三次下诏罪己。

罪己诏书中还是老一套，先来一番自我批评："近来灾害频发，干戈扰攘……实皆朕无德所致。罪在朕躬，不敢自宽，自今为始，朕敬于宫中默告上帝，修省戴罪视事。务期歼胡平寇以赎罪责。"然后，再痛斥朝臣"挟私偏执"，最后要求群臣"各知勉励，无负朕罪己求言、克艰图治至意"。

如果朱由检第一次下诏罪己后，有切实的改过之举，全国臣民见皇帝的罪己诏兴许还能为之振奋。然而，每次罪己诏颁布之后，朝廷都一如既往，没有丝毫改变，罪己诏书早就如同废纸一样。事不过三，官民士绅都厌倦了这套虚词，如今这份罪己诏更让大家觉得泄气。

皇帝罪己后，战场上没有任何改变，官军对清军还是"无一矢相加"。清军占领临清，官军就远远移师到威县；清军攻河间，官军不但远走山西，还沿途大肆劫掠，所过一空；等清军到了青州、兖州一带，蓟辽总督赵光抃却驻军千里之外的良乡，按兵不动。

清军看透了明朝将吏全无战意，肆无忌惮地全速进军，两个月内连克霸州、河间、永清、衡水，而后转攻山东，克武城、临清诸镇，直抵兖州，鲁王朱寿镛被俘自杀。崇祯十六年初，清军从兖州分兵两路，一路向东南，经莱州、登州直抵海州；另一路渡黄河向北，对鲁西北的广大地区大肆抢掠。

三月，清军回兵莒州时，正值春季来临，春草青青，十万清兵竟在明朝腹地解鞍放牧，安稳地休整了一个月。四月，清军车驼绵延三百余里，载着大批战利品悠然北返。

四月初，见清军北返，朱由检召见内阁辅臣，表示要御驾亲征，首辅周延儒不得已请命前线督师。当时，清军带着战利品过卢沟桥，历时几日车马不绝，刘泽清、唐通、周遇吉、黄得功等将领都会集在通州，而周延儒到达后，不发一令，终日与宾客宴饮，听任清军从容离去。

五月，等清军出边之后，周延儒命人将各路兵马抓获的游兵散勇甚至无辜百姓斩首充数，向朝廷报捷说驱敌出边，斩获百余人。朱由检开始还不明实情，竟再三嘉奖周延儒。

清军第五次入塞，历时八个月，攻克三府十八州，共计近百城镇，获黄金万两、白银百万，其他珍宝不计其数。事后，给事中李永茂奉命巡视畿南，行程千里，满目疮痍，人踪稀疏。

八月，皇太极在沈阳病逝，由他年仅六岁的第九子福临继位，次年改元顺治。清廷皇帝年幼，由皇叔多尔衮、济尔哈朗辅政，称"摄政王"。

清廷忙于皇权交接，一时无暇顾及关内，让大明获得了短暂的喘息。然而，清军入侵从来不是朱由检唯一的烦恼。

李自成等攻克荆州后，又攻承天，还焚烧了兴献陵的享殿。兴献陵是明世宗朱厚熜生父兴献王的陵寝，算得上朱由检真正的祖坟。所以，崇祯十六年正月，承天府城破后，湖广巡抚宋一鹤畏罪自杀。

兴献陵的失守，让朱由检声泪俱下，大呼："朕不德，忧及陵寝！"当年三月，痛定思痛后，他决定派辅臣吴甡前往湖广督师。

吴甡，江苏兴化人，万历四十一年中进士，历任河南、陕西巡按御史和山西巡抚。吴甡任职期间正值民变四起，他因办事得力而获征剿干练之名。崇祯十一年，被任命兵部左侍郎，吴甡因病未能赴任，两年后复职，崇祯十五年入阁办事。

虽说吴甡对全国军事形势比较了解，但实在非统帅之才，而朱由检已经没有太多选择。他流着泪对吴甡说："卿多年在匪患猖獗之地任职，颇有战守韬略，可往湖广为朕督师。"

多年以来，大明的督师少有能得善终者，要么死于敌手，要么兵败被问责，此时的形势更大不如前，出京督师与送死差别不大。所以，吴甡向皇帝提出两个要求：第一，朝廷须调三万精兵归其统辖；第二，出京后先往南京，以精兵挟制左良玉，再命孙传庭东出潼关，伺机东西夹攻农民军。

吴甡的要求并不过分，战术也不无可取之处，可在朱由检看来却是推诿拖延、避重就轻。

同辅臣面议此事时，朱由检不悦地说："京畿正在用兵，哪能立时调派三万精兵？再者，南京远在下游，何至于现时就去退守？"

吴甡答："左良玉跋扈，当年杨嗣昌十道号令，调不动他一兵一卒。臣才远不及杨嗣昌，而左良玉军势更重，臣若无兵必不能节制，只会平白丢了朝廷脸面。由襄阳顺流而下，极易攻至南京，因而应尽早提防，并非退守。"

朱由检无从辩驳，只得让兵部速议发兵，但心里对吴甡十分不满。

兵部尚书张国维只答应给吴甡调派一万兵马，但等了许久，这支万人的队伍也没凑齐。五月，首辅周延儒督师"凯旋"后，相比之下，朱由检对尚未离京的吴甡更加痛恨，严旨斥责后免除其职务，后来又将其遣戍云南。

撤罢吴甡之后，朱由检再次把宝全部押在孙传庭身上，命其以兵部尚书衔挂七省督师之印，总督陕西、山西、河南、四川、湖广、贵州以及江南、江北军务，赐尚方宝剑，全权指挥中原战事。给孙传庭升官加衔后，朱由检又开始不断催促他出潼关作战。

兵部侍郎张凤翔对此持有异议，向皇帝指出："孙传庭所有皆天下精兵良将，皇上只有此一副家当，不可轻动。"

朱由检正是抱着孤注一掷的心情，根本听不进去，仍再三催战。

孙传庭自郏县惨败后，回到关中尽力扩军屯田，兵力扩至十万，守关中尚可，出兵中原则力有不足。在皇帝的严旨逼迫之下，孙传庭感慨："明知出兵未必能胜，然大丈夫岂能再回身面对狱吏？"

八月，孙传庭在西安关帝庙誓师，统率总兵白广恩、高杰、牛成虎等部十万众东出潼关，同时檄调各路人马夹攻李自成。

李自成初建政权后，召集众臣商议进军方向，牛金星主张直接进军京城，杨永裕建议攻取南京以断北方粮道，而顾君恩却力陈先取关中的好处："南京，势居下流，难济大事；直捣京师，万一不胜，退无所归；而关中是元帅故乡，百二山河，得天下三分之二，取之足以立国。然后旁略三边，经山西而攻京城，进可攻退可守，为万全之策。"

李自成采纳了顾君恩的建议，厉兵秣马，积极地为攻取关中做准备。得知孙传庭出关的消息后，李自成亲统大军北上河南迎敌。

河南境内赤地千里，很难补充粮草，李自成把主力放在郏县一带，采取诱敌深入的战术，使孙传庭很快便收回了豫西重镇洛阳。

九月，孙传庭又攻下汝州，俘获农民军督尉李养纯。根据李养纯的情报，孙传庭首先攻破聚集农民军文武官员的宝丰，然后挥师唐县。

捷报传回朝廷，朱由检大喜，对群臣说："贼灭亡在旦夕！"朱由检甚至都开始安排起善后工作了，然而，这一次他还是高兴得早了点。

九月十四日，官军和李自成主力在郏县进行激战，农民军战败逃入襄城，官军紧追不舍。追击途中，果毅将军谢君友被俘杀，李自成本人也差点被擒。

天有不巧，又降大雨连绵七日不止，道路泥泞，官军粮车难以行进，孙传庭大军粮草几近断绝，官军在雨中饥疲不堪，士气由盛而衰。

这时，李自成派大将刘宗敏率一万骑兵从小路抄到官军后方，彻底切断了官军的粮道，孙传庭大军开始浮躁不安。

无奈之下，孙传庭只好回师迎粮。他命陈永福率河南兵留守，自己亲率陕军回师打通粮道。结果，河南军士不愿忍饥留守，等陕军一走便争相随行，陈永福无法控制局面，官军队伍大乱。

李自成乘机发起进攻，官军又不得不回头应敌。

那时，陕军在孙传庭的建设下，战斗力不容小觑。孙传庭曾命人造新式战车两万，车上装备火炮、弓弩、粮食，进可冲击骑兵，退可集结战阵，军中称之为"火车"。由白广恩统率的火车营在孙传庭的大军中战力最为强悍。

向官军发动进攻的农民军战阵共有五重：第一重是饥民，第二重是步兵，第三重是骑兵，第四重是精锐骑兵，第五重是家属。官军很快就攻破了前三重战阵，与第四重战阵的精骑相持不下。

李自成的精骑是有备而来，又是以逸待劳，而孙传庭的大军连日奔波，又饥疲交加，相比之下，李自成占尽优势。

鏖战中，白广恩的火车营渐渐招架不住，率先溃败。转瞬之间，战场形势发生了逆转，官军全线溃败。农民军随即倾巢而出，穷追不舍，一日一夜追杀四百余里，斩杀官军四万余人。

大明仅有的"一副家当"损失殆尽，成了待宰的羔羊。

十月，孙传庭回到潼关，收拾残兵，戴罪以图固守关门。孙传庭喘息未定，李自成就率大军来攻潼关。潼关被攻破，高杰、白广恩率部逃窜，孙传庭率数百亲兵与农民军交战，死于乱阵之中。

大明最后的柱石已倒，史书上说："传庭死而明亡矣。"

风雨飘摇的朝廷

李自成之外，还有一支农民军队伍也建立了政权。

崇祯十四年二月，张献忠攻克襄阳后，对左良玉颇有顾忌，便过汉水向东转移，活跃于河南、湖广交界一带。七月，张献忠攻克郧西后，罗汝才因与其不合，留在河南与李自成联合作战。丁启睿出任督师后，命左良玉攻打势弱的张献忠。八月，张献忠兵败后转战安徽。

后来，官军大部被调去救援开封，左良玉为避李自成又尽撤湖广之兵东去，张献忠乘机又回湖广。

崇祯十六年五月，张献忠攻占武昌，守城官吏闻风而逃，楚王朱华奎所募之兵大开城门迎接农民军。张献忠生擒楚王，将其投入江中，以楚王府财产赈济饥民。

随后，张献忠改武昌为天授府，自称"大西王"，建立政权。在中央设立六部、五军都督府等机构，地方设各级官吏，还开科取士，治理湖广地区。

至此，明朝境内有两个农民军政权，辽东还被清廷占据，大明的江山已失近半。

那时，据说朱由检常做一个梦，梦见有位神仙在他手心上写了个"有"字。朱由检把梦说给百官听，大家都说是吉兆，大明定会扫平内忧外患，千秋万代生生不息。

然而，朱由检身边的太监王承恩听闻却号啕大哭，说此梦不吉，预示大明将亡。按照他的解释，"有"字的上半部分是"大"字少一捺，而下半部分是"明"字少半边，合起来就是"大不成大，明不成明"，岂不是大明要亡的征兆！

王承恩的解释让大明的君臣陷入更深的惶恐。

六月，面对只剩下一半的江山，朱由检痛心疾首，第四次下诏罪己。他承认是自己失德以致生灵涂炭、社稷遭殃，希望天下官民士绅能够振聋发聩，共赴国难。但皇帝的一纸虚文止不住帝国的颓势，十月，孙传庭一死，关内再无坚城。

李自成率军所向披靡，乘胜攻克西安，占领陕西全境。不久，又取银川、兰州、张掖、西宁等地，占据整个西北地区。

那时，西北到京城的通信不畅，直到十一月，朱由检才得知潼关失守的消息，还不知具体战况。朱由检不敢相信孙传庭已死，一边命人查明其下落，一边急命兵部右侍郎余应桂为陕西三边总督。

余应桂无兵无饷，向皇帝哭诉了一通，才勉强要来京军千人护行，拿着一万两内帑银匆忙出京。结果，行至山西就遇到了李自成委派的地方官员，余应桂便不敢继续前行。

朱由检与廷臣讨论李自成破潼关后的下一步行动。多年的征剿并没有让朝中大臣对这位农民军领袖有所了解，首辅陈演认为："贼入关中，必恋子女玉帛，如虎入陷阱。"吏部尚书李遇知也认为，李自成等垂涎关中之地已久，一旦占据必以之为家。

他们都低估了李自成，一个想占据天下的人是不会满足以关中为家的。十二月，李自成发出讨伐大明的檄文，宣称:嗟尔明朝，大数已终！随即，派先遣部队渡黄河，为大军东征扫清障碍。

明朝君臣对李自成判断有误，而张献忠却判断得十分精准。得知李自成占陕西全境后，他立刻判断明朝覆灭在即。为了避免与李自成发生冲突，崇祯十七年正月，张献忠率部西攻夔州，进入四川。

崇祯十七年的正月初一，李自成改西安为西京，正式建国，国号大顺，定年号为永昌，追尊其曾祖以下为皇帝，更定官职，封赏功臣。

与西安满城的欢欣喜庆不同，崇祯十七年的新年，是朱由检有生以来最晦暗、最沉闷的一个新年。

新年之前，考虑到连年征战、兵饷难筹，朱由检再次下旨减少不必要的庆典，还要求官绅士民一同节省，强调官绅不得用黄蓝绢盖，士子不得用红紫衣履，庶民百姓不得用锦绣丝苎及金玉珠翠衣饰。

朱由检希望能从细微之处感动昊天上帝和自己的臣民，但这些于时局丝毫没有助益的节约早已不是美德，甚至还引来了不少臣子的非议："今以玉食万方之王，降为污尊坏饮之事，是貉道也，何以能久？"

正月初一，京城刮起沙尘暴，飞沙满天，白昼晦暗如夜。

极端的天气让文武百官在入宫朝贺的路上耽搁过久，竟使一年中最隆重的大朝会出现了集体迟到的情况。为此，朱由检气闷不已，百官也都以为不祥之兆。

大风扬沙直到傍晚才停歇，新年的第一天便是如此异象，朱由检有些惶恐不安，请道士来扶乩，问卜江山前途，却得到如下乩语："帝问天下事，官贪吏要钱。八方七处乱，十灶九无烟。黎民苦中苦，乾坤颠倒颠。干戈从此起，休想太平年。"朱由检见之，默然不悦。

其实，哪里还用求神问卜，此时的大明疆土，长城之外几乎都落入清廷之手，而长城之内，中原、西北、西南的广大地区又多掌握在农民军手中。大明已经很多年没有安享太平了。

年还没过完，李自成就向明朝发出通牒，称三月将兵临京城，一决死战。正月初八，他亲率大军从西安出发，向明朝发起最后的总攻。

李自成将号称百万的大军分为两路，一路为偏师，由制将军刘芳亮统率，沿黄河北岸一带跨过太行山转而向北，从京畿南部阻断援军，助攻北京；另一路为主力，由李自成亲自统率，经山西出大同、宣府，歼敌重军，从西北直扑京城。

正月十一日，朱由检召集廷臣，悲愤交加地说："朕非亡国之君，事事皆亡国之象。祖宗栉风沐雨得此天下，一朝丧失，将有何面目见列祖列宗于地下！朕愿督师，亲决一战，即便身死沙场也无所顾惜，只是死不瞑目。"说罢竟失声痛哭。

内阁各辅臣见状，连忙请命代皇帝出征。最先表态的是首辅陈演，朱由检说他是四川人，不熟悉北方的山川，不同意他去。蒋德璟、魏藻德等人的请命也被朱由检以各种理由一一拒绝。

最后，大学士李建泰说："臣的家乡在曲沃，愿出家财作军饷，不必朝廷出资，请让臣率军出征。"朱由检听闻大喜，说："卿若出行，朕必以古代推毂之礼为卿送行。"

李建泰，天启五年中进士，官至国子监祭酒，后以吏部右侍郎兼东阁大学士衔进入内阁，并无军事才华。朱由检同意他代为出征，不过是为了节省军饷。

正月二十六日，朱由检为李建泰举行隆重的遣将礼：先由驸马都尉万炜告祭太庙，而后朱由检亲自来到正阳门设宴践行。内阁、五府、六部、都察院掌印官及京营文武大臣侍立两旁，朱由检用金杯亲自为李建泰斟酒三杯，然后当场下发"代朕亲征"的敕令，给予李建泰一切机宜自行调度的权力。

赐宴过后，内臣为李建泰披红簪花，请出尚方宝剑，李建泰叩首再拜向皇帝辞行后，带三千京营禁军离京。

　　李建泰出征仪式之隆重是史无前例的，但他们一行却并不顺利。刚走数里，李建泰乘坐的轿子就折断了轿杆，众人都觉得这是不祥之兆。出京不久，李建泰就听闻老家曲沃陷落，家中资财散失一空，惊惧之下病倒了，每日只行进三十里。

　　预期的粮饷打了水漂，军中不时有人逃散，李建泰最后仅剩得几百兵士相随。走到河北定兴县，那里离京城不过二百里，守城知县竟一连三天不准李建泰入城。李建泰恼羞成怒，命人攻下县城后，狠狠地鞭笞了知县。

　　代帝出征的李建泰，出京第一仗，竟不得不攻打自家县城，人心向背可见一斑。

　　二月，李建泰等到达保定，见李自成大军所向披靡，便屯兵保定不再前行。后来，保定城破，李建泰被俘。

　　一场代帝亲征的闹剧草草收场，大明的君臣都抱定听天由命的心态，等待最后的打击到来。

第八章

绝路，谁把大明朝逼上了煤山

煤山的迷雾迷了谁的眼

崇祯十七年的三月，风云变色。整个大明朝的权力中心陷入了一片混乱和诡异。

宣府城外，这座距京城只有一百多公里的军事重镇外，李自成率大军压境。

宣府城门，巡抚朱之冯召集守城的将士，嘶声呐喊，号召誓死守城。

宣府城内，一片喜气洋洋，张灯结彩，百姓们点上香，准备迎接那个免徭役、不杀人的闯王李自成。镇守太监杜勋打算带人去三十里外欢迎李自成。

李自成的大军步步紧逼，朱之冯怒目而起，亲自登上城楼，下令发炮，势要与敌军最后一搏。

一声令下，四处寂然，没有人声，没有炮声，诡异的安静。

朱之冯环顾左右，士兵们一动不动，他惊愕又愤恨地上前去，亲自点火放炮，却被左右拉住。细看时，大炮的线孔已经被铁钉钉死，那一刻被封死的，还有他的心。

还未等城池失守，人心已经缴械，除了仰天大哭，朱之冯别无他法。他给崇祯皇帝写了封遗书，劝皇帝收拾人心，随后自缢身亡。朱之冯的寂静离去，是这个王朝的最沉重叹息之一。

九天后，刚刚被封为定西伯的蓟镇总兵唐通，不顾在皇帝面前的信誓旦旦，带着监军太监杜之秩一起在居庸关向大顺军投降。京师西北的最后一道屏障不复存在。

三月十七日，李自成大军抵达北京，向大明朝的权力中心发出最后的重锤，以炮火攻城。

漫天的烽火，炮声阵阵，重锤着朱由检的心。千思万绪，凝成悔恨。

十八日，朱由检在炮声中再一次发出罪己诏。这是一个敢于认错的皇帝。可一个失败者的自悔书，除了能够为末世渲染一丝悲壮之外，并没有什么实质用处。

朱由检又宣布取消所有加派的新饷旧饷。彼时，崇祯皇帝的皇权已经脆弱至极，一条政令难以收复饥饿的民心。

那些饥寒交迫的人们，不关心政治，只关心温饱。李自成的到来，意味着可以吃饱穿暖，不用纳粮。对他们来说，这是好事，值得高兴。皇帝的愁苦和亡国之痛，那是他过往压榨百姓而应得的。

所以，在当晚，民心所向，大势所趋，北京外城城破。

朱由检和他与贴身太监王承恩登上皇宫后的煤山（今北京景山），向远眺望。望着城外和彰义门的连天烽火，朱由检心中有数不尽的哀痛。烽火照亮了天空，格外凄艳、哀痛。

破城之后，皇宫里出现的是一幕幕惨痛的连锁反应。

朱由检回宫后写下诏书，命成国公朱纯臣统领诸军和辅助太子朱慈烺，又交代好了其他几个儿子的去处，并对自己的皇后做了最后诀别："你是国母，理应殉国。"

周皇后也哭着说："妾随君十八年，陛下没有听过妾一句话，以致有今日。现在陛下命妾死，妾怎么敢不死？"随后，周皇后自缢身亡。

周皇后最后一言，像一把匕首，刺进了朱由检的心脏。这位贤德的皇后的确给过他生的建议。可是，他没听。

朱由检的活路，是南迁。

当时，农民军占领了河南、陕西、湖北大部后，直隶、山东还归明朝控制，朱由检完全可以带领自己的军队通过大运河南下。南京有整套的文武班子，长江中游驻扎着左良玉数十万的军队，下游的江北四镇又有重兵把守，比北京安全得多。但僵化的大脑和离心离德的臣子，还是把他逼上了煤山。

朱由检怕留有辱国的身后名，便明示首辅陈演，让他带头请奏，自己最后"不得已"而允之。可陈新甲冤死后，朝臣早已熟悉这位皇帝的秉性，陈演不肯空担骂名，辞去首辅之职。

陈演离开朝堂后，南迁之议已不再是秘密。可是，朝臣或怕担弃土骂名，或怕被留下守城九死一生，所以众臣"力请"南迁的局面还是没有出现。

无奈之下，朱由检又想他法，考虑让太子先行南迁，多数朝臣都表示赞同，可最后朱由检又担心万一太子在南京被大臣拥立为帝，自己将皇权不保，处于尴尬境地。他就这样一一堵上了一个又一个生门。李自成的大军很快便从河北进军，将运河沿线控制起来，封锁了朱由检的南迁之路；而另一路从山西塞外攻进关内，直逼京城。

此时，朱由检仍有最后一条路，就是撤往天津，从海路南下。直沽口已备好二百艘海船，只待皇帝的一声令下。

生死时刻，朱由检的犹豫，最终毒害了自己。因为放弃北京，就等于将无数的财富拱手让人。此时南逃，是否安全也难有定论。

无奈至此，朱由检又一次登上了煤山。走出时间之门，这是他最后的出路和归宿。

那时，天已渐渐明亮，雾气还未散去，在一丝晨光中，朱由检在一棵老槐树下悬树自尽。那年，他三十四岁。

从即位到死亡，他为大明朝付出了最好的年华。人们不会忘记，那个十七岁的少年，在阴谋与杀机中，迎来了不眠的入宫之夜，开始兢兢业业地勤政时光。他勤奋认真地工作，修补这个千疮百孔的江山。可是，旧的问题还没有修补好，新的问题便出现了。农民起义、外族入侵、灾荒瘟疫、大臣离心……十七年的内外交困，最终以一败涂地告终，铸就了悲伤的结局。

朱由检自缢三日之后，他的尸身在景山被发现，同时被发现的还有他的血诏："朕自登基十七年，逆贼直逼京师……朕非亡国之君，然皆诸臣之误朕也。朕死无面目见祖宗，自去冠冕，以发覆面，任贼分裂，勿伤百姓一人。"

字里行间都是朱由检的血和泪、痛和怨。

崇祯皇帝死了，这却让历史很为难，因为他是一个特例。

他没有酒池肉林的荒淫，没有刮骨剖心的残暴，有的只是十七年来夜以继日的勤勉克己，但最终上演了"不是亡国之君的亡国悲剧"。

这个亡国之君，你说，是冤枉，还是不冤？

崇祯本可以不用上吊

崇祯皇帝死了，带着满腹的不甘与怨恨，然而，他有太多的机会可以扭转局面，抓住任何一个，都不必以这样悲壮的方式离去。

先说南迁，事到最后，这是朱由检的最佳选择。

南京，是大明建立时的都城。宣德年间，北京成为明朝正式的首都后，南京仍然保有陪都的政治地位，皇宫俱在，五府、六部等一应官制齐全，国家危急之时可立即再次转为都城。

西北、中原、湖广、四川等地多年受战争破坏，残破不堪，但江南地区受兵祸较少，局面基本稳定，如果以南京为根据地，凭借南方充沛的人力、物力再起，并非没有一争之力。后来的弘光政权偏安江南一隅，尚能聚起百万兵力，便充分说明了这一点。

然而，都城南迁就意味着要放弃宗庙陵寝和北方的广大土地，若将来不能恢复故土，偏安江南一隅，朱由检君臣谁都免不了背负千古骂名。

朱由检向来极要脸面，希望有臣下为其担负首倡南迁之名。他忘记了陈新甲之死，但是诸位大臣没忘。如果最后终究难免一死，谁又肯再背上骂名？所以，陈演不会同意请奏，群臣也不会力请皇帝南迁。

做了十七年皇帝，朱由检终究没搞清楚，有些事即便是帝王也不能勉强。另外，家国天下的制度下，大明是天下人的大明，也是大明皇帝的大明。事关大明王朝的生死存亡，后面的路怎么走，朱由检只能乾纲独断，不是他想推就能推掉的。

鱼和熊掌，很难兼得，帝王也不例外。在图存与脸面之间，朱由检最后还是选择了脸面，他对辅臣们说："贼至而朕独去，如宗庙社稷何？如十二陵寝何？如京师百万生灵何？如事不可知，国君死社稷，义之正也。朕志决矣！"

南迁之事遂无人再议。

再说应战，即便李自成已发兵东征，朱由检也不是丝毫没有机会。

从正月收到李自成战书，到三月大顺军兵临城下，朱由检本来有足够的时间调兵入援京师，但遗憾的是他把时间都用在了犹豫上。

当时，大明在山西、京南的兵力并不少，但因兵力分散，各守孤城，很容易被各个击破。再加上常年拖欠军饷，士气低落，不少将领都感到大势已去，所以大明官军或望风归降，或一击而溃。

针对此情况，被革职的余应桂上疏建议说："贼号称百万，非天下全力剿之不可。请调左良玉、吴三桂、高杰、唐通、周遇吉、黄得功等众将，齐赴军前，会师真定、保定之间，以为决战之计。"

增兵入援便要增饷，朱由检听不得这样的建议。整个正月，朝廷唯一的军事调派，就是让大学士李建泰带三千禁军离京西征，只因不需耗费大明朝廷的军饷。

京营只余五万老弱残兵，守城无望，调宁远精兵入援便可解燃眉之急。可调兵等于放弃宁远，那么弃土的责任谁来承担？另外，如果吴三桂带数万官军入关，再安置数十万关外军民，需要耗银百万，皇帝不想出钱，朝廷也拿不出钱。

所以，最初朱由检只提议让吴三桂带五千精兵入关，但同时他也对阁臣们说："此等军机大事，应行与否，原应先生们主持担任，未可推诿，延缓误事。"说到底，还是要推内阁出来承担责任。

陈演等人不想惹来杀身之祸，高喊"一寸山河一寸金"，表示宁远之兵不可调。兵部尚书张缙彦更是直言："吴三桂调不调，全看宁远弃不弃，请皇上决断。"

朱由检犹豫再三后，才为难地表示放弃宁远，退守山海关，虽属下策，但实在是无奈之举。口头上说完了，调军入援的圣旨却迟迟不发，也没人愿意去准备，因为军饷不够，皇帝还舍不得出钱。

整个二月，朱由检都很忙，一边派宦官监军，一边下诏罪己、筹措军饷。

二月十三日，朱由检第五次下诏罪己。陈词滥调之外，总算加了两句"惜人才以培元气，守旧制以息烦嚣"，算是对自己滥杀朝臣和行事乖张所有反省，但依旧没有任何救万民于水火的实际措施。

史学家谈迁认为，如果立刻减免当年一半田租，诛杀几个盘剥克扣的官吏，再以内府积财济民充饷，官民定会为之感动。可惜，这些真正能振奋人心、收复民意的办法诏书上一条都没有。

兵饷难筹，朱由检盯着勋戚百官的口袋，而百官又指望着皇帝的内帑。朝臣奏请拨发内帑以充军饷，朱由检哭穷说："内帑业已用尽。"朝臣不信，纷纷说："祖宗三百年蓄积，不至于如此。"朱由检坚持说："其实无有。"

国库空虚，又不愿用内帑，朱由检便规定在朝的百官按籍贯助饷，比如江南籍的最低捐八千两，湖广籍的最低捐五千两，等等。皇帝自己都不愿意出钱，百官就更没什么积极性了。直到三月初，农民军很快就兵临城下了，诸臣仍然相互推诿，所捐大多不过数百两。

朱由检下密旨给周皇后的父亲嘉定伯周奎，让他捐饷十万，给其他臣工做个榜样。周奎从平民摇身变为国丈有十几年了，历年的爵禄和宫中封赏也不止十万，何况平时还没少借着外戚的身份四处捞好处，而他却说："老臣哪有那么多钱？"任人百般劝说，最后也只肯捐银一万两。朱由检觉得太少，让他捐两万两。周奎便跑到宫里向女儿求助，周皇后暗中给他了五千两，但他又从中扣下了两千两，只向朝廷交纳了三千两，往后说死也不肯再多交一文。

上下威逼胁迫，好一番混乱之后，朝廷一共才得捐饷二十余万两，离所需的百万军饷还相去甚远，简直杯水车薪，无济于事。

等李自成大军入城，从周奎家里抄出的现银就有五十多万两，而从皇宫大内搜出的库银竟有三千七百多万两。大明的君臣弃国家性命不顾，守财如此，着实让人惊叹！

无饷便难以增兵，朱由检只好加强对现有军队的监视。二月二十日，他一口气派出十名宦官到各处监军，其中高起潜总监山海关、蓟州、宁远，卢维宁总监通州、德州、临清、天津，方正化总监真定、保定，杜勋总监宣府，杨茂林总监大同。

这些宦官临行前，朱由检对他们谆谆嘱托，一副托付身家性命的架势，宦官们也是慷慨激昂，立誓捐身报国。朝中大臣对皇帝危急之时又信重宦官的做法极力反对。兵部尚书张缙彦疾呼："再添内臣，分散事权，必大误疆场！"朱由检置之不理。

后来，这些派去军前的宦官绝大多数都带头投降了大顺军，把崇祯皇帝的脸打得啪啪直响。

朱由检在宫中乱忙一气，前线失利的消息却不断传回。

二月二十二日，宁武失陷，英勇善战的总兵周遇吉死于巷战。大顺军一路逼近大同、宣府，兵临城下指日可待。

二月二十八日，朱由检终于不得不诏天下兵马进京勤王了，但已经来不及了。此时，大明倾覆在即，不少官军都打定了投降的主意。

三月初一，大同总兵姜瓖和总督太监杜勋投降，昌平守军哗变。

三月初四，朱由检下诏封辽东总兵吴三桂为平西伯，平贼将军左良玉为宁南伯，蓟镇总兵唐通为定西伯，凤庐总兵黄得功为靖南伯，山东总兵刘泽清为平东伯。临阵封赏自然是让武将卖命，所以封爵的同时，朱由检命唐通和刘泽清率部进京入援。

三月六日，朱由检再也顾不得脸面，下令放弃宁远，命蓟辽总督王永吉和吴三桂统兵入卫京师。

当日，大顺军在官军的迎降下，进驻宣府。

三月七日，唐通带八千军士来到北京城外，随即因皇帝派内臣杜之秩监军而大为恼火，对左右说："皇上封我伯爵，却又让内官来节制我，原来我还不及一个奴才！"气愤之下，唐通又率军离去，说是到居庸关待敌，实际也是迎降去了。

唐通之后，朱由检再也没等来其他勤王之师。刘泽清接到诏令后，先是谎称坠马受伤无法赴京，后来干脆抢掠了临清南下，到江淮一带避祸。吴三桂安置好关外的军民后，到达山海关已经是三月十六日，一切都已经来不及了。

回望朱由检在位的十七年，他有太多的机会可以改写历史：

崇祯十七年，如果早下决心南迁，或是早发内帑增兵入援，或许就不必走进绝境；

崇祯十六年，如果不逼孙传庭出潼关，或许这大明的柱石还会屹立不倒；

崇祯十五年，如果把对清和谈坚持到底，不杀陈新甲，或许朝臣之心不会彻底寒凉；

崇祯十四年，如果不逼洪承畴改守为攻，或许宁锦防线还能保住；

崇祯十二年如果不加派练饷，崇祯十年如果不加派剿饷，或许百姓还有一线生机，不必以命相搏，拼死造反；

崇祯十一年，如果不逼死卢象升，或许令农民军战栗的"卢阎王"还可以震慑他们很多年；

再往前，如果不用熊文灿，或许十面张网可以将农民军剿杀殆尽；如果不用周延儒、温体仁，或许朝堂不会那样昏暗；如果不杀袁崇焕，或许辽东稳固可再续多年；如果切实赈济灾民，或许农民军根本不会星火燎原。

然而，历史没有如果，众多的歧路岔口面前，何去何从都是朱由检自己的选择，他到死都觉得冤，却也怨不得别人。

最恨的不是敌人

煤山之上，朱由检留下血诏，称"诸臣误朕""文武可杀"。

明朝最后的一位正牌皇帝，最恨的不是数次叩边入侵的清军，也不是攻破京城、终结大明的大顺军，而是他自己朝中的文武百官。

朱由检是历史上颁发罪己诏最多的一位皇帝，但他所有的罪己诏中都充满了对朝臣的指责，说他们"夸诈得人""专为身谋""大臣不法，小臣不廉，言官首鼠，武将骄懦"等。文武百官在他眼中一无可取，但事实果真如此吗？

即位之初，扳倒阉党，朝野称圣，朱由检的朝堂上也曾有过一段文官敢言、武将敢战的日子。后来，他每走到一个岔路口，也都有正确的提示和指引，只是遗憾没人能拉得回这位偏执的皇帝。

清算阉党之时，韩爌主张要犯从严、胁从不问，不宜株连太广，否则朝堂之上戈矛妄起，非国家之福。朱由检不听，亲自介入清算过程，一时间朝堂上草木皆兵，百官人人自危，最后以钦定逆案定罪二百余人收场。大案过后，阉党的确遭到了严厉打击，但主要办案人员韩爌、乔允升、钱龙锡等树敌无数，很快他们无一例外地被排挤出朝堂。

崇祯元年的阁臣会推之后，朱由检亲自下场介入党争，韩爌再度劝阻。他说人君不该随意猜疑臣子结党，如果任用或考核朝臣只以党派之分，只会使朝臣更执着于党争，于国不利。朱由检仍旧不听，终其一朝，党争从未断绝。

内阁几番调整之后，周延儒、温体仁之辈相继入阁主政，朝政由相对清明转为日益昏暗。

再往后，敢言之臣个个落难遭殃。陕嗣宗说皇帝有五个不自知的缺点，被找个由头革职；刘鸿训建议皇帝用内帑补发拖欠的军饷，被逐出内阁遭戍边境；刘宗周劝皇帝不要急功近利，不要过分倚重厂卫，不要宦官点兵，不要苛责臣下，被多次革职，几起几落。类似的例子，举不胜举。

相反，敷衍塞责之臣却常得平安。兵部侍郎陆完学协理戎政期间，主管京营部队的训练，凡事唯唯诺诺，整个任期内居然平安无事。陆完学任满离京时，张四知为其饯行，他特地以为官的四字真经"行无所事"相赠，即所有公文都批复"照行"，绝不多置一言。此四字真经在明末被不少官员奉为奎臬，对朝堂万事皆缄口不言。

文官渐渐闭口不言，而武将则是慢慢寒透了心。

袁崇焕一度被视为"战神"，尽心尽力经营辽东，千里驰援京师，最后却被皇帝一把拉下神坛，污以通敌卖国之名，为千夫所指，被万民分食其肉。举朝将领无人不物伤其类，心底渐寒。但袁崇焕只不过是个开始。

后来，满桂兵少力疲，被逼带伤出城作战，坠马而死；曹文诏兵少被围，力竭自刎；卢象升入京勤王，备受排挤，战而无功，身死殉国；傅宗龙、汪乔年、孙传庭兵少将寡，被催战而败亡；洪承畴、祖大寿等困守孤城而被逼降敌。

崇祯一朝并非没有敢战之将，但朱由检或因猜忌，或因吝惜兵饷，或因急于求胜，总陷阵前领兵之人于缺兵少饷、战守两难之地，逼得他们或死或降。他们要想存活只能学习左良玉、吴三桂，不听朝廷调派，保存好自己的实力。

朱由检从来只信自己的圣明，不见百官可用之处，结果凭借一己之力，封住了文官的嘴巴，寒透了武将的心。渐渐地，百官开始心猿意马，皇帝开始大呼"诸臣误朕"。

但是，大明真的亡于这所谓的君臣两相误吗？

要说皇帝待臣下严苛，开国的明太祖朱元璋更是以猛治国，剥皮实草等无所不用其极，兴起大案动辄牵连数万人，功勋之臣诛戮殆尽，比朱由检苛酷何止百倍。那时，大明没有亡国，反而国祚延绵。

要说百官庸碌误事，李自成的麾下或是落第举子，或是江湖术士，几人能有朝堂上将相的胸襟见识？但是，从李自成建立政权，攻城守地，派官理政，不到两年，大明覆亡，长江以北大部分地区落入新政权之手。

要说兵饷不济，清廷的国力与大明根本无法相提并论。大明以百万之兵守天下，而清廷以十万之兵取天下，后者岂不是更费力？可最终还是大清取代了大明。

这一切究竟是为什么呢？背后的答案只有两个字：百姓！

朱元璋出身贫贱，深知官逼民反的危害，所以对功臣仗势侵田、欺压百姓的行为绝不姑息，对官吏贪污盘剥的做法给予最严厉的打击。著名的蓝玉案中连坐被族诛的有一万五千多人，空印案和郭恒案中连坐被杀的达七八万人。

朱元璋在位期间，判处凌迟、枭示、族诛的有几千案，弃市以下的有一万多案。此外，还有刷洗、抽肠、剥皮等酷刑，残暴程度堪称历史之最。

在各种酷刑的威慑下，朝堂上气氛恐怖，官员们都提心吊胆，但乡野间的百姓却因有皇帝为他们伸张正义而深信大明是个无比光明的朝代。

不过，朱元璋自己以严刑惩戒朝臣，却告诫后世子孙不得学他。他说法外加刑并非守成之君所用常法。

可惜，朱由检仅学到了朱元璋对大臣的严苛，却没学到他对百姓的惦念。朱元璋在位时，常惦记百姓生活很苦，知道他们全家大大小小要穿衣吃饭，根本没有闲钱。等到他的不肖子孙朱由检做了皇帝，只会几次三番地嘴上说苦了我民，加征加派起来却毫不手软。先后增赋一千六百多万两，远超正赋，百姓穷极无路，除了逃亡外，只有造反一条活路可走。

崇祯十六年五月，新任保定巡抚徐标进京觐见，向皇帝讲述途中见闻："臣自江淮来数千里，见城陷处固荡然一空，即有完城，亦仅余四壁城隍，物力已尽，蹂躏无余，蓬蒿满路，鸡犬无音，未遇一耕者，成何世界！"

这边大明君臣失尽人心，而李自成那边顺势兴起"仁义之师"，提出"不当差、不纳粮"的口号，救百姓于水火，自然人心归附如流。各地百姓纷纷赶走地方官，然后持香设酒地迎接李自成的队伍。

清军入关之后，革除大明加派的三饷，让百姓有了活路。百姓的生活一天天安定下来，才不会去斤斤计较皇帝到底是姓朱、姓李，还是姓爱新觉罗。

朱由检至死都没有悟透：大明是先失民心才失天下。他临死留言请求"勿伤百姓一人"，也不过是表面文章，他要是真早存恤民之心，大明何至亡于他手中。

亡国之君朱由检怨恨文武百官，实际上只是想再一次把脸面留给自己，推卸掉亡国的责任而已。

铁蹄声声，清军入关

崇祯十七年三月十九日清晨，几乎是崇祯皇帝自缢的同时，北京内城的各门也放弃了最后的抵抗，刘宗敏率大顺军浩浩荡荡地入城，全面接管这座都城。

北京城的上空阴云渐布，先是下起微微细雨，随后又飘起雪花。不知是悄无声息地为大明画上休止符，还是预示着大顺的转瞬即逝。

中午时分，李自成头戴毡笠，身着青衣，骑着黑马，在刘宗敏、牛金星、宋献策等大臣的簇拥下，无比威风得意地从德胜门进入京城，然后由承天门进入皇宫。

沿途的百姓家家户户摆设香案，贴张"大顺永昌皇帝万岁万万岁"的标语，李自成看在眼里，感到前所未有的满足。他曾经立志要闯出一片自己的天地，如今建立大顺，推翻大明，拥戴自己的"顺民"遍布天下，可谓人生圆满，再无他求。

走进皇极殿，坐上天子宝座，李自成突然感到一丝不安，随即下令搜寻崇祯皇帝，通告全城："献出崇祯皇帝者，封爵赏金；隐匿者族诛。"

当天，明太子朱慈烺、定王朱慈炯、永王朱慈炤被找到。三天后，崇祯皇帝的尸身被人发现，李自成悬着的一颗心终于放下。

作为胜利者，李自成对"国君死社稷"的崇祯皇帝非常同情，也认同他遗诏中被诸臣所误的说法，所以他决定厚葬这位前朝皇帝并善待他的儿子们。

李自成命人把崇祯皇帝和周皇后重新装殓，停放于东华门供明朝官吏凭吊。可悲的是，前往拜祭之人寥寥无几，大顺的君臣更普遍觉得明朝遗臣无情无义，对待他们十分残暴。

大学士魏藻德见到李自成时说："新进三载，叨任宰相，明主不听臣言，致今日之祸。"李自成讥讽说："你既新进，即负特宠，当以死报国，为何如此苟安偷生？"

大顺君臣以为"卿相所有，非盗上则剥下"，都是赃物，所以进京后不遗余力地对明朝的官僚勋旧行进追赃助饷。

大顺政权没有把追赃助饷的范围局限在宗室、勋戚等有限的少数人，而是规定所有的在京官员一律按官职纳银助饷。助饷的标准为内阁大学士十万，部院、京堂、锦衣卫长官七万或五万、三万，科道、吏部官员五万、三万，翰林院官三万、两万、一万，部属以下则各以千计。勋戚之家数目不定，直到人财两空为止。

凡抗拒不纳或纳银不够数量者，均用夹棍刑逼。为此，刘宗敏特地派人赶制了五千副夹棍。夹棍以钉相连，用来夹人，无不骨碎。夹棍之下，大明的勋戚官绅哀号不断，数不尽的金银流入大顺的国库。

胜利的果实让大顺举朝上下都比较亢奋，他们盲目地认为清军短期内不会南下，山海关、江南等地招降便可，统一全国易如反掌。那时，无人考虑下一步的军事部署，而把所有的精力都用于筹备李自成的登基大典。

整个京城笼罩在一团喜气之下，大顺的官员都忙于劝进和演习登基礼仪，就连时不时传来的夹棍下的哀号，也像是在为新朝增添热烈的气氛。

可实际上，喜气洋洋之下，大顺危机四伏。

大顺接管北京之后，对明朝官员疑心很重，录用的大多是四品以下的低级官员，四品以上者一概不用。其实，这些被弃用的人中不乏对时局有清醒认识的人才，大顺对他们不能收归己用，再加追赃助饷打击过猛，反将这些人纷纷推向大清或南明，为他人做了嫁衣。

再者，大顺建立之后，号称拥有百万兵马，但平定西北后，留下了不少兵将驻守要冲之地，东征沿途又一路在山西、河南、湖广、畿辅、山东等地分兵防守，等到北京时仅剩十万人马。这点兵力应付无心作战的明军绰绰有余，但若是对抗清军，防守力量则严重不足。

结果谁都没想到，危机爆发得如此之快。

三月初，吴三桂奉崇祯皇帝之命入关勤王，等到山海关时，得知大势已去，举棋不定之际，李自成派唐通带本部八千人马前去招降。当时，吴三桂与麾下各将领的家属都在北京，众人都决议投降。随后，唐通接管山海关，吴三桂率部入京朝见。

吴三桂到达玉田时，听说他的父亲吴襄被拘捕追赃，家产尽数被抄没，爱妾陈圆圆也被掳走，随即怒发冲冠，率部折返，突袭唐通，很快重新占据了山海关。

消息传回京城，李自成决定推迟登基大典，亲自率兵征讨。

四月十三日，李自成留下一万老弱士卒镇守北京，自己与刘宗敏等人率不到十万大顺军出征。出行的队伍还带上了崇祯皇帝的三个儿子和吴三桂的父亲吴襄，以便阵前利用君亲之义再次招降吴三桂。

那时，宁远、山海关两镇合兵共有五万兵马，吴三桂自知难敌大顺军，遂向清廷求助。他说帝后罹难，自己食君之禄，不能坐视不理，请求清廷念亡国孤臣之忠义而速选精兵入中协、西协，自己则亲率所部，合兵以抵都门，然后"灭流寇于宫廷，示大义于中国"。吴三桂开出的条件是"裂地以酬"。

多年以来，清廷一直致力于斫削明朝这棵大树，然后寻机取而代之。大顺起兵东征京师之时，谋士范文程分析大明覆亡在即，建议清廷将打击目标指向大顺军。多尔衮听其建议，收整军队，准备趁大顺政权立足未稳攻取京城，夺占中原。

正当多尔衮整军待发之时，吴三桂的求援信送到军营，不但送来了冠冕堂皇的出兵理由，还提出合兵山海关共同出击，既免去了清军的后顾之忧，还省去了绕路入塞的麻烦。见信后，多尔衮立即率八万大军向山海关行进，同时回复吴三桂，以晋封藩王为条件劝其归降，那样既报国仇，又可保全身家。

李自成在行军的路上也派人再次招降吴三桂。吴三桂要李自成归还明太子，而李自成坚决不许。信使往返期间，李自成放缓了行军速度，直到四月二十日才到达山海关西侧的石河一带。

有人可能奇怪吴三桂为何只要明太子，而弃其父于敌营不顾呢？原因很简单，明太子在政治上超乎寻常的意义是年迈的父亲吴襄所无法比拟的。如果掌控了太子，驱逐大顺军后可立即拥戴太子即位恢复大明，那么吴三桂将建立不世之功，享尽人间权势地位的同时，还可以留下千载美名。

所以，得不到明太子，吴三桂就没什么可顾忌了。至于他的父亲，吴三桂在《绝父书》中大义凛然地表示："父既不能为忠臣，儿亦安能为孝子乎？儿与父决，请自今日，父不早图，贼虽置父鼎俎之旁以诱，三桂不顾也。"

拥立明太子的如意算盘打不成，吴三桂派人到清营表示接受多尔衮开出的条件，向清廷投降。多尔衮随即命人星夜兼程，赶到山海关外的欢喜岭驻营。

四月二十一日，李自成率军攻打山海关。

李自成的大军士气高昂，攻势一波强似一波，吴三桂的士兵据关拼命死守，而关外不远的多尔衮按兵不动。

激战进行了一天一夜，眼见要支撑不住，吴三桂带人前去清营亲见多尔衮，表示立即剃发称臣，请求其出兵相救。多尔衮这才答应清军分三路从南水门、北水门、关中门入关作战。

四月二十二日，多尔衮命吴三桂率部为前锋率先出战，约定清军随后出击。

吴三桂率全军精锐弃关出战，很快就被大顺军重重包围。边兵勇猛，无不以一当十，但大顺军在数量上占有绝对的优势，包围圈被撕开缺口立即再度围上，吴三桂数次突围均未成功。

日暮时分，多尔衮见吴三桂与李自成两败俱伤，战场又忽然刮起大风，飞沙走石，一片混乱，才让清军趁势杀出。大顺军鏖战多时疲惫不堪，而清军以逸待劳，胜负立分。这时，又有人看清杀入阵地的军士留有发辫，大声惊呼："清军来了！"惊恐之下，大顺军一溃难收，数万将士被杀，刘宗敏也负了伤，李自成只好下令撤军。

战后，李自成收拾残军退往北京，走到永平时，下令杀死吴襄，返京后又将吴三桂一家三十余口悉数处决。吴三桂全家罹难，而他自己却被大清的摄政王多尔衮如约晋封为平西王。

四月二十六日，李自成回到北京，见京城内的各部势力蠢蠢欲动，决定放弃京城撤回西安。临走前，李自成在武英殿举行了盛大的登基典礼，以示正统。大典当晚，李自成命人放火焚烧明朝的皇宫和九门城楼后，带着大量收缴的金银离开北京。

五月二日，大清不费吹灰之力就占领了无主的京城，开始着手统一全国。

为了笼络人心，多尔衮入城当日就宣布清军此行是为消灭农民军，替明朝报君父之仇。后来，清廷还追谥崇祯皇帝为怀宗，特意下令官民为其服丧三日。

随后，多尔衮发布公告让所有的明朝在京官员以原官与满官一同办事，下令将农民军夺占的田产归还本主，废除明朝加征的辽饷、剿饷和练饷。这一系列公告获得官民士绅各个阶层的欢迎，清廷很快就在畿辅地区站稳了脚跟。

李自成率军一路撤离，清军紧随其后追击不舍，大顺军损失惨重。另外，大顺政权在各地的追赃助饷活动波及过广，逼得大量已经投降的官绅纷纷发动叛乱，让山东、河北、晋北、豫东的大片土地轻易地划归清廷治下。

六月，李自成返回西安后，全面停止追赃助饷，改为按田亩征收赋税。广大农民满心期盼的"均田免粮"，李自成的大顺政权终究还是没有做到。

第二年正月，在清军的逼迫下，李自成又放弃了西安，转入湖广。四月，在江西九江附近，大顺军的老营被清军攻破，刘宗敏被杀，宋献策投降。五月，李自成在湖北九宫山区被地主武装袭击杀害。

李自成戎马半生，经历了无数次起起落落，光荣地完成了从驿卒到帝王的逆袭，亲手终结了气数已尽的大明，但最终还是没有迎来属于自己的时代。

那时，李自成的死甚至都有些无足轻重，因为早在上一年的十月，大清便把自己的皇帝迎入了北京的紫禁城。对大清的统治者来说，要管辖如此广袤的疆土，他们还有许多重要的事情要做。

明明灭灭的复国火焰

崇祯十七年的春季，北方战乱，通信阻断，京城被攻破，崇祯皇帝殉国的消息直到四月才传到陪都南京。

那时，淮河以南的大部分区域还在明朝的掌控之中，南京还有一整套的中央官制，只要拥立一位皇帝，立刻便可重建明朝政权，统治南方的半壁江山。所以，南京的大臣们来不及为崇祯皇帝悲恸，连忙投入到择立新君的激烈斗争之中。

由于崇祯皇帝的三个儿子下落不明，只好从藩王中选择继位人选。大臣们属意的藩王有两位，即福王朱由崧和潞王朱常涝。

朱由崧是已故福王朱常洵之子，明神宗之孙，从血缘关系上论，与崇祯皇帝最近，是公认的第一顺位继承人，支持者众多，其中以凤庐总督马士英，总兵黄得功、刘良佐、刘泽清、高杰为首。

朱常涝是明神宗之侄，血缘上与崇祯皇帝稍远，但素有贤明能干的名声，也获得了不少南京文武官员的支持，他们的代表是南京兵部尚书史可法、户部尚书高弘图、兵部侍郎吕大器、右都御史张慎言、詹事府詹事姜曰广。

当年正是因东林党人百般阻挠，老福王朱常洵才没被立为太子，史可法等人身上东林色彩浓重，担心朱由崧一旦被立为新君，重算旧账，会让他们丢权失势。所以，他们说朱由崧做藩王期间有贪、淫、酗酒、不孝、虐下、不读书、干预有司等劣行，是为"七不可立"，不是理想的帝王人选，试图以此来争取马士英。

然而，马士英着急获得"定策拥立"之功，与四位总兵一起发兵迎朱由崧至南京。史可法等人见大局已定，只好同意共同拥立朱由崧为帝。

五月，朱由崧在南京先任监国，随后正式称帝，定年号为弘光。由此，成立了南明的第一个政权，史称"弘光政权"。

弘光政权成立后，立即为崇祯皇帝议上庙谥，尊其为思宗烈皇帝，以表示对其殉国的悼念。后来，有人提出"思"曾是蜀汉后主刘禅的谥号，所以又改谥崇祯皇帝为毅宗正皇帝。再加上后面隆武政权追谥的威宗烈皇帝，朱由检这个亡国之君反成了明朝诸帝中得到庙号、谥号最多的一位。

弘光政权成立之初内部就矛盾重重，强敌环伺并没有让各派势力紧密团结、一致对外，他们为了争权夺利反将党派纷争愈演愈烈。

最初，史可法以东阁大学士兼兵部尚书之职出任内阁首辅，高弘图、姜日广、马士英、王铎也相继入阁办事。但是，马士英自恃拥立之功，不甘屈居人下，就把史可法之前说过的"七不可立"报告给皇帝。史可法惶恐不安，只好自请督师江北，离开南京。马士英如愿成为内阁首辅，掌控朝廷大权。

马士英掌权后，引荐阮大铖出任兵部右侍郎，不久又晋升其为兵部尚书。二人联手排除异己，重刻《三朝要典》，恢复东厂缉事，高弘图、姜日广以及刘宗周、黄道周等名流均被排挤出朝堂。

朱由崧也的确不是合格的君王，因读书少，无法亲裁奏章，高弘图等人相继离开后，便将朝政全权交给马士英处理，从此躲在后宫听曲享乐，不问政事。因此，马士英等人就更加为所欲为，任人唯亲，卖官鬻爵。民间有诗嘲讽弘光朝廷说："都督多似狗，职方满街走，相公只爱钱，皇帝但吃酒。"

弘光政权君臣上下昏庸腐朽，丝毫没有进取之心，将国策定为"联虏平寇"，幻想借助清军的力量消灭农民军，然后与清朝分疆而治，偏安一隅即可。

其实，李自成撤离北京返往西安期间，大量官绅在畿南、山东、河南等地发动反对大顺的叛乱，清军既要守卫京城又要追击李自成，兵力有限，根本难以兼顾这些地区。那时，弘光政权手握数十万大军，只要发兵北征便可轻而易举地收复失地。但是，按照偏安固守的国策，朱由崧君臣弃失地而不收，只顾布防江北四镇，加固江淮防线以防大顺军南下。

六月，弘光政权还一厢情愿地派出使团去北京与清廷和谈。兵部右侍郎左懋第、太仆寺少卿马绍愉、总兵陈洪范三位特使带白银十万两、黄金一千两、绸缎一万匹酬谢清廷出兵剿贼，并开出割让山海关外土地、每年赐岁币十万两的条件约其合兵征讨李自成。同时，三位使臣还带去了晋封吴三桂为蓟国公的敕书和犒赏银一万两。

清廷不费一兵一卒就获得了畿南、山东、河南等大片无主之地，知道弘光君臣不图进取、软弱可欺，便无意和谈。十月底，清廷将三位使臣押送南返，不承认弘光政权的合法地位。

和谈失败后，弘光政权内不少人提出应以防御清军为要务，但马士英不予理睬，他把全部精力都放在了对付手握重兵的左良玉身上。

于左良玉有知遇之恩的侯恂曾是东林党人，因而不少在弘光朝失意的东林人都聚集在左良玉的营中，马士英气愤不已，处处为难左良玉，还找借口裁撤其军饷。

弘光元年（1645）三月，左良玉忍无可忍，打出"清君侧"的旗号，率大军进逼南京。行至九江，左良玉病死，其子左梦庚继续带兵顺长江而下。马士英惊惧，急调江北各镇兵马抵御。

四月初，多铎率清军南下，攻占归德，淮南告急。史可法指出左军不过欲除君侧之奸，不会与朝廷为难，但清军一到，宗社可忧，请求朝廷增派兵马抵御清军。结果，无人理会。

四月十八日，多铎进逼扬州城下，扬州城危在旦夕。

朱由崧急召群臣，商议对策。大理寺卿姚思孝等人认为应即刻派兵增援，朱由崧也同意说："左良玉是不该以兵逼南京，但看他的意思不曾反叛，如今还该守淮、扬。"

马士英急得大骂姚思孝等："你们这些东林党人，借口防清军，实际是纵容左良玉入犯。清军到了还可以议和，若是左良玉这逆贼到了，你们这些人可做高官，而我们君臣却只有赴死了。"

接着又对弘光皇帝说："我们君臣宁可死于清，也不可死于左良玉之手。"

就这样，马士英力排众议，弃淮、扬不顾而专防左良玉。

四月二十五日，扬州城破，史可法被俘杀。清军愤恨扬州军民固守城池，破城后屠城十日，杀人数十万。昔日繁华富庶的扬州变成一座空城。

在清军的杀威下，江北守军纷纷投降。五月九日，清军占领镇江。十日凌晨，朱由崧、马士英仓皇逃离南京。路上，他们君臣走散了，朱由崧逃到芜湖黄得功的军营中，马士英护送皇太后逃到杭州。

五月十五日，清军兵不血刃地占领南京，忻城伯赵之龙、魏国公徐允爵、大学士王铎、礼部尚书钱谦益等跪迎多铎大军。

五月二十二日，黄得功手下的总兵田雄叛变，谋杀黄得功后，将弘光皇帝朱由崧交给清军。为期一年的弘光政权就此覆亡，它曾经拥有的数十万大军大部归降清廷，成为扫荡明朝残余力量的主力。

六月，马士英在杭州拥立潞王朱常淓监国，随着清军向浙江挺进，朱常淓当月便率群臣投降。

大顺政权和弘光政权相继烟消云散，清廷掌控了长江以北及江南大部分地区，开始加速以武力统一全国，并花大力气树立大清正统的形象。

在进军的途中，清军稍遇抵抗就高举屠刀，继"扬州十日"后又上演了"嘉定三屠"，在无锡、宜兴、常熟、湖州、绍兴等地进行了一系列惨绝人寰的屠杀。

此外，清廷在全国范围内推行"剃发令"，强迫汉人按满人的风俗剃发易服，如有不从，就以军法从事，即所谓的"留头不留发，留发不留头"。

清军的嗜杀，引起了广大汉族人民的强烈反抗，各地抗清的义旗高举，明朝残余势力复国的焰火也不断在南方燃起。

弘光政权覆灭后，当年的闰六月，鲁王朱以海在绍兴被拥立监国，成立鲁监国政权；七月，唐王朱聿键被拥立在福州即皇帝位，成立隆武政权。

朱以海获得原明朝驻守浙江的总兵方国安、王之仁的支持，浙东抗清义师也来归附，最初抗清颇有胜绩。但是，朱以海无力协调各支队伍的关系，又忙于与隆武政权争正统地位，使得人心不稳，无法有力地阻挡清军攻势。鲁监国政权成立不到一年，绍兴就被清军占领，朱以海则逃亡海上。

朱聿键是南明各政权中少有的颇有作为的君主。

崇祯九年，朱聿键曾率护卫北上勤王，因擅离藩地而获罪被囚凤阳，后来在弘光政权时期遇特赦，徙驻广西。朱聿键走到杭州时，被原镇江总兵郑鸿逵等人护送入闽，在南安伯郑芝龙、礼部尚书黄道周以及福建巡抚张肯堂等的拥戴下即帝位。

即皇帝位后，朱聿键以中兴明朝为己任，立即着手筹划抗清复明。但是，军政大权都被手握数十万重兵的郑芝龙掌握，而郑芝龙只想保住自己在福建的地位，所以多次阻挠出兵抗清作战。

首辅黄道周见郑芝龙无意抗清，自请带兵出征。郑芝龙不发精兵，还断绝其粮饷，使黄道周兵败，被清军俘杀。

湖广总督何腾蛟与巡抚堵胤锡联合大顺军余部在湖广地区共同抗清。严峻的抗清形势让朱聿键放下对农民军的成见，封李自成夫人高氏为贞义夫人，还把李自成之侄李锦、妻弟高一功等一一封侯。随即，又晋升何腾蛟为东阁大学士兼兵部尚书，封定兴伯督师湖广，总辖荆襄十三家对清作战。这支人马成为南明抗清的主力，取得过不少胜利。

清军灭鲁监国政权后，兵分两路进攻福建。朱聿键准备接受何腾蛟的建议亲征江西、湖广，而郑芝龙却暗中降清，撤仙霞岭防守，使清军轻易进入福建，一路占据赣州、泉州、福州。朱聿键得知仙霞岭失守后出逃，在汀州被清军追上杀害。

隆武政权之后，同年十一月，朱聿键之弟在广州被拥立称帝，年号绍武。不久，广州被清军攻克，绍武政权在历史上如昙花一现般仅存在一个多月。

几乎与绍武政权建立的同时，桂王朱由榔在桂林被拥立为帝，建元永历。永历政权成立之初就处于颠沛流离之中，在抗清将领何腾蛟、瞿式耜、堵胤锡、郑成功等人的支持下，才得以勉强维持。

同所有的南明政权一样，永历政权内部的各派势力也矛盾重重，抗清曾取得一定成果，但胜利的局面很难保持。十几年后，各派势力相继被清军歼灭，逃亡缅甸的朱由榔被缅甸国王送回，南明最后一个政权也不复存在。

再往后，各地时不时还会有人打出"反清复明"的口号，但明朝宗室早被屠戮殆尽，再也建立不起任何复国的政权。

历史的巨轮隆隆而过，彻底地翻过了大明这一页，继续前行。

附

录

田贵妃小传

在明代，贵族男子往往都是妻妾成群，还是信王的朱由检自然也不例外。新婚后不久，朱由检又在兄嫂的张罗下娶了两位次妃进府，一位是田氏，一位是袁氏。其中田氏格外受朱由检喜爱，等朱由检成为皇帝后，她先是被册封为礼妃，很快又被晋封为贵妃。

明代王室选妃向来不重姿色，田贵妃的容貌也并不出众，但她自小养在扬州，其父田弘遇遍请江南名师相教，等她长大竟出落得别具一番娴雅的气质，让人过目难忘。田贵妃性格沉静，平时并不多言，但她的才艺常让人为之惊艳，不但琴棋书画无所不精，蹴鞠骑射也无所不能，正所谓"静若处子、动若脱兔"。

据说田贵妃的书法宗法钟繇、王羲之，入宫后又得见禁本，遂臻能品之境，凡有书画卷轴，崇祯皇帝都让田贵妃来题签。此外，田贵妃尤其擅长画花卉，她所画的《群芳图》共有花卉二十四种，合为一册，被崇祯皇帝置于案头，时常展赏。明亡后，图册散落民间，有蒋氏得到其中的两页，一为海棠，一为芙蓉，幽逸冷艳，皎然独绝。

棋艺方面，崇祯皇帝向来比较自负，但每次与田贵妃对弈却只能小胜一两子。崇祯皇帝得意地以为自己棋艺更高，殊不知这还是田贵妃有意谦让的结果。每次都能把握得如此恰到好处，只能说田贵妃的棋艺胜崇祯皇帝不止一筹。

崇祯皇帝钟爱音律，田贵妃更是精通此道。田贵妃吹奏的笛曲被崇祯皇帝赞为有"裂石穿云"的效果。崇祯皇帝喜欢琴曲的古雅，还曾亲自作过五首琴曲，空闲时听田贵妃演奏。

与田贵妃的多才多艺相比，周皇后显得有些古板。有一次，为周皇后的不通音律，崇祯皇帝言语间流露出深深的遗憾。结果，周皇后立时醋意大起，反问道："妾出身儒家，只知蚕织之乐，不知田贵妃是从何处学会弹琴的？"经周皇后一说，崇祯皇帝也起了疑心，清白人家的女儿哪有几个让去学弹琴鼓瑟的呢？满腹狐疑的崇祯皇帝立刻找田贵妃来诘问，田贵妃答说琴艺是由继母亲授。不久，崇祯皇帝召田贵妃的继母入宫，当众演奏一曲，才解开了心中的疑惑。

田弘遇曾任扬州千总，级别虽然不高，却足够让女儿从小学习骑射，再加上田贵妃颇有些天赋，她的骑射功夫竟相当了得。崇祯皇帝校场阅兵时曾让田贵妃一展其技，只见她不但能单足立于马镫，还可在马背上挽弓引箭，百发百中。在场的锦衣卫都禁不住连声喝彩，感叹"若田贵妃驰骋疆场，定然能够巾帼不让须眉"。

吴梅村在《永和宫词》中曾赋诗赞田贵妃说：

雅步纤腰初召入，钿合金钗定情日。
丰容盛鬋固无双，蹴鞠弹棋复第一
上林花鸟写生绡，禁本钟王点素毫。
杨柳风微春试马，梧桐露冷暮吹箫。

田贵妃如此文武全才，称得上百年难遇的有趣灵魂，难怪深得崇祯皇帝喜爱。为崇祯皇帝诞育子女最多的是周皇后，她育有三子二女，其次就是田贵妃，共育有四位皇子，足见圣宠之隆。

虽然有皇帝的百般宠爱，但田贵妃的宫廷生活也并非一帆风顺。

皇帝的宠爱难免引来其他后妃的嫉妒，就连一向宽容的周皇后也不免吃醋，然后找借口难为田贵妃。有一年新春正旦，田贵妃依礼到坤宁宫拜贺，而周皇后却故意让田贵妃在寒冷的殿外站了许久才召她入殿。拜贺过后，周皇后对田贵妃的态度也十分冷淡。可等袁妃来拜贺的时候，周皇后不但立即召她入殿，还与她相谈甚欢。

田贵妃跑到崇祯皇帝面前诉说自己受到的委屈，崇祯皇帝也认为周皇后做得有些过分，但他更看重地位和名分，觉得每个人都要恪守自己的本分，所以还是告诫田贵妃不得在背后说皇后的过错。

作为父亲，田弘遇栽培了女儿，也因女而贵，一路被提升到左都督，可他也没少给女儿添麻烦。仗着女儿在宫中得宠，田弘遇搬到京城后十分骄横霸道，多行不法之事，不少御史都上疏弹劾他。田贵妃为父求情，惹得崇祯皇帝很恼火，对她说："祖宗之法，不可因私情而废。"崇祯皇帝责罚了田弘遇，同时还把田贵妃由承乾宫贬入启祥宫，令其反省。后来，周皇后见崇祯皇帝三个月未见田贵妃，脾气大坏，只好主动将田贵妃接回原宫居住。

这些小插曲并没有影响崇祯皇帝对田贵妃的感情，崇祯十四年的时候，又封田贵妃为皇贵妃。皇贵妃在名分上仅次于皇后，是后宫很少有人能获得的殊荣。但天妒佳人，名分也没给田贵妃带来好运气，她生的皇子中除了永王朱慈炤之外，其他的三位竟接连夭折。

连续失去三个儿子，对任何一位母亲来说都是难以承受的打击，田贵妃也是一样。由于过度思念儿子，田贵妃年纪轻轻就身患重疾，经宫中的御医多方调治，却始终不见成效。心急如焚的崇祯皇帝还亲自到宫中的各处庙宇虔诚地为她上香祈福，田贵妃的病势却日渐沉重了。

崇祯十五年七月，正当崇祯皇帝在别处上香之时，田贵妃却在承乾宫香消玉殒了。崇祯皇帝为错过爱妃的最后一面悔恨不已，再加上痛失良伴的悲苦，让他着实大病了一场。

按照惯例，崇祯皇帝为田贵妃辍朝三日，随后他强打着精神亲自为田贵妃处理身后事。首先，让礼部为田贵妃安排了格外隆重的丧礼，同时为她拟定了一个高贵华美的谥号，叫作"恭淑端惠静怀皇贵妃"。然后，命工部和内官监抓紧时间为田贵妃修建坟墓。

田贵妃的坟墓选在昌平的天寿山，虽然修建得很仓促，但按照皇贵妃的规格来看，墓圹和墓园都还算宽敞精致。崇祯皇帝看过后很满意，于崇祯十七年正月将田贵妃正式安葬。

通常，只有皇后才有与皇帝"生同衾、死同穴"的资格，但是，时局的变幻倒使田贵妃死后意外地实现了这个生前不敢想象的愿望。

一般来说，皇帝即位后就会开始营造自己的陵寝，但崇祯皇帝登基后的很长一段时间内都没有找到满意的风水宝地，所以修陵一事就被耽搁了下来。直到崇祯十四年，江西龙虎山的张天师进京后，才在蓟州附近为崇祯皇帝找了块理想的长眠之地，但经推算得等到崇祯十七年以后动工才吉利。就这样，崇祯皇帝生前一直没有修建自己的陵寝。

李自成入京后，为了安抚民心，要妥善地安葬前朝的皇帝与皇后。崇祯皇帝没有自己的陵寝，那么现成的田贵妃墓就不能浪费了。李自成命人将崇祯皇帝与周皇后安葬于田贵妃的墓中。墓圹中宽大的棺床足以安放三副棺木，生前关系并不融洽的帝、后、妃三人死后同居一穴，竟成了明朝历史上绝无仅有的特例。田贵妃的坟墓也因此被改叫作"思陵"。

田贵妃韶年早逝本来令人万分惋惜，可等国破家亡之后，明朝的遗臣再回想起她的早亡，感慨之余倒吟出了"幸免玉环逢丧乱，不须铜雀怨兴亡"的诗句。诗中庆幸田贵妃不必像唐朝的杨贵妃那样死于丧乱，也不必像曹魏的末世后妃那样成为亡国姬妾。再者，比起城破时仓促自尽的周皇后，田贵妃毕竟算是寿终正寝，如此说来也未尝不是一件幸事。

真假明太子

崇祯二年的二月初四，周皇后生下了崇祯皇帝的第一个孩子——朱慈烺。大明皇室已经连续几代不曾有中宫诞育的皇子，所以嫡长子朱慈烺的出生让崇祯皇帝十分振奋，下诏称："中闱开冢嫡之先，万国惬元良之祝。"仅过了一年，这位嫡长子就被立为太子。

崇祯十七年，北京城破之际，崇祯皇帝决意殉国，却还想放仅存于世的三个儿子一条生路。于是，他让太子朱慈烺、皇三子定王朱慈炯和皇四子永王朱慈炤换上普通百姓的旧衣服，然后随着仓皇出逃的太监一起出宫，去成国公朱纯臣家暂避。

从小锦衣玉食，朱慈烺和两个弟弟毫无宫外的生存经验，不等到朱纯臣家，就被入城的大顺军找到了。

朱慈烺被带到李自成面前，众人高喝道："跪！"朱慈烺一脸怒容，仅施了一个长揖，说："我怎能拜你？"

李自成见朱慈烺虽年不及弱冠，但风采气度却远非一般富贵人家的公子所能比拟，心生感慨：到底是龙子。所以，李自成并没有逼迫他，只是向他询问崇祯皇帝的下落。

朱慈烺答："已然崩逝于宫中。"

李自成再问："你们朱家何以失天下？"

朱慈烺答："我怎么会知道！这话应该问文武百官。"

李自成听闻哈哈大笑，朱慈烺说："不必多言，何不速杀我？"

李自成反问："你无罪，我又怎会妄杀？"

朱慈烺说："既如此，请不要杀戮我百姓，不要惊扰我祖宗陵寝，速以礼葬我父皇、母后。"

李自成微笑不语，把朱慈烺兄弟三人交由刘宗敏看管。不久，李自成封朱慈烺为宋王，改封定王和永王两兄弟为公爵。

在政治上，厚待朱慈烺三兄弟对安抚民心、招降明朝官员是有重要作用的。后来，出京对付吴三桂的时候，李自成就把三兄弟带在队伍中，企图利用他们招降吴三桂。等到吴三桂联合清军击败李自成后，李自成杀了吴三桂的父亲吴襄泄恨，却始终没有伤害他们兄弟三人。

只是兵败后，大顺军的队伍散乱，也顾不上严密看管，朱慈烺兄弟三人竟不知所终。很多人都以为朱慈烺已死于乱军之中，南明的弘光政权追谥他为献愍太子，鲁监国政权追谥他为悼皇帝。

不过，清军入关后没多久，就闹出了一南一北两个太子案。

所谓的北太子，即传说朱慈烺从大顺军中逃脱后又辗转回到了北京。他听说外祖父周奎一家都还平安无事，妹妹长平公主被父皇砍伤后也没有死，就养在周奎家。他还听说清廷为他父皇议上了庙号谥号，还补行了哭临礼。这些信息让朱慈烺误以为清廷不会难为他，所以他不再隐瞒身份，而是投奔到外祖父周奎家。

周奎和他的儿子周绎见到朱慈烺惶恐不已，赶紧将他藏匿府中，希望不要走漏风声。朱慈烺见到了在周府养伤的长平公主，兄妹失散大半年，再次相见都百感交集，二人抱头痛哭。

尽管周家百般小心，但明太子投奔到府中的消息还是不胫而走。周奎父子怕引来祸事，坐立不安。他们再三商议后，还是决定不顾亲情而以避祸为要，于是由周绎出面驱逐朱慈烺离府。

朱慈烺气愤之极，大骂周家不顾君臣大义、骨肉亲情，周绎竟动手将他推搡出周府门外。可动静闹得太大，不但惊动了周边邻居，还被巡街的衙役知晓。事已至此，周奎只好向清廷报告明太子现身一事。

消息一出，引起了不小的轰动。不少入仕清朝的汉族官员都希望现身的是真太子，希望清朝能善待他，让殉国的崇祯皇帝还有一丝血脉存世。吏部侍郎沈惟炳上疏宽慰清朝的统治者，说清朝已经对前明表示出了宽仁的态度，入关建朝是替崇祯皇帝除凶伐暴，没有必要猜忌崇祯皇帝的儿子。

但是，摄政王多尔衮却不这么认为。那时，弘光政权在南方摆出一副正统的姿态，号召力不容小觑，如果北方再出现一个名正言顺的明太子，那么清朝统一全国将更是难上加难。不过，多尔衮也不想让清朝留下个不宽仁的骂名，于是就想出了"证伪"的好办法，即命人将朱慈烺关押起来，然后派明太子的身边人指认他是假太子。

最先派去的是明太子的亲属。周奎和周绎父子洞悉清廷的想法后，一口咬定太子是假的，但长平公主却在一旁说是真的。周奎气极，竟伸手打了长平公主一个耳光，打得她哭哭啼啼，不敢再说一句。

随后被派去的是原来宫中的太子亲随太监，有些人唯唯诺诺不敢指认，但也有人坚持说太子是真的。那些说太子是真的太监随即就被以各种理由处死。

清廷的态度如此明显，其余的人自然不敢随意讲话。就连曾教过太子读书的原内阁大臣谢升也迫于压力说太子是伪冒的。朱慈烺问他讲书时曾说过之事可还记得，谢升窘然不语，一揖而退。

不少汉族官员对清廷指鹿为马的做法非常愤慨，接连上疏争辩，民间也有人打着营救明太子的旗号抗击清廷。清廷见状更是毫不犹豫地清理和镇压，等处决掉最后一批坚持太子为真的官员士绅后，草草地将"伪太子"处死结案。

朱慈烺逃过了几次兵难，最终还是难逃一死，更可悲的是还死于冒充前朝太子的罪名。

北太子案算是告一段落，可很快南京就又冒出了一位"太子"。

南京鸿胪寺少卿高梦箕的仆人穆虎从北方南下时，路遇一少年，自称是明太子。穆虎不敢怠慢，一路将少年带到南京，高梦箕立即将此事上报南明的弘光朝廷。

弘光政权毕竟还是朱家的政权，对此相当重视，即刻派原总督京营太监卢九德前去辨认。

卢九德来到少年的临时居所，上前正视少年良久，却怎么也无法把眼前的少年与昔日的东宫太子对上号。正在卢九德迟疑之时，那少年突然怒说："卢九德，你见我怎不叩头？"吓得卢九德不由自主跪下叩头，连声请罪。

那少年又说："不过一年未见，你竟肥胖至此，可见在南京很受用。"卢九德又叩头说："小爷保重。"说罢，连忙战栗着退了出来。

卢九德回宫汇报说辨认不清，但不少人都深信少年即真太子。弘光皇帝朱由崧更为慎重地接少年入宫，随即组织九卿科道官员再次进行辨认。朱由崧对群臣说："若真是先帝之子，即朕之子，当抚养优恤，不令失所。"

参与辨认的官员中不少人都见过真太子，其中大学士王铎还曾担任过太子的讲官三年，自然对太子十分熟悉。结果，王铎一见少年，就知他是伪冒的。为了服众，王铎又问："昔日讲书在何殿？"

少年答："文华殿。"

其实，当年太子讲书的地方是端敬殿，由此更确信眼前的少年并非太子。当即，王铎大喝："假！"锦衣卫遂绑缚少年，详加审问。不久，就审问出那少年实际是驸马王昺的侄孙王之明，因时局变幻，太子下落不明，才想借用太子之名谋求富贵。

朱由崧为了防止民间再生误会，将此案结论刊行天下。但是，弘光政府行事不得人心，此案结论一发布竟被看成是"此地无银三白银"的辩白，不少官民都相信朱由崧是贪图皇权才故意说太子是假。左良玉起兵清君侧的时候，也打出了要救嗣主的旗号。

但是，不论此案闹得如何沸沸扬扬，朱由崧君臣都没有时间解释了。结案不到两个月，清廷就占领了南京，弘光政权随之结束，王之明作为俘虏不久后被杀。

南北太子案中，两个"太子"死于非命。有人说清廷是把真太子当假太子杀，而南明官民又把假太子当真太子用。其实，大明已亡，只要顶着亡国太子的名号，不管是真是假，恐怕都逃不脱惨死的厄运。

真太子要想活命，放弃太子的身份恐怕才是唯一的出路。所以，关于明太子朱慈烺的下落，还有人说他既没回北京，也没去南京，而是躲到了老君山，隐姓埋名成了道士。

总之，朱慈烺比不得他的父亲，连个施展的机会都没有，唯一能让后人关注的就是他扑朔迷离的下落问题。说到底，亡国太子身上的光芒终归还是比亡国之君的要暗淡许多。

朱三太子的旗号

清军入关后，随着胜利逐步扩大，渐渐开始暴露出征服者的凶残面目。

在统一全国的进程中，清军稍遇抵抗就高举屠刀，继"扬州十日"后又上演了"嘉定三屠"，还在无锡、宜兴、常熟、湖州、绍兴等地进行了一系列惨绝人寰的屠杀。

对已经征服的区域，清廷开始实施臭名昭著的三大恶政，即"圈地令""投充法"和"逃人法"。

圈地就是夺占土地以及地上的房屋和财产来设立皇庄，分配给宗室、官员以及八旗兵丁。圈地的范围从京畿逐步向外扩展，后来竟连山东济南、德州，江北徐州，山西太原、平阳等地都被划入圈地的范围。

圈地过后，失地的汉族农民无处耕作，而占有土地的满族贵族和八旗兵丁又不从事劳动生产活动，清廷就打着为汉民解决生计的幌子，下令让失地的汉民投入旗下充当奴役去耕种土地，即所谓"投充"。投充过后，不但本人沦为农奴，失去人身自由，子孙也要世代为奴。后来，满族贵族和八旗官兵不满足于仅是失地的汉民投充，他们借助权势强迫有地的汉民带地投充，最后甚至发展到"不论贫富，相率投充"的地步。

被逼投充的汉民，还有大量因战争被俘获充当奴仆的汉民，因忍受不了苛酷的奴役和虐待，纷纷选择逃亡。于是，清廷又制定了严禁奴仆逃亡的"逃人法"，还设立督捕衙门专职缉捕逃人。逃人的缉捕常常牵连甚广，贪官污吏又常借机陷害无辜以图财害命，给广大汉族百姓带来了巨大的灾难。

此外，清廷在全国范围内推行"剃发令"，强迫汉人按满人的风俗剃发易服，如有不从，就以军法从事，即所谓的"留头不留发，留发不留头"。此举也引起了汉族人民的强烈反抗。

清廷的残暴，让明朝遗民的亡国之痛变得更加刻骨铭心，他们对故国陷入了深深的怀念，就连曾经令人憎恨的亡国之君也逐渐变得完美起来。遗民们忘记了崇祯皇帝的诸多缺点，只记得他殉国的悲壮。文震孟的儿子文秉说崇祯皇帝身死殉国为"仁"，不争天命为"智"，临死留言"失江山，不敢终于正寝"为"礼"，逼后妃自尽为"义"。如此仁义礼智俱全的皇帝简直千古少有，所以当南明各个政权抗清失败后，崇祯皇帝被再次想起，思念故国的人们纷纷以拥立他后代的名义起兵对抗大清朝廷。

清初的南北太子案闹得沸沸扬扬，人们对明太子还存活于世都已不再抱任何希望，但定王和永王仍旧下落不明，所以打着他们旗号反清复明的人就大多以拥立"朱三太子"为名。据记载，在清初的顺治和康熙年间，各式各样的"朱三太子"案就有十几起。

在过去，皇子的名讳并不是什么人都能知道的，康熙十二年（1673）末的那起"朱三太子"案就是这样的情况。案中的杨起隆自称"朱三太子"，趁清廷集中力量平定云南吴三桂叛乱之时，率众在京起事，还秘密改元广德。尽管后来杨起隆事败逃脱，不知所终，但在他的影响下，之后的几年内，打着"朱三太子"旗号起事的格外频繁。康熙十六年（1677），漳州蔡寅以"朱三太子"的旗号，聚集"白头军"数万人起事，活动于南靖、长泰、同安等县山谷间。康熙十九年（1680），还有杨起隆的部下在陕西继续以"朱三太子"之名造反。

在诸多的"朱三太子"中，有一位看起来比较像真的。那就是康熙十八年（1679）安亲王岳乐在湖南抓获的一个和尚。经审讯，那和尚自称朱慈炯，十二岁遭难逃离京城，曾在河南为僧，后来浪迹江西、湖广等地多年。"三藩"之乱后，他不肯再隐姓埋名，联合白莲教的头目姚文明、戴必显等人招兵买马，说是准备讨伐吴三桂。

这位朱三太子不但把皇三子定王的名字说得一字不差，就连离京逃难的细节也说得十分准确。一个普通乡野间的和尚不可能知道这些确切的信息，所以这个朱三太子很可能真的是定王朱慈炯。结果，岳乐把他带回京后，康熙皇帝却说："当年朱慈炯年纪很小，必不能幸免于难，怎会活到今天？大约是假的。"如此便轻易地否定了朱慈炯的明室后裔身份，很快将他与姚文明、戴必显等一同以谋乱罪处斩。

其实，对清朝的统治者来说，朱三太子本人并不可怕，但"朱三太子"这个旗号所具备的感召力却让人寝食难安。所以，每有以此名义起事的，清廷都绝不姑息，宁肯错杀，不肯轻易使之漏网。除了被动等待之外，康熙皇帝还以要授职善待明室后裔的名义命人前往各地主动访察，以求斩尽杀绝。

康熙四十七年（1708），距大明覆亡已经六十余年，清廷终于访察到了永王朱慈炤的下落。

朱慈炤应该算是崇祯皇帝子女中最幸运的一个。当年李自成兵败撤离北京，他与哥哥定王失散后，被大顺军中的一个毛姓将军带着逃往河南。后来，毛将军自顾不暇又扔下他只身逃亡，年幼的朱慈炤便一个人流浪到先祖朱元璋的故乡安徽凤阳。在凤阳，他被一个姓王的前明给事中收留，从此改名叫王士元，倒过来念即"原是王"。那段时间，朱慈炤生活安定，也受到了良好的教育。

等王给事去世后，朱慈炤又离开凤阳，流落到江南，还一度削发为僧，在浙江余姚的一座古庙里安身。后来，一位姓胡的乡绅见他才华过人，便劝他蓄发还俗，还把女儿嫁给了他。从此，朱慈炤便在余姚安家，以教书为生。

几十年过去了，朱慈炤拥有了一个庞大的家庭，娶有一妻一妾，育有多个子女。在外面，朱慈炤很谨慎地隐瞒自己的身份，如被人聘到外地教书还常改名换姓，但在家中却难免向至亲透漏自己的高贵血统。他还按明代宗室家谱给儿子们起了典型的龙子凤孙的名字，以"和"字排辈，最后一字都为带有土部的怪字。这些举动逐渐引起人们的注意，浙东的一念和尚起义时便打着他的旗号。清廷镇压时，顺藤摸瓜便找到了这位隐藏了几十年的前朝皇子。

访察到了真正的明室后裔，康熙皇帝没有像他之前宣称的那样公开其身份，授予其职衔，而是用了清朝惯用的拒不承认的办法，以伪冒前朝皇子之罪将王士元全家杀害。

崇祯皇帝的儿子们被杀光了，但"朱三太子"已经化成了人们对故国思念的象征，在清初很长的一段时间内，都称得上是一面屹立不倒的大旗。

石斋先生黄道周

著名的明代地理学家徐弘祖曾对一个人推崇至极，他说："至人惟一石斋，其字画为馆阁第一，文章为国朝第一，人品为海宇第一，其学问直接周、孔，为古今第一。"这里提到的石斋指的就是明末鼎鼎有名的石斋先生黄道周。

黄道周生于福建漳浦，自幼兴趣广泛，聪颖好学，十几岁就被誉为"闽海才子"，二十出头就已著书立说。因黄道周自号石斋，所以世人均尊称其为石斋先生。如徐弘祖所说，黄道周不但书画双绝，还学贯古今，在史学、儒学、易学等多个领域都颇有建树。

书法上，黄道周尤其擅长楷书和行草，在远师钟、王的基础上大胆地另辟蹊径，被视为明代最有创造性的书法家之一。他的楷书被清代书法家王文治在《快雨堂题跋》中赞为"楷格遒媚，直逼钟王"，他的行草被后世书法家比喻为如急湍下流、被咽危石的奇景，笔意离奇超妙，令人叫绝。

绘画上，黄道周将自己儒道互补的艺术思想融入画作中，使人能够从中领略到耐人寻味的意趣。黄道周常以松自比，所以格外喜欢画松树。在他的笔下，松树坚韧挺拔、百折不挠的精神被体现得淋漓尽致。后人观黄道周画的松再联想到他的行事人品，不由得对他更加敬佩。马兆麟在《敬题黄石斋先生墨松画轴》中赞道："屈铁画沙腕下奇，宝光墨沉共淋漓。撑天直干无依傍，想见先生晚节时。"

史学上，黄道周主张"经史并重，以史证经"的方法论，除了参与编修《神宗实录》之外，还著有《广名将传》《烈皇召对记》《兴元纪略》《三事纪略》《潞王监国记》《逃雨道人舟中记》等多部史学著作。其中，《广名将传》选录了从吕尚、孙武、孙膑一直到岳飞、戚继光等历代名将一百七十余人，记述他们的生平事迹，对他们的功过得失加以评价，堪称黄道周的经世史学之作。

儒学上，黄道周继承了朱子的理学思想，不但在六经各个方面都有相关专著或论述，还针对晚明理学发展的困境和危机，主张调停朱陆、会通朱王来弥合理学的内部冲突。他认为朱陆两家学旨本同，都归于孔孟之道，提倡回归经典以重建儒学思想权威。他的主张对明末清初的经学复归运动起到了重要的推动作用。

以上各个方面，单拿出任何一点都足够名留后世，但这些还不足以代表黄道周的才学，他在易学上获得的成就才能真正地体现其毕生所学的精髓。

黄道周对易学的研究纵贯其一生，从青年的《畴象》《易本象》到中年的《三易洞玑》，再到晚年的《易象正》，都强调《易》、历与律三者合一。他认为以"象数"为中心，从"天道""人事"两个基本点出发，从而"推天道以明人事"，通彻儒家的"性命义理"，最终可以达到经世致用的"救世"效果。

黄道周在儒学尤其是在易学上的研究在当世就获得了广泛的认可，被誉为"盖世大儒"。

不过，满腹才学的黄道周在科举的道路上走得并不顺利。

最初，黄道周兴趣广泛，没有把主要精力放在科考上，直到十六岁从广东游学归来，被父亲责备不务科举正业，才开始研习应试的八股文章。二十三岁黄道周首次参加县试时，本应取为第一名，却因他的父亲在当年去世而不能登记学籍。后来，他还曾因为文章不合乎八股作文规定而落第过，也曾因为抨击时政而影响过中举名次。总之，经历了多次挫折之后，直到天启二年，已经三十八岁的黄道周才考中进士。随后，黄道周被改选为庶吉士，授职翰林院修撰，参与编修《神宗实录》。

学问上，黄道周可以兼容并蓄，但生性耿直的他对诸多朝堂上的生存"法宝"却万不能接受。在明末，要想在朝堂上生存得好，首先要懂得"媚上"，对上级尤其是对皇帝要学会曲意奉承；其次，要懂得明哲保身，不是逼不得已，凡事都不可强出头。可黄道周既不会刻意逢迎，也不会因惜身而置自己的信念于不顾，所以他的仕途之路充满了坎坷。

天启五年，黄道周充任经筵展书官。按照惯例，展书官需要跪着膝行向前为皇帝展开书卷，而黄道周认为这不符合古礼，所以展卷时起身而进。在旁的魏忠贤多次使眼色让他跪下，他却始终不为所动。为此，黄道周得罪了魏忠贤，很快被逼告假回乡。

崇祯二年，后金军入关围京，黄道周慨然离乡回京。第二年，阁臣钱龙锡被袁崇焕一案牵连，朝臣多不敢言，而黄道周却出于道义连上三疏为其辩解，还直言皇帝冤杀阁臣只会白白让国家受损。崇祯皇帝最终免除了钱龙锡的死刑而改为戍边，但气愤之下，仍将黄道周降职三级调用。不久，黄道周再次乞休回乡。

崇祯九年，黄道周以"清望"复官。这次黄道周的官运略有起色，在回京后的第二年被升迁至从五品的左谕德。可好运不长，黄道周上疏推辞又惹得崇祯皇帝很不高兴。疏中本来都是自责自谦之词，但不知是有意还是无意竟提到了"文章意气，坎坷磊落，不如钱谦益、郑鄤"。郑鄤是黄道周的好友，刚刚因杖母之事被责罚，黄道周此言就被看成了是对郑鄤的回护。

崇祯十一年，黄道周因反对杨嗣昌与清廷议和，在朝堂上与之争辩，又冒犯了崇祯皇帝。当时，黄道周已是正四品的詹事府少詹事，名列会推阁臣的名单却未被选用，所以崇祯皇帝以为他是因私害公，将他连降六级调任江西。

结果，江西巡抚解学龙因其才学兼备而又向皇帝极力举荐，崇祯皇帝因而疑心黄道周结党，命人把解学龙与黄道周一同押送进京，各廷杖八十，关入刑部大牢。在狱期间，黄道周完成了《易象正》。后来，经多方营救，黄道周以永戍广西酉阳获释出狱。

崇祯十五年，复出的周延儒向皇帝请求再用黄道周，黄道周以病辞谢复官，回到家乡漳浦，结庐先人墓侧，专心著述。

如果大明存续下去，黄道周的仕途可能就会以此为终点，然后在家乡专心治学，颐养天年。可现实是，他回乡仅两年，大明就覆亡了。痛哭故国后，黄道周再次出乡，以图恢复。

在南明的弘光朝廷，黄道周出任吏部侍郎，后又晋升礼部尚书，曾提出进取九策，可惜未被采用。很快，南京城破，弘光政权不复存在。黄道周又南下拥戴唐王建立隆武政权。

隆武帝以中兴为己任，黄道周也以首辅的身份力主北伐收复失地，但隆武朝手握重兵的郑芝龙却无意抗清。无奈之下，黄道周率门生子弟千余人请命出征。兵士不够，他就沿途招募；粮饷缺乏，他就一路募集；没有武器，他就命人以扁担、锄头代替。黄道周的决心和勇气打动了很多人，最后他募得九千义兵，明知必败也肯追随他赴死。史上称这支队伍为"扁担军"。然而，这样的队伍与惯于征战的清军对抗，结果可想而知。

在婺源，"扁担军"连遭惨败，又被清军重重包围，黄道周临危不乱，策马直前，指挥若定。众兵溃败之际，黄道周独率中军不退，兵败后被俘。

被俘后，黄道周颜色不改，在狱中吟咏如故：

六十年来事已非，翻翻复复少生机。

老臣挤尽一腔血，会看中原万里归。

清廷派洪承畴来劝降黄道周，而黄道周却送洪承畴这样一副对联："史笔流芳，虽未成功终可法；洪恩浩荡，不能报国反成仇。"他把史可法与洪承畴相比，弄得洪承畴羞愤难当。

在狱中，黄道周两次绝食自尽未遂，清廷不再寄希望收服这位大儒，最终于顺治三年（1646）决定将其处斩。

临刑前，黄道周向南方再拜后，从容就义。他给家人留的血书上写着："纲常万古，节义千秋；天地知我，家人无忧。"黄道周死后，人们还在他的衣服内里发现"大明孤臣黄道周"七个大字。

黄道周一生坚守自己的信念，所以他不怕丢官丢命，敢直言进谏，也敢抗清赴死。有人说他不够聪明，不能和光同尘，做不成大事；也有人说他搅黄了与清廷的议和，使明朝局势更难收拾；还有人说他的死不过是飞蛾扑火，于事无补。但是，一个民族如果想要传承下去，光靠会权衡利弊的妥协是不行的，总归还是要有些肯坚守的人才行。这也就是为什么黄道周凭借着满腹学问只当得了大儒，而凭借这份"愚不可及"的坚守却能成为无可指摘的"至人"。

乾隆皇帝是中国历史上最长寿的皇帝，在位六十年，文治武功俱有可观，在晚年还自负地称自己为"十全老人"。能获得乾隆皇帝盛赞的人并不多，而对黄道周，他却由衷地赞叹："不愧一代完人！"

一代文宗钱谦益

明末的文坛领袖钱谦益，号牧斋，晚年号蒙叟，也自称东涧老人，时人也尊称其为虞山先生。钱谦益一生著述颇丰，著有《初学集》《有学集》《投笔集》《苦海集》等，还曾编选《列朝诗集》。

钱谦益学问渊博，泛览子、史、文籍。论文章，他提倡以"情真""情至"来反对明代"复古派"的模拟，还不满于"竟陵派"的狭隘与"公安派"的肤浅，主张以学问来防止文章流于空疏。他的文章，常把铺陈学问与抒发思想性情糅合起来，纵横曲折，奔放恣肆，合"学人之文"与"文人之文"为一体，规模宏大，转变了明末文章的衰微格局，振作了明末清初的文风。

钱谦益的诗初学盛唐，后来广学唐宋各名家而多有获益。他学杜甫、元好问以树诗之骨力，学苏轼、陆游以行诗之气机，学李商隐、韩偓以运用辞藻与比兴。博采众长，再加上他才学兼资，藻思洋溢，他的诗在当时就广获赞誉，有人赞他"其诗清而绮，和而壮，感叹而不促狭，论事广肆而不诽排，洵大雅元音，诗人之冠冕也"！明亡以后，他的诗中又常有寄寓沧桑身世之感，还合哀感顽艳与激楚苍凉为一体，格外具有特色。因而，钱谦益与吴伟业、龚鼎孳被并称为"江左三大家"。

不但在诗文上颇有所成，钱谦益在史学上的才能也很受推崇。他曾参与修撰《神宗实录》，早年编著的《国初群雄事略》《太祖实录辨证》对明初史料的贡献也相当大。钱谦益曾立志编修明史，却因种种原因未能如愿，不过当时的人普遍认为"虞山尚在，国史犹未死也"，足见对他史学功力的认可。

或许是因为钱谦益太过真性情，行事难免孟浪轻率，备受争议，以致其一生官运坎坷，做官的时候少，闲居的时候多。

钱谦益生于明万历十年，江苏常熟人，二十岁左右就在东南一带颇有文名，与东林领袖顾宪成和顾允成交好。万历三十八年高中探花之后，东林党人叶向高成了他的前辈，孙承宗是他的座主，与高攀龙、左光斗、杨涟、周顺昌、姚希孟、黄道周、文震孟等名流成为同僚，还有瞿式耜作为门生，钱谦益俨然成为东林党新一代的核心人物。在阉党的黑名单《东林点将录》上，他被称为浪子。虽然阉党行事更为不堪，但钱谦益恃才傲物，以他的做事风格来看，被称为"浪子"倒并不算过分。

当年殿试过后，钱谦益以为自己文名誉满天下，必然高中状元。结果，发榜时才知状元竟是韩敬，而自己仅是第三名探花。仔细一打听，原来是韩敬托人走了门路，到最后一刻把他给换下了。钱谦益不服气，后来借着京察的机会，找人故意将韩敬革职。从此，两人的仇便结下了。

天启元年，钱谦益到浙江做主考官，韩敬就找人冒用钱谦益的名义出售关节，事后又将动静弄大，害得钱谦益费了好一番力气，最后才以失察罚俸三月了事。

天启五年，东林名士纷纷遭阉党迫害，钱谦益也被削职回乡，但他的名声反而变得更大，朝野上下都把他看作是东林党魁。等到崇祯元年，魏忠贤倒台，钱谦益便想一步跨入内阁。为了增加其入阁的胜算，他的门生瞿式耜等卖力奔走，索性把极有希望被点用的周延儒从阁臣会推候选人名单上拿掉。结果，事情做得太不留情面，引来了周延儒和温体仁的报复，也让崇祯皇帝对东林党人产生猜忌厌恶之心。这回，钱谦益不但做不成阁臣，连原来的官也丢了，回乡一闲就是十几年。

钱谦益居乡期间，有两件大事值得一提。第一件，就是崇祯十年被讼师张汉儒告了御状。张汉儒不愧为职业讼师，一下便列出钱谦益五十八条罪状，当时正值温体仁出任首辅，简直要置他于死地。钱谦益向受崇祯皇帝信重的宦官曹化淳求救，而温体仁以为胜券在握，一时得意还想连曹化淳一起收拾。于是，锦衣卫变成了温体仁的敌人，温体仁被扳倒，钱谦益最终化险为夷。

第二件，就是崇祯十四年以匹嫡之礼娶了名列"秦淮八艳"的柳如是。按照当时的道德标准，士大夫偶涉青楼算是风流韵事，但以大礼迎娶妓女便是伤风败俗了。再加上钱谦益在文坛上崇高的地位，他此举简直就是冒天下之大不韪。婚礼当天，不少人甚至站在岸边向他们的婚船扔石头以示愤慨。

那一年钱谦益六十岁，而柳如是只有二十四岁，但灵魂上的相知相惜足以让他们跨越年龄的鸿沟。婚后，钱谦益盖了一座精美的藏书楼，取名"绛云楼"，用来陈列他辛苦收集而来的书籍、古玩等。他们夫妻在自家的藏书楼里，像宋朝的赵明诚和李清照夫妇那样，每天看书、写字，做做考据，还以诗词相和，开开彼此的玩笑，日子过得十分闲适。

这样轻松愉快的日子没过几年，李自成攻入京城，崇祯皇帝殉国的消息传来，钱谦益立即联络在南京的东林一派大臣，准备暗中拥立潞王为帝。但是，马士英却联络几位总兵抢先一步拥福王到了南京。南京的诸位大臣没有办法，只好向福王劝进，成立了弘光朝廷。

钱谦益在家乡熬了十几年，不想失去进身的好机会，赶紧上疏为马士英歌功颂德。马士英十分高兴，援引钱谦益做了弘光朝廷的礼部尚书。后来，失去"定策"之功的东林诸臣受到排挤，钱谦益终日战战兢兢，总算被马士英放过。

弘光元年（1644）五月，清军兵临城下，柳如是劝钱谦益殉国，但他惜命不肯，还带头迎降。当时，清廷推行剃发令，汉族官民多有抵触，而钱谦益却剃得很痛快，惹得时人作诗嘲讽："钱公出处好胸襟，山斗才名天下闻。国破从新朝北阙，官高依旧老东林。"

降清后，钱谦益满心期盼能得到清廷的重用，可到北京后却只被封了个礼部侍郎。这个十几年前就做过的官实在让钱谦益失望，没过多久，他就称病乞归，再次回到家乡。

回乡后，钱谦益自觉大节有亏，又暗中联络并资助反清复明的势力。为此，他还吃了官司，险些丧命，多亏柳如是在外全力奔走才幸免于难。他不禁感慨："恸哭临江无孝子，从行赴难有贤妻。"

出狱后，钱谦益先是被管制在苏州，后来得以返回家乡常熟，移居红豆山庄，于康熙三年（1664）去世，享年八十三岁。

晚年的钱谦益心灰意冷，说自己"忍看末运三辰足，苦恨孤臣一死迟"，还将自己的一生总结为"荣进败名，艰危苟免"。的确，钱谦益少年得名，誉满文坛，只是在官场中太过汲汲，最后又降清失节，性命虽得以苟全，却落得个毕生声名尽毁。

生前，讥讽他的人就不少。据说还有这样一段故事，钱谦益穿着一件小领大袖的衣服游虎丘，被人问起衣服的样式，他答说："小领遵时王之制，大袖乃不忘先朝。"人家听后出言嘲讽："那您真是两朝领袖啊！失敬失敬。"

死后，他曾归降的清廷也不待见他，说他"平生谈节义，两姓事君王。进退都无据，文章哪有光？"不但否定了他的人，将他列入《贰臣传》乙编，还否定了他的文章，将其著作尽数销毁。

其实，钱谦益的尴尬不单源于他的降清，更多的还是因为他的立场反复多变，进退维谷。如果能身死故国，成全气节固然是好的；如果不能，降清保命也可以理解。但是，他先弃故国降清，而后不被重用又反清，就难免两面不讨好了。一代文宗最后成了两朝领袖，实在可悲可叹。

奸臣戏曲家阮大铖

　　说起阮大铖，人们可能会不自觉地想起他在《桃花扇》中的可怜形象，一厢情愿地出重金帮侯方域与李香君张罗婚事，结果却被李香君嫌弃，其置办的妆奁也被悉数退回。实际上，阮大铖被人嫌弃并不是没有道理的，历史上的他虽然为官时间不长，但却搞得自己声名狼藉。

　　阮大铖，号圆海，是东林核心人物高攀龙的门生，与左光斗还是好友，在东林党人排挤史继偕的斗争中出过不少力，因此也算得上是东林骨干。大概是他在政治斗争中太过用蛮力，显得有点像愣头青，所以阉党在《东林点将录》中送阮大铖的绰号为"没遮拦"。

　　天启四年，吏科都给事中出缺，左光斗想让阮大铖递补，但赵南星等却说阮大铖的品行不堪重用而将他改补工科，换用魏大中来补吏科。虽同属六部，但按职权排优劣，吏科自然居首，而工科位于最末。阮大铖愤恨之下，转身投向了魏忠贤，如愿地获得了心仪的官位。当时，东林党人还并未完全失势，阮大铖才上任不到一个月，就顶不住压力辞官回乡了。回乡后，阮大铖还愤愤不平地对人说："我如今得以全身而退，但左光斗他们就不好说了。"

　　等到朝中的东林党人被魏忠贤清除殆尽，阮大铖又被召回京城做太常少卿。官做得大了，可阮大铖却愈发小心了。他怕将来万一阉党倒台，自己受到牵连，所以每次见干爹魏忠贤的时候，临走都花钱从门房手里拿回拜帖，以期不留痕迹。在京没住上几个月，阮大铖看形势不好，就又辞官回乡，打算观望再出。

　　崇祯皇帝即位后，魏忠贤一死，阮大铖便再也按捺不住了。他准备了两份奏疏找好友杨维垣代为进呈。一份奏疏是专门弹劾魏忠贤和崔呈秀的，而另一份则把东林党和阉党一起参劾了。在后一份奏疏中，阮大铖把天启的七年分为两段，说前四年为东林党乱政，后三年是阉党为祸。阮大铖嘱咐杨维垣相机行事，可当时杨维垣正与东林人倪元璐闹矛盾，索性直接将阮大铖的第二份奏疏呈交给皇帝。结果，阮大铖在新朝又一次得罪了东林党人，不但官没有捞到一个，还上了逆案名单，只好再次回乡蛰伏。

投机不成，阮大铖不甘寂寞，后来借寓南京，广泛结交官绅以寻求翻案复起的机会。这期间，复社兴起，阮大铖出重金结交的侯方域就是复社四公子之一。复社的公子们到阮大铖家里喝酒看戏，觉察到他想翻案的意图，回头联名作了篇《留都防乱公揭》。文中把阮大铖一顿痛批，弄得他狼狈不堪，竟不得不搬到南京城外居住。如此一来，阮大铖与东林的仇恨又添了一层。

然而，阮大铖不肯放弃任何东山再起的希望，在复社为周延儒复相筹措活动经费时，他慷慨解囊，主动认筹了一股。周延儒成功上位后，碍于阮大铖名列逆案不好提拔，便用阮大铖的好友马士英为凤阳总督。

等到明亡，马士英等在南京拥立福王成立弘光政权，一朝掌控朝政，便立刻回报了阮大铖。阮大铖先是出任兵部侍郎，随后又晋升为兵部尚书。苦熬了多年之后，终于手握重权，心满意足的阮大铖竟在家里贴了这样一副对联："无子一身轻，有官万事足。"

弘光政权面临的形势极其严峻，而弘光君臣一味浑浑噩噩，全无振奋之意。马士英与阮大铖联手将弘光朝政弄得乌烟瘴气，甚至都糟到"都督多似狗，职方满街走"的地步。阮大铖自己更是无所作为，兵政诸事一概不知，每日除了陪着弘光帝这个戏迷排戏、看戏之外，便是大举报复害他多年不得志的东林、复社人士。手段竟还是阉党当权时的那一套，阉党当初编了个《东林点将录》，阮大铖则编了个《蝗蝻录》，据此大兴党狱。

清廷挥兵南下，弘光朝廷不能再让他栖身，阮大铖辗转经年后还是选择向清军投降。顺治三年，阮大铖降清后不久，就带病随清军南下征闽，希望事后得个福建巡抚来做，没想到病死在了半路上。

阮大铖一生都在求官做，然而他却完全没有做官的天分，反是仅用以打发时间的戏曲和诗文倒让人见识到了其才华横溢的一面。

闲居期间，阮大铖创作了《燕子笺》等十种传奇戏曲，其中《春灯谜》《燕子笺》《双金榜》《牟尼合》传世至今，合称为《石巢传奇四种》。他还在家中养了一整套的戏班，悉心调教，让他们只演自己的作品。阮家的戏班当时在南京很有名气，明末清初的著名文学家张岱曾赞说："其串、架、斗、笋、插科打诨、意色眼目，主人细细与之讲明。知其义味，知其指归，故咬嚼吞吐，寻味不尽。"

戏曲之外，阮大铖将自己游宴时与友人唱和的诗文大多录在《和箫集》和《咏怀堂诗》中，其文采斐然被陈寅恪赞为"有明一代诗什之佼佼者"。章太炎也曾评道："大铖五言古诗，以王孟意趣，而兼谢客之精练。律诗微不逮，七言又次之。然榷论明代诗人，如大铖者少矣。"

如果阮大铖能把精力放在戏曲创作上，成就必然不止于此，还会堂堂正正地以戏曲家的身份留名史册。虽说君子不以人废言，但阮大铖行事实在令人不齿，尽管降了清，可连《贰臣传》乙编也不要他，清廷修史的时候直接把他列入了《明史》的《奸臣传》。

阮大铖成了奸臣之后，不但戏曲家的身份没人注意，就连籍贯也出现了"桐城不要，怀宁不收"的情况。《明史》上说他是安徽怀宁人，但后世的怀宁人觉得他太丢脸，多方考证后说阮大铖实际上是桐城人。然而，桐城人却从来不认这笔账，历来的《桐城县志》也都没有过任何关于阮大铖的记载。

不过，有一个巧合值得注意，那就是清代曾参与主持编修《明史》的总裁官张廷玉恰恰是桐城人。那么，到底是不是他因嫌弃这位奸臣戏曲家而替家乡将其开除了，就不得而知了。

贰臣洪承畴

明末清初的将领洪承畴生于万历二十一年，卒于康熙四年（1665），享年七十三岁。征战大半生，胜多负少，却毁誉参半，原因只有一个，那就是他中途换了"东家"。

洪承畴前半生为明朝服务，因其征剿农民军有功，官至陕西三边总督，后来又加太子太保、兵部尚书衔，总督河南、山西、陕西、湖广、四川五省军务。崇祯十一年，清军入关进逼京城，洪承畴率兵入卫后转任蓟辽总督。四年后，松锦之战失败，洪承畴被俘。

洪承畴深受皇恩，还曾写了副对联挂在自家的厅堂上："君恩深似海，臣节重如山。"所以，洪承畴被俘后绝食数日，打算以死来报效大明。可是，皇太极不想放弃这位难得的人才，不断地派人前去劝降。劝降的人多数都被洪承畴大骂而回，只有最受皇太极信重的汉臣范文程对洪承畴百般忍耐，只字不提招降之事，仅是好言宽慰洪承畴，并与之谈古论今。交谈期间，梁上有灰尘落到洪承畴的衣袍上，洪承畴连忙将灰尘拂拭掉。范文程见之不语，过后回报皇太极："洪承畴不会死的。他对衣物尚还如此爱惜，何况是对生命呢？"于是，皇太极对洪承畴更加关怀备至，还亲自去探视，见他衣服单薄，就立刻脱下自己的貂裘给他披上。如范文程所料，洪承畴终究还是没舍得死而顺势降清了。

皇太极得洪承畴后大喜，不但对他赏赐无数，还特地在宫中备酒上演百戏为其压惊。许多清将都觉得皇太极过于优待洪承畴，而皇太极问众人："我等栉风沐雨数十年，为的是什么？"众人答说："为得中原！"皇太极说："我等在得中原之事上都像盲人一样不知路径，如今来了一位引路人，我怎能不高兴呢？"

明朝这边，崇祯皇帝最初以为洪承畴殉国了，悲痛异常，命人在城外为其建祠，还亲往祭奠。后来，得知洪承畴没死还降清了，崇祯皇帝竟少有的没有发怒，也没有拿洪承畴的家人泄恨，还自我安慰说："洪承畴必会成为王猛一样的人。"王猛是前秦符坚的主要谋臣，因其曾是晋朝子民，便劝符坚不要进攻东晋。

遗憾的是，洪承畴不是王猛，他后半生实心实意地做起了清朝的引路人，为清朝统一全国和完善各项典章制度都做出了巨大的贡献。然而，清朝统治者对洪承畴的态度却并非始终如一，大体上说经历了从防范到重用，再到轻视和嫌弃的几个阶段。

第一阶段是皇太极在位期间。皇太极虽然一直对洪承畴礼遇有加，但也始终没有放松对他的防范，除了偶尔有事咨询外，没有授予洪承畴任何官职。

接下来的顺治年间，摄政王多尔衮和顺治皇帝对洪承畴都十分器重。清军入主北京后，洪承畴得以旧职即太子太保、兵部尚书衔入内院佐理机务，算得上是清朝的首位汉人宰相。在洪承畴的建议下，清廷沿用了不少明朝的典章制度，还加大了在贵族内部推行汉化的力度。

清军统一中原地区时，洪承畴建议不要动辄全城屠戮，应先贴布告，迎降者加官晋爵，抵抗者诛止官吏，对百姓则秋毫不犯。多尔衮采纳他的建议，让清军在统一中原的过程中省下了不少力气。

清廷强推"剃发令"，引起了广大汉族人民的反抗，豫亲王多铎带兵南征又多处野蛮屠城，所以，在江南地区掀起了抗清的高潮。危急之时，多尔衮命洪承畴出任招抚南方总督军务大学士，以取代多铎镇抚江南各省。洪承畴到任后，采取"以抚为主、以剿为辅"的策略，尽量避免不必要的军事冲突和流血发生，为迅速统一和社会秩序恢复安定起到了积极的作用。当然，这期间洪承畴对拒不降清的大明忠臣义士也毫不留情，颇具声望的黄道周就死在了他的刀下。

顺治十年（1653），南明永历政权占据云贵两省抗清，声势浩大，年逾六旬的洪承畴又为清廷披挂上阵，总督湖广、广西、广东、云南、贵州五省军务。征战多年后，直到贵州和云南相继平定，洪承畴才于顺治十六年（1659）以年老体衰为由卸任回京。

回京后，已无大用的洪承畴不再被清廷看重。康熙皇帝即位后，洪承畴上疏乞休，清廷就以三等轻车都尉的爵位打发了他。

按照清朝的爵位等级来看，轻车都尉是逊于公、侯、伯、子、男的第六个等级，而三等轻车都尉又是这一等级的最末一档，仅相当于从三品的级别。与洪承畴为清廷立下的汗马功劳相比，这个爵位实在是太敷衍了。

由从一品的太子太保落到从三品的三等轻车都尉，在清朝统治者的眼中，洪承畴对大清近二十年的忠心耿耿算是白忙活了。不过，这也怨不得人家，忠诚历来都是第一次的更为宝贵一些。

然而，洪承畴在清廷的一番所为不但使他众叛亲离，还为他招来了生前死后的无数骂名。

降清后，洪承畴的那副广为人知的对联就被人略加改动而变成了："君恩深似海矣，臣节重如山乎？"当他去江南招抚时，不少人甚至当面对他说："洪承畴已死松山之败，你这叛逆小人竟来冒用他姓名！"洪承畴曾接其母亲到北京奉养，结果洪母到京就大骂他说："我没有你这个不忠不孝的儿子！"

洪承畴死后，康熙皇帝追谥其为"文襄"，但随着满族贵族的汉化程度越来越深，清廷开始渐渐对他越来越嫌弃。再到后来，乾隆皇帝下旨将洪承畴列入了《贰臣传》甲编。

人，一旦选择了背叛，哪怕做得再多，也终究难逃被嫌弃的命运。

假如孙传庭与曾国藩互换时空

孙传庭与曾国藩，一个是大明最后的柱石，一个是晚清中兴名臣之首，从两人的经历上可以发现很多的相似之处。

首先，他们都是早年登科，仕途一帆风顺。

孙传庭中进士时只有二十七岁，因名列三甲第四十一名而被直接派去永城任知县。不过，他很快就因政绩卓越而被调往商丘。到了天启初年，他被选拔入京任吏部主事，不久又晋升为吏部稽勋郎中，专管朝廷对官员的表彰奖励，职权之重非同一般。吏部的官制是设尚书一人，其下为左右侍郎各一人，再往下设四司郎中各一人。短短几年时间，孙传庭就从知县做到了吏部一司郎中，这简直就是火箭般的晋升速度。按照这个速度下去，孙传庭成为部堂官员指日可待。

曾国藩中进士的时候是二十八岁，殿试虽然名列三甲第四十二名，可因在后来的朝考选拔中名列一等，改选为庶吉士，一步踏入了前景广阔的翰林院。之后，曾国藩就以"十年七迁"的惊人速度连跃十级，成了卿贰之臣，以内阁学士兼礼部侍郎衔充任礼部右侍郎。咸丰皇帝即位后，曾国藩又因能者多劳，最多时一人兼署五部事务。

其次，他们的仕途都曾一度中断，而又都是因对家国的忠义而复出。

孙传庭仕途本来是顺得不能再顺，可他偏偏对渐渐掌控朝政的魏忠贤很看不惯，于是放弃了大好的前程，弃官回乡。如果天下太平，孙传庭很可能就此远离朝堂的种种是非，在家乡终老。然而，农民军越剿越盛，而山海关外的劲敌后金军也越来越猖狂，崇祯七年再次入关还侵扰了他的家乡代州。残酷的现实让孙传庭无法超然世外，毅然决定复出。

有人劝孙传庭说天下事已不可为，而他却答："国难当头，大丈夫岂能安老于乡？事情可为与不可为在于天，而做与不做在于我！"就这样，他回到了朝堂，主动出任别人避之不及的陕西巡抚，把自己放在了平定内乱的第一线。

与孙传庭的主动回乡与复出相比，曾国藩仕途的中断与继续则稍显得被动一些。

咸丰二年（1852），曾国藩被派去江西担任乡试正考官。走到安徽，他接到了母亲离世的消息，只好回乡守制。已经做了十几年京官的曾国藩，见惯了满朝亲贵只想蛀蚀国家不思进取的态势，国家内忧外患，江河日下，可只凭他一人振臂高呼，不但于事无补，还得罪了皇帝和满朝同僚。所以，心灰意冷之下，他准备借着守制的机会息隐山林。于是，曾国藩安排在京的家人回乡，料理过丧事后还把仆人都打发了，开始静心读书治学。

然而，太平天国起义越闹越凶，短短一两年时间里已经祸及大半个中国。此时的八旗兵和绿营军都已不堪重用，在太平军的进攻下节节败退，咸丰皇帝坐卧不安之下诏命各地在籍的官员兴办团练以保卫乡里。对这样的旨意，曾国藩本可以用在乡守孝的名义推脱出去，或者干脆到省城找个地方挂块牌子敷衍几天了事。可拳拳报国之心让他既不能推脱也不能敷衍，此时的曾国藩不但要出山，还要大干一场。

再者，他们都创军艰难，却又都是一战成名。

孙传庭到陕西时，手中无兵也无将，崇祯皇帝给他的六万两白银用作军饷，还不够一支万人的队伍开销几个月。这种情况下，孙传庭要募兵征剿农民军比登天还难。

然而，天下没什么事能难倒一个真正有决心的人。明朝从建立之初开始实行的卫所制度主要靠屯田来养活军队，但时间一久，原本属于军队的田地大多被权贵侵占，而花名册上的士兵要么是被军官用来吃空饷的名字，要么就是也被权贵占去耕种私田。人们对这样的事情早已司空见惯，很少有人愿意去触碰和改变。不过，孙传庭不管这些，他一到任就清理屯田，整顿军务，当地的权贵被他得罪了个遍，但也由此得到士兵一万一千人，收复的屯田每年可收入十几万两白银，米麦一万多石，自给自足绰绰有余。

孙传庭得到的这支队伍在历史上被称为"秦军"，秦军大多来自大明九边之一的榆林。榆林子弟世代为兵，英勇善战，战斗力仅逊于关宁铁骑。孙传庭带着他的秦军，仅用四个月就完成了满朝将领用七年都没完成的任务，在黑水峪击败了"闯王"高迎祥的队伍，还生擒高迎祥并将其献俘阙下。孙传庭一战成名，被誉为大明的柱石之才。两年后，在他与洪承畴的通力合作下，陕西境内的农民军被各个击破，李自成被打得仅有十八骑突围而走，几乎全军覆没。大明因此获得了片刻的喘息。

再说曾国藩创建湘军，遇到的困难比孙传庭当年在陕西遇到的有过之而无不及。

曾国藩接到旨意的时候，战场形势严峻，如果仅是拉起一支普通的队伍毫无意义，要想改变时局就要练出一支能打胜仗的精兵。可皇帝的旨意说的是兴办团练，那就意味着这种连正规军队建制都没有的民兵队伍将得不到任何有力的支持。曾国藩手里不但没有兵将和军饷，居乡守制的他空顶着正二品的官衔却无半点督抚之权，凡事还要被地方上的官员掣肘。

这样的条件下，能组织起一支普通的队伍已经不易，而要想练出一支精兵简直就是异想天开。再者，以朝廷对汉人的忌惮，想要在正规军外练出一支能战的私军是绝对不可能的。这时，曾国藩十几年的京官生涯便起了作用。已经对官场规则无比熟悉的曾国藩跟咸丰皇帝玩起了文字游戏，他上奏说自己要练一支"大团"，以"但求其精，不求其多；但求有济，不求速效"。估计焦头烂额的咸丰皇帝都没有细看就批复了"悉心办理，以资防剿"。

有了皇帝的许可，曾国藩开始着手建立湘军。没有兵，他就把招募兵员的范围扩大到全省，专招朴实之人加以操练；没有饷，他就在衡阳设立了劝捐总局，派人四处劝捐筹饷；没有战船，他就在湘潭建立船厂，从两广请来行家指导造船，还特地花费重金购置了大批洋炮安装在战船上。最终，经过一年多的打造，曾国藩初步练就了一支一万七千人的水陆大军，拥有大小战舰三百余艘。

咸丰四年（1854），湘军虽靖港首战失利，但几天后就取得了湘潭大捷。湘潭大捷是朝廷对战太平军以来的第一次大胜。从此，湘军创下了敢战能胜的威名，而曾国藩也由一名普通官员走上了自己的名臣之路。

尽管二人的经历如此相似，但他们以及他们背后帝国的结局却有很大的不同。孙传庭那里事情终不可为，他兵败身死仅不到半年大明就覆亡了；而曾国藩在多年的鏖战之后最终成功消灭了太平天国，力挽狂澜，让清朝又得以延续半个多世纪。那么，究竟是什么导致了他们的结局差异如此之大呢？

要说是客观的大环境，晚清的内忧外患一点也不比明末少，甚至在程度上更为严重。从内忧来看，大明的农民军转战大半个中国，但明末能战之兵将也不少，官军还有几次打得农民军几近销声匿迹，而相比之下清末的兵将对太平军简直不堪一战。从外患来说，大明的关宁铁骑还能与劲敌清军一战，而清朝的整体战力与诸多虎视眈眈的列强相比，那就是划时代的差距，短期内根本就无法弥补。所以，论大环境，曾国藩所处的时局更为不利。

既然不是大环境所致，那会不会是他们个人能力的问题呢？

史书上记载的孙传庭"沉毅多筹略"，是少有的青年才俊。可众所周知，曾国藩是同时代大人物中最笨的一个，梁启超说他"非有超群绝伦之天才，在并时诸贤杰中称最钝拙"。然而，曾国藩以常人难以比拟的自律通过多年不懈的努力，不但弥补了其才华上的不足，还取得了许多聪明人没能获得的成就。

即便如此，曾国藩在性格坚毅方面还是远不如孙传庭。湘军首战靖港失利后，曾国藩羞愤难当之下跳水自尽，要不是被身边的护卫及时救起，他都等不到湘潭大捷的战报。同年九月，湘军在九江又战败，战况相当狼狈，曾国藩所在的战船也被太平军占领。于是，曾国藩再次投水自尽，幸亏部下及时将他救起。相比之下，战败的孙传庭倒是百折不挠，越挫越勇。柿园之役，孙传庭的队伍元气大伤，孙传庭没有自尽，而是带着队伍回到陕西休整，经过一番招兵买马、整治武器之后，陕军的实力大幅提升。汝州激战，明军惨败，被李自成的队伍追杀四百余里，伤亡无数，孙传庭也没自尽，而是回到潼关，收拾残兵，凭关据守。

所以，在个人的综合素质方面，曾国藩也未能胜过孙传庭。

大环境更恶劣，个人资质也更弱，而曾国藩能在结局上胜过孙传庭的原因恐怕只有一个，那就是他们遇到的君主不同。

曾国藩遇上的咸丰皇帝虽说不是什么圣明之君，但从他与曾国藩的相处来看，他对曾国藩不只有相逼的一面，还有能支持能忍的一面。为了实现自己的战略战术，曾国藩一生曾多次对咸丰皇帝的旨意拖延不办，而咸丰皇帝对此表现出了相当大的克制和忍耐。

湘军初建之时，湖北、安徽等地危急，咸丰皇帝多次催促曾国藩率兵增援，而曾国藩都以兵尚未练成、洋炮尚未安好的理由拖延出兵。咸丰皇帝虽怒不可遏，却也听之任之，所以曾国藩才有机会等到了湘军万事俱备的一刻。湘潭大捷后，咸丰皇帝迅速给曾国藩以巨大的支持，命湖南全省除巡抚之外的官员悉数听从曾国藩调配，让湘军有了后继之力。

后来，湘军围攻安庆之时，正赶上第二次鸦片战争，英法联军进逼北京，咸丰皇帝仓皇出逃承德。这时，咸丰皇帝命曾国藩派三千精兵入援。按说，作为臣子此事是万不能拖延的，而曾国藩却认为即使入援也不能改变北京的战事，反倒可能会使安庆的战局功亏一篑。于是，曾国藩再次使出了"拖"字诀，而咸丰皇帝也没有秋后算账。安庆之战的胜利切断了太平天国在长江上的运输线，为最后攻克南京、彻底战胜太平天国奠定了坚实的基础。

与咸丰皇帝相比，自以为圣的崇祯皇帝对朝臣的容忍度就极低了。大敌当前，他就曾杀了辽东"战神"袁崇焕，其他人就更不用提了。对孙传庭，崇祯皇帝从来就谈不上支持和容忍。

当初只给了六万军饷，就把孙传庭安排到农民军最活跃的陕西，那与叫他去送死其实差别不大。后来，孙传庭出人意料地建立秦军，还获得了巨大的胜利，可崇祯皇帝也没因此对他另眼相待。那些孙传庭得罪的陕西权贵不断地向皇帝打小报告，竟也能一告一个准儿。等孙传庭进京入卫时，杨嗣昌稍加阻挡，崇祯皇帝就连孙传庭的面都不想见了。清军退出关外后，孙传庭以病请辞，直接就被崇祯皇帝关进了大狱，一关就是三年。再后来，时局坏到无法收拾的地步才把孙传庭放出来，接着崇祯皇帝就是不停地催战，任孙传庭怎样解释"兵新募，不堪用"也无济于事。这样，孙传庭再优秀也避免不了兵败身死的命运。

假如孙传庭与曾国藩互换时空，以孙传庭的能力组建军队战胜太平天国不难。可曾国藩要是把"拖"字诀用到崇祯皇帝身上，比如留守陕西防止农民军死灰复燃而拖延入卫京师，恐怕没等清军撤出关外就会被崇祯皇帝关起来。以曾国藩早年动辄自尽的性格来看，几年后能否活着出狱都是个疑问。即便出得了狱，曾国藩也很难有机会按照自己的战略战术去对付农民军，那么兵败身死几乎是避无可避了。

在中央集权君主专制的政体下，君主是决定朝臣和国家命运的至关重要的因素。一旦碰上个像崇祯皇帝这样的君主，任凭怎样的大才恐怕都难有机会施展，这是谁也没有办法的事情。

后记

大家都有照镜子的经验。年轻时是不怕照的，青春正好，满脸胶原蛋白，怎么看都是美的，而等上了年纪，岁月在脸庞上留下深深的印记，加之身体开始走下坡路，面色无华，那时再照镜子是需要勇气的。

单单是一副皮相竟叫人如此不能从容淡定，若是深入灵魂内里，能坦然面对自己的更是凤毛麟角。

回顾崇祯皇帝的整个帝王生涯，其实他最难接受的不是失败亡国的结局，而是大明是亡于自己的手上，说到底还是无法直面自己也是庸常之人的事实。他以为自己生活节俭，不贪杯好色，博览群书之外还颇有抚琴之雅兴，这些优点如果放在普通人身上可以说是锦上添花，但放在帝王身上就显得无足轻重了。

优秀的帝王应该可以汇集众人的智慧去管理广袤的疆土，而不是凭借自己的一点小聪明乱用权柄。这恰恰是崇祯皇帝一辈子没有搞明白的事情。他自比尧舜，即位后凡事亲力亲为，结果自己很辛苦，局面却越来越坏，至死都觉得冤枉。

崇祯皇帝的影子越来越疏淡，现实中的我们敢不敢多看看自己的样子？

主要参考书目

1. 陈梧桐. 崇祯往事：明帝国的最后图景 [M]. 北京：故宫出版社，2016.

2. 顾诚. 南明史 [M]. 北京：中国青年出版社，1997.

3. 黄宗羲. 明儒学案 [M]. 北京：中华书局，1985.

4. 计六奇. 明季北略 [M]. 北京：中华书局，1984.

5. 计六奇. 明季南略 [M]. 北京：中华书局，1984.

6. 李清. 三垣笔记 [M]. 北京：中华书局，1982.

7. 李逊之. 三朝野记 [M]. 上海：上海书店，1982.

8. 刘若愚. 酌中志 [M]. 北京：北京古籍出版社，1994.

9. 孟森. 明清史讲义 [M]. 北京：中华书局，1981.

10. 苗棣. 大明亡国史：崇祯皇帝传 [M]. 沈阳：辽宁人民出版社，2014.

11. 谈迁. 国榷 [M]. 北京：中华书局，2005.

12. 谈迁. 枣林杂俎 [M]. 北京：中华书局，2006.

13. 王誉昌. 崇祯宫词 [M]. 北京：商务印书馆，1935.

14. 文秉. 烈皇小识 [M]. 上海：上海书店，1982.

15. 中国历史研究社编. 先拨志始 [M]. 上海：上海书店，1982.

16. 吴晗. 明史简述 [M]. 北京：中华书局，2005.

17. 吴晗. 朱元璋传 [M]. 西安：陕西师范大学出版社，2008.

19. 张德信，谭天星. 孤独的崇祯 [M]. 北京：中国社会科学出版社，2013.

20. 张廷玉等. 明史 [M]. 北京：中华书局，1974.